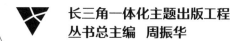

长三角一体化主题出版工程

丛书总主编 周振华

# 中国城市群
# 发展新态势研究

A Study
on the New
Development Trend of
China's Urban
Agglomerations

郁鸿胜　宗传宏

李　娜　张　岩

编著

中国出版集团　东方出版中心

**图书在版编目（CIP）数据**

中国城市群发展新态势研究 / 郁鸿胜, 宗传宏编著
. －上海：东方出版中心, 2020.8
（长三角一体化主题出版工程 / 周振华主编）
ISBN 978-7-5473-1647-4

Ⅰ. ①中… Ⅱ. ①郁… ②宗… Ⅲ. ①城市群－研究
－中国 Ⅳ. ①F299.21

中国版本图书馆CIP数据核字（2020）第085298号

**中国城市群发展新态势研究**

编　著　郁鸿胜　宗传宏　李　娜　张　岩
责任编辑　肖春茂
封面设计　陈绿竞

出版发行　东方出版中心
地　　址　上海市仙霞路345号
邮政编码　200336
电　　话　021-62417400
印 刷 者　山东韵杰文化科技有限公司

开　　本　710mm×1000mm　1/16
印　　张　15.25
字　　数　180千字
版　　次　2020年8月第1版
印　　次　2020年8月第1次印刷
定　　价　63.00元

# 总　序

中国出版集团东方出版中心策划并组织实施的《长三角一体化主题出版工程》是一项有重要意义和重大影响力的出版举措。承蒙出版社的赏识和抬举，让我担任这套丛书的总主编，有点诚惶诚恐，生怕难担此大任，但又感到这是一件非常值得做、必须要去做的事情。为此，欣然作序。

长三角一体化发展上升为国家战略后，不仅国家层面及三省一市的各级政府部门积极行动起来，从战略与空间规划、行动方案及专项举措等方面，组织实施和推进长三角更高质量一体化发展，而且学术界、智库及咨询机构的一大批专家学者高度关注和聚焦长三角一体化发展的理论与现实问题，从不同的视角，采用各种现代分析方法和工具开展了全景式、结构性的深入研究。不管是前瞻性的趋势分析、国际比较及其经验借鉴、历史性的发展轨迹描述，还是专题性的深入分析、解剖"麻雀"的案例研究、历史资料的梳理及总结等，都会对我们推进长三角一体化发展有思路性的启发，为决策提供理论依据，有现实指导意义。

现在是过去的延续,总有着某种路径依赖。推进长三角更高质量一体化发展,其历史基因、文化传统、发展轨迹、基础条件等构成了这一进程的初始条件及基本出发点。更早的不用说,自改革开放以来,长三角的地区合作就一直在市场作用和政府推动下不断往前发展。

20 世纪 80 年代,跨地区的联营企业兴起,这些企业规模不大,并带有一定行政性色彩。例如,沪皖纺织联合开发公司是全国纺织工业第一家跨省市的联营企业。以后,上海和江苏、浙江两省的 10 家纺织厂联合成立了上海康达纺织联合公司(又称“卡其集团”),成为第一个实行统一经营、独立核算、共负盈亏的紧密型经济联合体。长江计算机(集团)联合公司成为推进跨地区、跨行业的科研与生产、应用与服务相结合的高技术经济联合体。另外,通过地区合作,加强商品出口和扩大国际市场。上海发挥口岸的枢纽功能,为长三角提供进出口方便。各地也纷纷在上海投资建造一批贸易中心、办公楼等设施及设立相应机构,到上海举办各种洽谈会、商品展览会、技术交流会,在统一对外、联合对外的原则下,开展对外经济贸易。当时,国务院还确定建立上海经济区,成为国内第一个跨省市的综合性经济区。20 世纪 90 年代,随着浦东开发开放,长三角兄弟省市的企业共同参与浦东开发开放。2000 年底,全国各地在浦东设立内联企业 6 175 家,注册资金 284.19 亿元,其中大部分是长三角地区的。而浦东开发开放,特别是招商引资方面,则对周边地区形成强大的溢出效应。进入 21 世纪后,随着我国加入 WTO,长三角在融入经济全球化过程中,相互之间的经济联系更加紧密,特别是跨国公司地区总部与生产工厂之间的产业链关联、基于出口导向的大进大出的贸易与航运方面形成内在的一体化联系。2010 年前后,以举办中国(上海)世博会为契机,长三角地区合作向更广泛的领域发展,在交通、旅游、文化、科技、教育、医疗、生态环境等方面开展了全方位合作。例如,加快推进长三角协同创新网络建设,大科学仪器设施实现共建共享;产业园区共建,促进“飞地经济”发展;推进区域社会信用体系建设,营造统一市场发展环境;区域环境治理着力联防联控;推进公共服务联动保障和便利化。随着交通网络发达,长三角同城化半径不断趋于扩展,为区域一体化提供了良好基础。这一系列区域合作的成效,不仅促进了当时各地经济社会发展,而且不断产生放大和延续效应。在此过程中,长三角逐步形成了合作与协同的常效性机制。三省一市建立了以主要领导为决策层、常务副省(市)长为协调层、联席会议办公室和重点专题合作组为执行层的"三级运作、统分结合"区域合作机制,并从三省一市抽调工作人员组建了长三角区域合作办公室,在上海联合集中办公,积极开展新一轮的务实合作。

总之,对长三角过去及现在的审视,我们可以得出一个基本判断:长三角一体化发展有着深厚的基础及良好势头。长三角地区已进入后工业化阶段,经济总量达 3.1 万亿美元,占全国 20%,人均 GDP1.4 万美元,三产比重超过 50%,城镇化率超过 65%,而且区域内市场化程度较高,产业配套能力较强、同城化程度较高、城市结构合理、差异化特色明显、互补性较好等。长三角在国内区域一体化程度是最高的,并具有典型意义;在国际上具有较大的影响力,跻身世界第六大城市群。

在此基础上,长三角一体化发展上升为国家战略,顺应了世界百年之大变局的发展潮流。在当代全球化条件下,随着全球化领域的拓展,经济、科技、文化的融合发展,合作与竞争的多元化等,巨型城市区域越来越成为参与全球合作与竞争的基本单元,改变了过去以企业、城市或国家为基本单元的格局。这种巨型城市区域主要是由两个或两个以上的城市系统结合成一个更大的、单一的城市系统,从而基本特征之一是有若干核心节点城市存在。例如,在世界上最大的 40 个巨型城市区域中,有 24 个是通过两大城市联合命名来标志一个巨型区域的。巨型城市区域作为更大、更具竞争力的经济单元,正在取代城市成为全球经济的真正引擎。世界上最大的 40 个巨型城市区域,只覆盖了地球表面居住的小部分及不到 18% 的世界人口,却承担了 66% 的全球经济活动和近 85% 的技术和科学创新。因此,巨型城市区域作为人类发展的关键性空间组织,在一国的政治经济生活中发挥着日益巨大的作用。为此,这已引起各国政府及学界的高度重视,他们开始研究和促进这一关键性空间组织的发展。例如,欧盟专门立项研究 9 个欧洲巨型城市区域,美国在"美国 2050"规划研究中确定了 11 个新兴巨型城市区域。长三角一体化发展,包括粤港澳大湾区发展、京津冀协同发展等,正是这种巨型城市区域的空间组织构建,旨在打造对外开放新格局的新型空间载体,以更高效率、更具竞争力地参与全球合作与竞争,在中国崛起及走向世界舞台中心过程中发挥重要作用。

与此同时,长三角一体化发展是我国进入高质量发展新时代的必然要求。出口导向发展模式的转换,基于创新驱动的高质量发展的科技引领、文化融合、国家治理及社会治理能力增强、生态环境优化等,意味着外生的经济空间发散性转向内生的经济空间集中收敛性。构建现代化经济体系,在增强自主核心关键技术和完善强基工程(基础零部件、基础材料、基础工艺、技术基础)的基础上实现产业链升级,增强产业链韧性和提高产业链水平,打造具有战略性和全面性的产业链,意味着各自为战的空间分割转向合作协同的空间集约。这些新的变化势必带来区域政策重大调整和空间布局重构,即从一般区域发展转向以城市群为主体的区域发展;从忽视效率的区域均衡发展转向人口、资源、要素向高效率地区集中和优化配置;从宽泛的区域发展转向重点区域发展。最终,形成以城市群为主要形态的增长动力源,让经济发展优势区域成为带动全国高质量发展的新动力源。长三角是城市群密集、经济发展优势明显和配置效率较高的区域,推进长三角一体化发展势必能带来人口、资源、要素的集中和优化配置,成为带动全国高质量发展新动力源之一。

长三角一体化发展是一个巨大的系统工程,涉及众多领域、各个层面、诸多方面内容。在实际工作中,这很容易引起一体化发展的泛化,不分轻重缓急,"胡子眉毛一把抓",甚至"捡了芝麻,丢了西瓜";也很容易把一体化发展扩大化,似乎什么都要一体化,什么都可以一体化。更有甚者,把一体化发展等同于一样化、同质化。因此,要牢牢把握区域一体化发展的本质,抓住一体化发展的核心问题,才能纲举目张。

长三角一体化发展的本质是市场化,是区域统一市场的问题。区域一体化发展的内在动力在于市场,核心主体是企业,政府的职责主要在于提供公共产品,打造基础设施和载体平台。长三角一体化发展的核心问题有:第一,促进资源要素在区域内的充分流动与合理配置。这是一体化发展的基本前提条件。这要求克服资源要素流动的物理性障碍(如交通等基础设施)、削弱行政性边界障碍(如各地不同政策、管制、执法等)、消除市场准入障碍(国民待遇、竞争中性、权益保护等)。第二,这种资源要素流动的主要空间载体是城市,所以区域内城市之间要形成基于网络连接的合理功能分工。这是一体化发展的显著标志。巨型城市区域呈现出来的强大生命力和活力,关键在于城市间全球生产(价值)网络的高度功能连接与集成,形成所引领的全球范围内"产业都市集中"的扩张和扩散,而不是邻近距离。例如,伦敦通过在英国、欧洲和全球的生产者服务业务流动显示出高度功能连接,在英格兰东南部地区呈现一种功能多中心的城市间关系。相反的案例是,英国的利物浦和曼彻斯特相隔不到50公里,但它们没有群聚效应来形成城市区域。这种城市间高度功能连接与集成的基础,在于区位功能专业化分工。第三,形成有效的区域治理结构,特别是利益协调机制,这是一体化发展的根本保障。行政边界对物理运输模式、基础设施管理、融资的有效性和环境可持续等形成高度挑战性。因此,需要一种区域层面的战略与规划、政策集成以及利益协调机制。第四,促进落后地区平衡发展,促进发达地区充分发展,增强区域整体实力和竞争力。这是一体化发展的目标。区域一体化发展更多的是差异化发展,发挥各自优势和所长,充分放大"借用规模"效应、溢出效应以及网络效应,形成各自功能特色,实现互补共赢。

区域一体化发展的本质及核心问题是共性的,但区域一体化发展的战略定位及其模式则不同,具有明显的个性色彩。这需要我们结合时代特征、中国特色、长三角特点进行深入研究,特别是从国家战略的角度,明确长三角一体化发展的战略定位及其模式。我个人初步看法是:第一,长三角一体化发展要面向全球,以全球化为导向,成为我国对外开放的新高地,代表国家参与全球合作与竞争。也就是,长三角一体化发展并不限于以区域内联系或国内联系为主导的区域发展,也不仅仅是成为国内高质量发展的一个重要增长极或带动全国高质量发展的动力源,而是要深度融入经济全球化,成为跨国公司全球产业链离岸或近岸布局的理想地区,成为世界经济空间版图中的一个重要发展区域。因此,上海全球城市发展的四大功能(全球资源配置功能、科技创新策源功能、高端产业引领功能、对外开放枢纽门户功能)应该延伸和覆盖到长三角一体化发展之中。第二,长三角一体化发展要有国际高标准的制度创新,营造有利于全球资源要素集聚、流动和配置的良好营商环境,创造能使创新创业活力强劲迸发的各种条件。也就是,长三角一体化发展不仅要有打通区域内资源要素流动与合理配置的制度创新,而且更要有打通区域与全球之间资源要素双向流动与有效配置的制度创新;不仅要营造区域内协调一致的良好营商环境,而且更要营造适应全球化资源配置的良好营商环境。因此,长三角一体化发展的制度创新要有统一的与国际惯例接轨的高标准,以及营造良好营商环境的集体性行动。第三,长三角一体化发展在重点领域、重点部门、重要方面要有高度的系统集成,尽快形成具有重大国际影响力的区域核心竞争力,打造长三角世界品牌。

这种区域一体化发展的战略定位及其模式,意味着长三角不只是三省一市的区域发展,也不仅仅是中国的长三角,而且也是全球的长三角。因此,在我们推进长三角一体化发展进程中必须引入新理念、抱以新胸怀,具有不同于传统做法的落笔手势和手法。

(1)过去,我们只着眼于行政区划内的发展规划,依据自身的自然禀赋和比较优势,在行政边界"一亩三分地"上配置资源,谋求各自发展。区域之间的合作与协同只是作为地方发展的一种外生性补充。这已在我们日常工作中形成了根深蒂固的内向化观念。在长三角一体化发展背景下,我们必须树立起外向化发展的新理念,将地方发展寓于区域一体化之中,将区域一体化发展寓于全球化进程之中。在此过程中,寻求自身发展机遇,发挥各自独特优势,在增强长三角区域的全球竞争力的总体要求下来规划自身发展蓝图,并形成地方发展的内生性需求。

(2)过去,我们都立足于资源要素与大规模投资驱动,从而对资源要素与投资的争夺成为地方政府的一个主题,地方之间的政策竞争成为区域发展的主要动力之一。因此,形成了区域内竞争大于合作的基本格局,合作只有在不影响既有资源要素分配格局的情况下才得以开展。在长三角一体化发展背景下,我们必须树立起以创新发展作为区域一体化发展基本动力的新理念,形成"合作大于竞争"的新格局。区域内的竞争,主要是创新发展方面的竞争。这种竞争将促进更广泛的创新扩散,形成更多的创新群集。而在创新发展中,则可以寻找到更多的合作机会,构筑更多的合作平台,打造更多的合作载体,促进更多的合作项目,形成更多的合作成果,从而也促进区域一体化发展。

(3)过去,我们是在"零和博弈"中追求地方利益最大化,造福一方,保一方平安,"各扫门前雪"已成为一种潜意识。尽管在基于地方利益最大化的目标追求中,一些正的外部性对区域发展有积极作用,但作用相当有限;而更多负的外部性,甚至往往以邻为壑对区域发展产生消极影响。在长三角一体化发展背景下,必须树立起"非零和博弈"的地方利益最大化的新理念,在区域共享收益最大化中获得更多地方利益。这就要求我们服从和服务国家战略,顾全长三角一体化发展的大局,更好地协调发展和做大"蛋糕",从而在分享更多共赢成果中实现自身发展。

在上述新的发展理念指导下,我们在推进长三角一体化发展的实际操作中,要着手打破传统格局,力争塑造新的发展格局。

首先,要打破沿袭已久的传统中心—外围的区域发展格局。长期以来,上海作为首位城市,在长三角处于中心位置,而周边城市及地区则作为外围。在这样一种等级制的空间结构中,外围的资源大量向中心集聚,而中心对外围的扩散和辐射则相对有限。推进长三角一体化发展,必须构建基于网络连接的区域一体化发展格局,即以城市为载体的各种各样节点相互连接的网络体系。这些节点之间是一种平等关系,只不过是因连通性程度不同而有主要节点与次要节点之分,各自在网络中发挥着不同的作用。而且,节点之间有着多层次的网络连接,存在不同类型的子网络,并非都向首位城市进行连接。因此,在长三角区域中,除上海之外,还应该有以杭州、南京、合肥等为核心的子网络发展。

其次,要打破三省接轨、融入上海的单向关联格局。在这种单向关联格局中,所谓的接轨、融入上海只是单方面、被动地承接上海的溢出效应、产业梯度转移等,同时这也不利于上海有效疏解非核心功能和提升核心功能等级。推进长三角一体化发展,必须构建双向连通的关联格局,特别是上海也必须主动接轨、融入其他城市和地区。这样,才能增强长三角网络连通性并发挥网络化效应,才能促进区域内更多的资源要素流动和合理配置,呈现出区域一体化发展的强大生命力和活力。

最后,要打破长期以来形成的功能单中心和垂直分工的空间格局。以上海独大、独强的功能单中心以及与周边城市及地区的垂直分工体系,不仅不利于增强区域整体竞争力,而且也不利于上海自身发展,因为世界上没有一个城市是全能、超能的。推进长三角一体化发展,必须重构功能多中心及水平协同分工的空间格局,即核心城市发挥龙头带动作用,各地各扬所长,形成专业化功能分工。这就要求上海按照建设卓越全球城市的要求,集中力量提升城市能级和核心竞争力,充分发挥全球资源配置的核心功能,南京、杭州、合肥、苏州等城市依据比较优势和特长发展某些特定功能及产业,形成各具特色功能的中心,甚至在某些功能的发展水平上超过核心城市,从而形成不同城市间的功能互补及相互之间功能水平分工,包括诸如航运、贸易、金融功能的区域水平分工,科技创新功能的区域水平分工以及区域产业链的水平分工等。这样,才能有效整合城市群的资源,形成城市间高度功能连接,从而充分提升长三角地区的国际竞争力和影响力。

为构建长三角一体化发展的新格局,首先需要打造相应的基础设施。这种区域一体化发展的基础设施,既是推进各项长三角一体化发展措施及其工作的基石,又是对长三角一体化发展产生深远影响的硬核。然而,人们通常关注的是交通、能源、信息等硬件的基础设施,这固然是非常重要的,但对于推进区域一体化发展来说是不够的;推进区域一体化发展,还应打造商务的基础设施、政策平台的基础设施。从长三角的现实情况看,在交通、信息等硬件基础设施方面已经有了较好的基础,目前的建设力度也很大,关键是后两个基础设施,目前还比较薄弱。

(1)健全互联互通的交通、信息基础设施网络。围绕建设畅行快捷长三角、安全高效长三角的目标,组织编制和实施各专项规划,以全面提升长三角交通、信息设施互联互通水平和能源互济互保能力。组织编制《长三角区域城际铁路网规划》,统筹都市圈城际铁路规划布局,着力加强地县级主要城镇间快捷交通联系,推进技术制式和运营管理一体化,实现运营管理"一张网"。组织编制《长三角民航协同发展战略规划》,统筹指导区域民航协同发展,科学配置各类资源,全面提升长三角世界级机场群的国际竞争力。率先建设高速泛在信息网络,重点推进5G、数据中心、量子通信等新一代信息基础设施协同建设。实施长三角打通省界断头路专项行动,尽快形成跨省交通网络化,更好发挥同城效应。按照开工一批、竣工一批、储备一批的要求,加快推进建设高铁、高速公路、国省道、天然气管网、电力等基础设施项目。

(2)完善统一高效的商务基础设施。以构建统一开放有序透明的市场环境为目标,重点从促进商务活动互联互通、优化营商环境等方面入手,以重点领域供应链体系、标准体系建设为重点,实现规则对接,进一步消除市场壁垒和体制机制障碍。进一步加强各地信息系统、征信系统建设以及相互衔接和连通,推进实施跨区域联合奖惩,率先在国内形成"失信行为标准互认、信用信息共享互动、惩戒措施路径互通"的跨区域信用联合奖惩模式。打造信用长三角一体化平台,实现三省一市信用信息的按需共享、深度加工、动态更新和广泛应用。在市场监管的基本信息、数据内容互联互通的基础上,共建监管标准衔接、监管数据共享、监管力度协同的合作机制,强化日常监管工作联动,健全市场监管合作体系,提升区域综合监管执法水平。建立长三角城市群间互联互通的工业互联网平台,促进基于数据的跨区域、分布式生产和运营,深入推动长三角智慧应用。建设一批跨区域的技术研发和转化平台,构建区域性的紧密互动的技术转移联盟。

(3)构建政策平台的基础设施。尽管目前长三角已形成了合作与协同的机制,三省一市的相关机构也逐步建立了情况通报机制,比如加强各地方立法的相互沟通,商议立法新增项目、立法的标准等,但这方面的基础设施总体上是薄弱的,甚至某些方面是欠缺的。要在已经形成的决策层、协调层和执行层"三级运作"机制的基础上,进一步深化完善常态长效体制机制,构建协调推进区域合作中的重大事项和重大项目等政策平台,加强跨区域部门间信息沟通、工作联动和资源统筹,推动人才资源互认共享、社会保障互联互通、食品安全监管联动等方面的合作。要构建公众参与区域政策的新型平台,形成公众参与政策制定与实施的作用机制,增强区域合作政策协调机制的有效性。

在构建三大基础设施的基础上,推进长三角一体化朝着四大集成的方向发展。一是经济集成。区域内各类城市之间具有潜在差异化的产业分工,形成开放型的区域产业链,特别是全球城市中的现代服务业与二级城市中其他类型服务活动的分工。二是关系集成。区域内不同城市之间信息、思想、人员、资本的强烈流动,包括由现代服务业日常活动引起的有形和无形流动。三是组织(网络)集成。通过现代服务业网络、产业价值链网络、创新及技术服务网络、交通网络、信息网络、政府网络、非政府组织网络、社会网络等,以不同方向、不同尺度连接区域内城市,并实现其互补性。四是政策集成。在区域层面存在着战略与规划、政策,乃至协调机制。

除了一体化的基础设施外,推进长三角一体化发展还需要有相应的载体。因为在区域一体化过程中,这种资源要素流动与配置并不是随机、无序、发散性的,而是基于相对稳定、固定的组织载体,从而是持续、有序、收敛性的。但这种资源要素流动的组织载体并不仅仅是我们过去通常所说并所做的具体项目,例如周边城市和地区承接上海外移或溢出的具体项目,或跨地区共建的合作项目,包括产业项目、科技项目、文化创意项目、部分社会项目(养老)、教育培训项目、医疗保健项目等。如果把项目比喻为水池子里的鱼,以项目为载体无非就是把这一水池子里的鱼放到另一个水池子里,或者把两个水池子合并为一个水池子来养鱼。这是有一定局限性的。一是从一个水池子放到另一个水池子,并没有增加鱼的数量,反而造成大家"抢鱼"的过度竞争现象;二是强行把鱼换到另一个水池子,有一个能否存活和良好生存的水土服不服的问题;三是鱼换水池子只是"一锤子买卖",有一个合作可否持续问题。我认为,长三角一体化发展的主要载体是连接各大小水池子的接口(管道及龙头),首先是水的流动,然后伴随着鱼的流动。这一接口越大,水池间有更多的活水,水池里的鱼就越多,鱼也就能找到自己最理想的栖息地,鱼在水池间的流动也就能可持续。因此,关键在于构建这种基于网络的接口,作为长三角一体化发展的主要空间组织载体。具体来说,有以下主要类型。

(1)大都市区。这是长三角一体化发展的基础性空间组织载体。区域一体化发展的逻辑顺序通常是从大都市区走向城市群,而不是倒过来。这种大都市区由于地理上的毗邻,具有同城化程度高、联系较紧密、经济社会等方面联系的综合性较强、借用规模效应较明显、功能互补性较强等特点。因此,长三角地区各大都市区建设是当前一体化发展的重中之重。长三角一体化示范区在某种程度上是缩小版的大都市区建设,主要为大都市区建设提供可借鉴的经验及示范。大都市区建设主要解决城际轨交、不同城市功能定位、资源统筹使用、人员流动自由便利化、大都市区管理机构等问题。

（2）各种类型的廊道。这是长三角一体化发展的专业性空间组织载体。这种专业性的廊道,通常既源于大都市区,又超越大都市区向外延伸,作为一种城市群的中介连接,诸如目前的 G60 科技走廊,以及今后需要发展的专业化产业走廊、贸易走廊、生态廊道等。这种空间组织载体的特点是专业性强、以水平分工为主导、集聚密度高、关联紧密、具有品牌形象等。专业性廊道建设重点在于构建共享平台、标准化平台、交易平台,推进联盟化集聚和网络化运作。

（3）双向飞地。这是长三角一体化发展的重要空间组织载体。这种双向飞地主要基于产业链构造的基本逻辑,母地与飞地之间存在较强的产业关联,诸如在母地成果孵化,到飞地进行产业化,或者在飞地初级加工,到母地进行深加工等。这种空间组织载体的特点是上下游关联性强、共同参与度较高、经济联系紧密、运作管理较统一等,通常采取不同类型的园区形式。双向飞地建设的重点在于建立产业链分工、发挥园区集聚效应、形成合理的财税分享机制、实行园区统一管理体制等。

最后,特别要指出的是,如何形成有效的区域治理结构,特别是利益协调机制。这是推进长三角一体化发展的重要制度保障。在区域治理中,国内外都共同面临一个重大难题,就是如何处理好地点空间与流动空间之间的关系。因为在区域发展中,同时存在着地点空间与流动空间,除非是在一个行政管辖区内。作为地点空间,有明确的各自行政管辖区边界和物理边界;作为流动空间,则是无边界的,是交集的、渗透的。这两个并存的空间具有天生结构性的"精神分裂症"。特别是在我国目前分税制的条件下,难以实行一些跨地区的基本统筹,更加凸显了这一"分裂症",严重影响资源要素的充分流动和合理配置。因此,这关系到长三角一体化发展能否有实质性推进、能否达到战略定位的目标以及能否取得预期成效。

从国外经验来看,区域治理越来越趋向于既不是一种没有政府的纯粹"民间"治理,也不是政治性地构建一个单一区域空间的政府治理,而是一种国家、地方政府、企业等共同参与的混合治理结构。在这一混合治理结构中,根据各国和各地不同情况,又有所侧重,呈现不同协调模式。一是以英国英格兰城市群、日本太平洋沿岸城市群为代表的中央政府特设机构主导协调模式。政府主导规划法案的制定和实施,并运用产业政策、区域功能分工、大交通、自然环境等许多专项规划与政策进行协调。二是以欧洲西北部城市群的市(镇)联合体为代表的地方联合组织主导协调模式。其明确了政府不干预规划的具体内容,市(镇)联合体可以对基础设施、产业发展、城镇规划、环境保护以及科教文卫等一系列活动进行一体化协调。三是以美国东北部城市群和北美五大湖城市群为代表的民间组织为主、政府为辅的联合协调模式。其由半官方性质的地方政府联合组织"纽约区域规划协会"(RPA)、跨区域政府机构"纽约新泽西港务局"等和功能单一的特别区共同协调。随着市场化趋势加速,民间组织在区域协调中的地位和作用越来越突出。长三角一体化发展的区域治理结构及其协调模式,可借鉴国际经验,并结合中国特色及长三角特点进行探索和实践。目前,主要是地方政府主导协调模式,成立长三角联合办公室是这方面的一个重要尝试。在保持现有行政区划的条件下,也可构想设立跨地区专业管理局,统筹管理区域某些如港口运输、环境治理等特殊专业事项,类似于跨区域政府机构"纽约新泽西港务局"。另一方面,要积极推进长三角行业协会、智库、企业家联合会、金融公会、教育联盟等跨地区民间组织发展,搭建区域内各种平等对话的平台,让更多的企业和民间组织参与到区域治理中来,形成多种利益集团、多元力量参与、政府组织与非政府组织相结合、体现社会各阶层意志的新公共管理模式。

在区域治理中,规划引导是一种重要的协调机制。除了国家层面的长三角一体化发展战略和国土空间方面的规划,解决区域的发展定位、城市体系、轴带模式等宏观问题外,区域协调更为关注城市生态发展、环境保护、技术手段等实际的细节问题,更多发挥专业技术的沟通与协调角色,以专项规划研究和引导为重点。这种更容易促成不同利益主体达成共识。这些专项规划研究通常采取大型化策略,即兼顾多种管辖性、考虑多个目的性和强调多种相关问题的综合性(包括环境、经济、生物群落等)、引入多方利益相关者、注重多尺度操作性(在不同的地理尺度采用不同的管制措施和政策)。因此,特别要指出的是,不能单纯由政府部门来研究这些专项规划,而要由利益相关者成立一个多部门的联合机构,包括协会、专业委员会等民间力量,关键是聚焦各方关注的问题,重在建立一个对话和信息交换的有效平台,能够用先进的科学和技术辅助决策,找准各方利益结合点和平衡点,协调多方面利益,就相关问题达成共识。这些专项规划研究要有十分严谨细致的科学方法,保证基础数据的准确性和详实性,提高研究的细致和深入程度,得出应该如何治理,应该如何进行资源集成的结论,从而具有很强的权威性。但这不是政府权力的权威性,而是技术的权威性。这些专项规划研究的数据和结论都要真实详尽地在网上公布,对全社会开放,供政府、企业和公众随时取用。

在区域一体化发展中,地方利益最大化是客观存在的,地方政府“屁股指挥脑袋”也是一种常态。我们不能忽视这一现实,更不能刻意淡化这种利益存在,而是要建立起一个有效的利益协调机制。其前提是,在各项区域合作中,必须把涉及的不同利益诉求摆到桌面上来,使各地利益及其相关者利益显性化、明晰化、格式化,运用科学的评判标准及其方法对利益链进行合理切割,对各方利益诉求进行评估,形成利益识别机制。在此基础上,寻求利益共享和共赢的最大公约数,形成利益分配机制。对于一些可交换的利益,例如水务、碳排放权、排污权、用地指标等,探索建立事权交易制度。对于一些明显受损的利益,建立相应利益补偿机制,诸如生态保护补偿等。为保证合作中的各方正当权益不受侵犯,要探索建立权益保护及解决利益争端机制。目前,这方面工作是比较薄弱的,但也是难度很大的,不仅是硬件建设的问题,而且更是制度、软件建设的问题,甚至会触及深层次的体制机制改革。

长三角一体化发展,是时代的要求,国家战略的需要。它既要有深入的理论研究,找出规律性的东西;又要有创新的实践,走出自己的道路。但愿这套丛书能在理论指导与实践总结中发挥应有的作用。

上海市经济学会会长
上海全球城市研究院院长
首届长三角一体化发展专家咨询委员会委员
2020 年 5 月

# 前　言

　　随着我国进入全面建成小康社会的决定性阶段,城镇化迎来发展的关键时期,作为新型城镇化的主体形态,城市群是支撑全国经济增长、促进区域协调发展、参与国际竞争合作的重要平台,得到了越来越多的重视。2018年11月中共中央、国务院发布的《关于建立更加有效的区域协调发展新机制的意见》中提出:建立以中心城市引领城市群发展、城市群带动区域发展新模式,推动区域板块之间融合互动发展。中共十九大报告提出:实施区域协调发展战略,以城市群为主体构建大中小城市和小城镇协调发展的城镇格局,城市群发展的目标与任务进一步明确。

　　本书以城市群为研究对象,从都市圈出发,对城市群、区域性城市群、国家战略下的城市群发展进行研究,层层递进地剖析了我国城市群发展的新态势。全书共分为四大部分:第一部分从都市圈入手,研究上海都市圈发展脉络和新趋势,并分析其对所处城市群的辐射带动效应;第二部分为长江三角洲城市群发展态势研究,以经济最具活力、开放程度最高、人口最为密集的城市群为例,分析城市群发展新态势,同时探讨长三角城市群融入长江经济带的思路与路径;第三部分为长江经济带城市群研究,重点分析长江经济带各城市群协调发展现状与态势;最后一部分突破城市群范围,将"一带一路"这一区域发展倡议与长江经济带城市群相联系,分析城市群发展与重大区域战略间的互动关系,提出通过"一带一路"与长江经济带贯通发展,促进我国区域发展布局向纵横交错的网络化、全覆盖转变,使城市群在我国区域协调发展中发挥更大作用。

本书由上海社会科学院新型城镇化创新工程团队完成,是团队多年来相关研究的成果集合。团队多年来关注城镇化和城市群发展,特别是在长江三角洲、长江经济带和"一带一路"等区域城镇化和城市群方面,取得了诸多研究成果,因此将之进行梳理编撰成书,作为研究的总结概括。研究从上海都市圈、长三角城市群、长江经济带城市群以及"一带一路"与长江经济带城市群贯通发展四个层次透视中国城市群发展新态势,期望为新时代中国城市群的建设与发展提供一定的参考与借鉴。

本书由上海社会科学院郁鸿胜研究员负责整体框架的搭建,经团队成员多次讨论完善,各部分主要执笔者如下:第一章,宗传宏、张然宇、刘佼、潘凯颖;第二章,李娜;第三章,张岩;第四章,郁鸿胜。

感谢上海社会科学院创新工程对本书的支持与资助,感谢出版社编辑的辛勤工作。城市群研究具有较强的综合性和实践性,随着我国区域协调发展战略和新型城镇化发展战略的实施,相关理论研究也在不断丰富与完善。本书研究关注之重点难免有所局限,撰写过程中如有疏漏和不当之处,恳请读者多多批评指正。

作　者

2020 年 5 月

# 目　录

# 第二章　长三角城市群发展新态势

# 第三章　长江经济带城市群发展新态势

# 第四章　"一带一路"与长江经济带城市群贯通发展新态势

## 附录　世界都市圈发展的经验与启示

|第一章|

上海都市圈发展
新态势

# 第一节　上海都市圈历史沿革与基本情况

## 一、上海都市圈的历史沿革

上海都市圈是长江三角洲城市群的重要组成部分。一般认为,都市圈是以一座城市或多座城市为核心,构建一定经济联系,并促进经济发展的区域。此类区域跨越了行政区域的限制,核心城市的经济辐射力有半径范围。根据以上定义与理解,上海都市圈即是以上海为核心,对周边城市起到辐射带动作用及经济联系的区域。但城市之间的贸易往来与经济联系复杂,较难界定多大经济强度范围内处在上海都市圈内,同时还涉及跨省市区域问题。因此,上海都市圈的范围迟迟没有官方的明确规定。如今,纳入长三角城市群的城市进一步扩展,上海都市圈是否跟随扩大? 长江三角洲是地域概念,是从地理上划定的城市区域,而上海都市圈则是根据政府引导和市场发展而形成的经济意义上的区域。仅以上海为核心来讲,其经济辐射范围有限,覆盖整个长三角区域实则比较困难,而上海都市圈则覆盖了更广阔的区域。同时上海都市圈的范围不宜过大，更像是长三角城市群的内核，要融入长三角城市群的发展，更要以"强心"带动城市群的发展。2016年《上海市城市总体规划（2016—2040）（草案）》中规划的上海大都市圈包括上海、苏州、无锡、南通、宁波、嘉兴、舟山"1+6"的城市体系，总面积2.99万平方公里，总人口约5 400万。在2018年中国城市规划年会上，上海大都市圈空间协同规划初步拟定将覆盖上海、苏州、无锡、南通、嘉兴、宁波、舟山、湖州"1+7"市，陆域面积4.9万平方公里，常住人口约6 500万人。

　　自上海解放以来，上海的行政规划的调整也渗透着上海都市圈的历史进程，可称此时期为规划调整期。1949年5月27日上海解放，28日上海市人民政府成立。上海市仍是直辖市，辖黄浦、老闸、邑庙、蓬莱、嵩山、卢湾、常熟、徐汇、长宁、普陀、闸北、静安、新成、江宁、北站、虹口、北四川路、提篮桥、杨浦、榆林20个市区和新市、江湾、吴淞、大场、新泾、龙华、洋泾、真如、高桥、斯盛10个郊区。上海市的面积为617.95平方公里。[①] 此后，经历了两次重大调整。一次是1958年江苏省所管辖的10县划归上海，实行市管县的体制。这些县市分别是宝山、嘉定、川沙、上海、南汇、奉贤、松江、金山、青浦、崇明，上海市的面积由原来的617.95平方公里变成6 340平方公里，面积扩大10倍。另一次是20世纪80年代开始，分期分批实施区、县合并或撤县建区，[②]直到2016年崇明撤县设区，上海再一次变为无县时代。上海市现辖黄浦区、徐汇区、静安区、长宁区、普陀区、虹口区、杨浦区、浦东新区、闵行区、宝山区、嘉定区、金山区、松江区、青浦区、奉贤区、崇明区16个区。

## （一）　上海都市圈的启动期

　　在国际竞争日益激烈的背景下，我国亟需建立一座足以面对世界竞争的全球城市及联系互动紧密的经济区域，因此，上海都市圈的概念在区域经

---

① 上海行政区划的历史沿革：1949—2018[EB/OL].https：//www.sohu.com/a/229457789_100127759.
② 施镇平.解放以来的上海行政区划调整及城乡关系变动[J].上海行政学院学报，2005（02）：105－107.

济不断发展中逐渐明晰出来。上海都市圈形成的必要性：综观世界全球城市的崛起与建立，绝不是仅仅依靠城市本身的发展。如伦敦、纽约、东京、巴黎等全球城市，都与周边地区产生了紧密的经济社会联系，凝聚成为一个强有力的经济区域。具体特征表现为：中心城市与周边地区互动作用明显，周边地区支撑中心城市发展，中心城市反哺周边地区的经济社会发展，形成一个良性互动、共同繁荣的圈层体系。众多城市凝聚成都市圈的好处在于，能够凝聚成为一个巨大的经济体，有效面对来自各方的竞争。

　　为什么选择以上海为中心？一是上海自古以来就是商贾云集的地区。明代中叶，上海已成为全国棉纺织手工业中心；清代康熙年间，清政府设立江、浙、闽、粤四处海关，上海为其中之一；到 19 世纪中叶，上海已成为商贾云集的繁华港口；鸦片战争以后，上海被开辟为五处通商口岸之一。二是上海的区位优势明显。上海位于我国东部沿海地区，气候温暖湿润，土壤条件优渥，自然资源丰富。上海拥有优越的地理位置，既与我国内陆紧密相连，又有充分的条件与机遇同世界各国开展贸易合作。三是上海是我国最大的经济城市，上海经济区是中国最富庶的地区。[①] 上海依靠其得天独厚的区位条件和较发达的工商业，城市经济得到迅速发展，逐渐成为全国的经济中心。四是上海是改革开放的前沿地带。改革开放为上海带来新的发展契机，宝钢工程奠基、德国大众落户、飞乐音响股票发行、"94" 专项融资等重大工程或事件在上海留下波澜壮阔的印记，上海完成了从江南小镇到国际大都市的完美蜕变。

　　最初，以上海为中心城市，周边城市汇聚并建立起紧密经济社会联系的这一区域并非以上海都市圈来命名，上海经济区是其最初的发展形态。上海经济区的扩展历史：1982 年 10 月，为解决我国地域分割与区域经济发展之间的矛盾，国务院提出建立上海经济区，其范围在实践中不断扩展。上海

---

① 张仲礼.上海和上海经济区在中国经济现代化中的地位和作用[J].社会科学，1988 (01)：18 - 22 +79.

经济区初建时只包括 10 个市和所辖 55 个县,以全国 5%的人口创造了全国 15.5%的生产总值,国民收入是全国平均水平的两倍以上。1984 年 10 月,国务院决定扩大上海经济区的范围,扩大后的上海经济区包括江苏、浙江、安徽 3 个省及上海市。在此之后,江西省和福建省陆续被纳入上海经济区。最终确定的上海经济区的范围包括沪、苏、浙、皖、赣、闽五省一市。全区面积 637 900 平方公里,占全国总面积的 6.6%;全区人口 2 亿 2 800 多万,占全国人口的 21.8%。虽然上海经济区和上海都市圈都是以上海为中心建立起与周边地区合作联系的经济区域,但是两者的建设目的还是有所差别的,这也是两者所包含的地域范围有较大差别的原因。上海经济区的建立是我国经济体制改革的需要,它打破了单一的指令性计划体制,打破了传统的"条块统治",恢复社会主义商品经济应有的内在联系,是社会主义商品经济发展的客观要求。[①] 从某种意义上说,上海经济区是人为构建的,而上海都市圈不如说是区域经济发展的自然产物。在上海都市圈内,中心城市上海的辐射能力有限,远不能达到上海经济区如此大的地域范围。上海都市圈以较小的区域范围,强化其经济功能,面对国际竞争。

## (二) 上海都市圈的高速发展时期

上海都市圈的高速发展是以上海浦东开发开放为标志的。上海都市圈初具雏形后,存在这样两个问题:一是上海都市圈的"强心"问题。上海都市圈与伦敦都市圈、纽约都市圈、东京都市圈等相比仍存在较大差距,中心城市上海的经济辐射范围有限,人口、就业等主要集聚在内圈层。而如今全球资源的配置将更多通过大都市或全球城市来实现,按照此种发展态势,上海都市圈面临在世界竞争中边缘化的风险。二是中心城市上海发展并不均衡。其一表现为浦东和浦西地区城市发展的差异。"宁要浦西一张床,不要

---

① 张仲礼.上海和上海经济区在中国经济现代化中的地位和作用[J].社会科学, 1988 (01): 18 − 22 +79.

浦东一间房"曾是老上海人的共识,即是城区建设较为完善的浦西与开发起步阶段的浦东的对比。此时,浦西已表现出"大城市病"的特征,人口密度较大,交通拥挤,住房紧张等。而浦东仍然是一片巨大的可以扩展的区域,极具市场开发价值。其二表现为上海城区与郊区的发展差距,此问题现在以新的形式依然存在。此时期上海所表现出的"大城市病"完全可以通过政府主导,调整城市规划布局,优化产业结构,提高开发技术水平等内部措施来改善。

借助改革开放的春风,浦东开发开放为上海都市圈注入了新的生机与活力。1990 年,中共中央、国务院作出加快上海浦东开发的决定。1992 年,中共十四大报告指出,"以上海浦东开发开放为龙头,进一步开放长江沿岸城市,尽快把上海建成国际经济、金融、贸易中心,带动长江三角洲和整个长江流域的新飞跃"。1997 年,中共十五大报告强调指出:"进一步办好经济特区、上海浦东新区",足以体现上海浦东新区建设在国家发展进程中的重要地位与作用。在此时期,中央和上海市政府高度重视浦东新区的发展动向与进程,加大资金与政策投入。同时,外资也成为上海都市圈内各城市经济发展的重要动力。到 1998 年底,上海有外商投资企业项目 18 984 个,合同外资349.30 亿元。世界最大的 100 家工业跨国公司有 59 家在沪投资 156 个项目。[①] 1997 年上海吸收的 FDI 总量占到长三角吸收 FDI 总量的 39.1%,上海与周边城市在经济、文化、信息等各方面的交流成为本地区各城市空间扩展和大都市圈形成的重要动力源。但随着上海经济能量对外辐射的增强,外资开始由上海向周边地区转移,其中临近上海的苏州、无锡率先受益,作为区域副中心的南京和杭州以及宁波也成为重要转移基地。到 2000 年,上海吸收的FDI 占长三角 FDI 总量降为 30%,2005 年这一数值仅为 26.1%。[②]

浦东身兼重任,承载着服务上海、服务长三角、服务全国的使命。其建设成果对上海及整个都市圈的经济发展、产业结构布局等都产生了不同程度的

① 李东,于保平,刘骏.浦东开发开放与上海产业结构调整[J].上海综合经济,2000 (04): 15 - 16.
② 李健,宁越敏,石崧.长江三角洲城市化发展与大都市圈圈层重构[J].城市规划学刊,2006 (03): 16 - 21.

影响,上海都市圈迎来了高速发展期。具体到城市而言,上海以浦东开发开放为契机,进一步加快国际经济中心、金融中心、贸易中心的建设,在上海都市圈中的中心地位得到加强,同时加快周边地区与其接轨的步伐,共享开放的硕果。浦东开发开放,加快了上海"腾笼换鸟"的步伐,促进了上海产业结构调整,第二产业占增加值的比重明显下降,第三产业占比显著提升;加快上海产业转型升级,更多倾注于科技含量高、产业规模大、市场前景广的新兴战略产业。而某些规模较大、技术含量较低的重工业则被转移出去,周边城市借此机会接轨上海,使自身经济社会得到发展。如浙江省视浦东开发开放为机遇,利用本省资源与产业优势,发展外向型经济,将浦东作为"窗口",带动省域经济更大程度参与国际循环。[①] 上海都市圈的发展形态逐渐向"前店后厂"的模式发展,周边城市接受上海的外溢资源,从而得到更好地发展。但此时的都市圈发展模式是粗放式的,是由大量生产要素(如土地、资本等)增加来实现都市圈发展,发展经济成为上海都市圈中城市的主要目的,未考虑环境的承载力等问题。扩张式的发展不符合可持续发展的要求,顾此失彼将付出极大代价。

### (三) 上海都市圈的稳定发展时期

上海都市圈稳定发展时期的特征是:形成了明显的圈层结构与网络化的发展格局。上海都市圈的圈层结构大致可以划分为两到三个圈层。以城市为单位进行划分,第一圈层为上海本身,目前上海已愈发接近国际经济中心、金融中心、贸易中心、航运中心的目标,根据我国实际情况,形成了以超大城市为中心的上海都市圈,带动周边城市的经济社会发展。第二圈层由苏州、无锡、南通、嘉兴、宁波、湖州、舟山7座城市构成。这一圈层紧密环绕在上海周围,苏州、嘉兴与上海接壤;南通、宁波、舟山与上海隔江或隔海相望;无锡虽处内陆且与上海不相邻,但从上海都市圈发展的历史进程来看,上海对无锡的

---

① "浙江经济发展与浦东开发开放接轨战略研究"课题组.浙江经济发展与浦东开发开放接轨问题研究[J].浙江社会科学, 1993 (01): 44-50.

产业、经济等方面均产生了较大影响。舟山在与上海的经济联系度上，与其他城市存在较大差距，但舟山的港口条件优越，深水良港为上海都市圈发展创造了极为有利的条件。以上两个圈层实际为 2018 年中国城市规划年会提到的《上海大都市圈空间协同规划》所包含的"1+7"座城市。广义的上海都市圈还存在第三个圈层，包括杭州、南京、常州、镇江、金华、绍兴、扬州、泰州、台州 9 座城市，此圈层距上海的空间距离较远，南京等个别城市已超过 300 公里，但依赖长三角地区发达的交通网络，第三圈层所包含的城市依旧与上海存在较为紧密的互动与联系，以上即为长三角城市群最初确定的"1+16"座城市的范围。若对城市内部作进一步划分，上海仍可以分为三个小圈层，呈现出核心—中间—外部圈层的空间布局。核心圈层包括黄浦区、(原)卢湾区、(原)静安区、浦东的陆家嘴功能区约 60 平方公里的区域。中间圈层与中环线包括的范围相当，面积约 600 平方公里，主要包括长宁、徐汇、虹口、杨浦、(原)闸北、普陀。外部圈层即是上海所辖的全部范围，6 000 多平方公里的区域，主要包括大浦东地区、闵行、宝山、嘉定、青浦、松江、奉贤、金山、南汇和崇明。①

圈层结构能够稳定发展，依赖于上海都市圈中各城市的分工与合作，进而形成足够稳定的产业链与发展模式，共同促进上海都市圈在国际竞争中的作用和地位。上海都市圈的稳定发展要建立在合理的空间布局上，目前上海都市圈已形成以特大城市上海为中心，杭州、南京为副中心的网格体系。都市圈内的城市不再是简单地对接上海，盲目追求经济发展的速度却忽视经济发展的质量，而是形成了层次分明、功能完善、协调发展的都市圈城镇体系。各城市根据自身城市的特点与优势，进行专业化打造，与其他城市错位发展，避免产业同化引发恶性竞争等资源无效配置情况的发生。上海都市圈中各级城市的专业化明显增强，通过第二次与第三次全国经济普查调查数据对比发现，近沪地区一些次级专业型节点城市的作用开始显现，比如昆山、嘉善、平湖等，在批

---

①　高汝熹，吴晓隽.论大上海都市圈[J].城市，2008 (11)：37 – 43.

发零售、商务服务、信息技术等专业服务领域与上海的联系明显增强。[①] 再如,无锡进一步提高物联网与云计算技术、舟山进一步承接上海的港口航运。

同时,上海都市圈建设具有重要的战略意义,众多国家战略在此集聚。以浦东开发开放为标志,"一带一路"倡议、长三角城市群规划、新型城镇化战略、长江经济带发展战略、长三角区域规划、上海浦东改革配套改革实验区战略、上海"四个中心"和国际大都市建设、中国(上海)自由贸易试验区战略、全球科技创新中心战略、江苏省现代化发展战略、江苏省沿海地区发展战略、浙江海洋经济发展示范区、义乌市国际贸易综合改革试点、舟山群岛新区等一系列国家战略全部或部分在上海都市圈得以实施。[②] 在此背景下,中心城市上海功能定位明确后,周边城市对融入上海都市圈发展作了重要战略部署。如南通在《南通建设上海大都市北翼门户城市总体方案》中明确提出,发挥靠江靠海靠上海的地域优势,积极参与上海大都市圈协同发展,全面推进交通互联互通、城市功能互补、产业协同配套、文化相通融合、生态共保共治,构建全方位、宽领域、高层次对接服务上海新格局,建设集"生态屏障、产业腹地、创新之都、文化名城"等功能于一体的上海"北大门"。[③] 再如,2017 年 7 月,嘉兴市发布《嘉兴市创建浙江省全面接轨上海示范区行动计划(2017—2020 年)》。制订"1233"行动计划,即"全力推进浙江省全面接轨上海示范区建设这一中心任务,积极推动交通体系、公共服务两大领域沪嘉一体化,着力推进产业、创新、人才三大重点合作平台对接,深化政策、规划、机制三方面协同,努力将嘉兴打造成为全球卓越城市周边的具有国际化品质的现代化网络型田园城市。"[④]2018 年,嘉兴市委、市政府明确将沪嘉城际轨道项目作为全面接轨上海示范区建设的"一号工程"。如:

---

① 上海市城市规划设计研究院院长张帆在 2018 年中国城市规划年会上所作的发言.
② 宗传宏.新旧动能转换中推进长三角区域一体化的思路对策[M]//张道根.长三角蓝皮书: 2018 年新时代发展的长三角.北京: 社会科学文献出版社,2019.
③ 王彩娜.上海大都市圈: 沪浙苏共建"1+7"等于几[EB/OL].http: //finance.ifeng.com/c/7lPGaG3ZO6K.
④ 嘉兴市创建浙江省全面接轨上海示范区行动计划(2017—2020 年),嘉委办发〔2017〕43 号.

宁波市在《2018 年宁波市进一步加强沪甬合作工作方案》中提出,充分利用宁波与上海地域相邻、人缘相亲、人文相近、经济相融的优势,调动全市积极性,积极发挥"宁波帮·帮宁波"人士作用,形成合力,着力工作、平台、产业、民生、人才、政策等各领域对接,进一步加强沪甬两地的全面合作。①

### (四) 统筹发展期

2018 年 11 月,长三角一体化上升为国家战略。上海都市圈作为长三角城市群的核心区域,在整个区域发展中具有重要的示范作用。随着高铁等新一代交通工具的发展,来往城市间的时间成本大幅度减少(见表 1-1),同城化效应日益明显,都市圈有向外扩展的趋势。同时,在区域协调发展过程中,跨区域治理问题始终不容忽视,主要是行政壁垒、区域政策尺度过大造成协调成本较高以及协调机制不完善。为实现资源更有效的配置,上海都市圈正处于统筹发展期。

#### 表 1-1　上海都市圈中心城市与周围城市的交通联系

| 中心城市 | 周围城市 | 直线距离/千米 | 高铁时长/分钟 | 高铁每日班次/班 |
|---|---|---|---|---|
| 上海市 | 苏州市 | 85 | 23 | 182 |
| 上海市 | 无锡市 | 115 | 28 | 166 |
| 上海市 | 宁波市 | 153 | 119 | 47 |
| 上海市 | 南通市 | 100 | — | — |
| 上海市 | 嘉兴市 | 88 | 27 | 100 |
| 上海市 | 湖州市 | 136 | 117 | 2 |
| 上海市 | 舟山市 | 156 | — | — |

注:都市圈城市选择参考相关规划而得,直线距离指两地政府之间的直线距离,基于百度地图获得;高铁时长为两地高铁站之间的最短通行时间,高铁每日班次来源于12306 购票网站,以 2019 年 12 月 30 日调整的运行图为准。

资料来源: https://baijiahao.baidu.com/s? id = 1622827877197779575&wfr = spider& for = pc.

---

① 王彩娜.上海大都市圈: 沪浙苏共建"1+7"等于几[EB/OL].http: //finance.ifeng.com/c/7lPGaG3ZO6K.

目前,长三角的合作机制由三大块组成:决策层、协调层和执行层。其中,决策层是合作机制的核心。在此合作机制的基础上,形成了沪苏浙皖三省一市主要领导座谈会、副省(市)长级别的"沪苏浙皖经济合作与发展座谈会"、城市市长级别的"长江三角洲城市经济协调会",以及长三角各城市政府职能部门之间的不定期协调会等会议制度。2018 年,由国务院推动建设的长三角区域合作办公室也正式成立,将极大促进长三角区域协同发展。上海财经大学张学良教授认为,都市圈是我国新型城镇格局中承上启下的关键一环,"大城市—都市圈—城市群"三个空间尺度紧密相连。都市圈是城市群的核心,也是突破城市行政边界、促进生产要素跨区域优化配置的更小空间尺度。都市圈建设应向小尺度、跨区域、精准化的方向发展。因此,上海都市圈正是长三角城市群发展过程中的突破口和示范区。

在统筹规划方面,《上海大都市圈空间协同规划》呼之欲出。2018 年 5 月 24 日,在上海市政协重点协商办理"推动长三角一体化发展"提案专题会议上,提到 2018 年要重点推进"上海大都市圈空间协同规划"编制工作,会同苏州、无锡、南通、嘉兴、宁波、舟山等上海周边城市,强化区域协同的战略引领、空间统筹和机制保障。将明确上海大都市圈的发展战略目标和方向,探索周边区域空间统筹协同发展的路径,从交通、生态、基础设施、蓝网绿道、文化旅游、产业、区域合作等多方面制定行动策略,为上海大都市圈中长期发展提供指导。在跨区域规划协同的更小尺度上,《上海市城市总体规划(2017—2035)》划分了 24 个城镇圈,其中 3 个为跨省市域,分别是嘉定安亭—青浦白鹤—江苏昆山花桥、金山枫泾—松江新浜—浙江嘉善—浙江平湖新埭、崇明东平—江苏海门海永—江苏启东启隆城镇圈。目的是促进临沪地区跨省城镇圈统筹,进一步加强功能统筹、交通对接、环境共治、设施共商。目前,这三个跨省城镇圈的规划已经编制完成。① 在更为

① 胥会云.上海大都市圈规划启动: 长三角城市群"强核"轮廓初显[EB/OL]. https: // baijiahao.baidu.com/ s? id=1622827877197779575&wfr=spider&for=pc.

具体的层面,可对上海都市圈范围内的洋山港、宁波—舟山港、乍浦港、独山港、嘉兴港等港口之间作进一步资源整合,进行垂直或水平的分工合作。

## 二、 上海都市圈的基本情况

### （一） 空间范围

上海都市圈囊括了上海、苏州、无锡、宁波、南通、嘉兴、湖州、舟山这八座城市,为"省级+地级"都市圈,覆盖的陆域面积约 5.15 万平方公里(见表1-2),常住人口约 6 500 万人,整体呈"Z"字型形成辐射圈。城市之间联系紧密,除南通和舟山这两座城市目前无直达上海的轨道交通外,其他城市到上海的高铁通勤时间基本在两个小时以内,如嘉兴、苏州和无锡到上海的高铁通勤时间则小于 30 分钟(见表1-3、表1-4)。都市圈中的城市地势较好,或倚长江,或临湖泊,或向海洋,水运交通便利,且多为平原,物产丰富。其中,上海、南通、宁波、舟山等城市以其海洋优势,可通达中国沿海和世界各港,成为都市圈联系世界的窗口;其他城市则利用其便捷的交通网络,向内延伸,拓展内陆腹地,实现海陆统筹发展。

表 1-2　上海都市圈城市土地面积　单位：平方公里

| 城　　市 | 上海 | 苏州 | 无锡 | 宁波 | 南通 | 嘉兴 | 湖州 | 舟山 |
|---|---|---|---|---|---|---|---|---|
| 土地面积 | 6 341 | 8 657 | 4 627 | 9 816 | 10 549 | 4 223 | 5 820 | 1 459 |

资料来源：城市统计数据来自各城市 2019 年统计年鉴.

表 1-3　上海到都市圈中其他城市的距离　单位：公里

|  | 苏州 | 无锡 | 宁波 | 南通 | 嘉兴 | 湖州 | 舟山 |
|---|---|---|---|---|---|---|---|
| 上海 | 84 | 126 | 314 | 501 | 84 | 243 | 287 |

注：除舟山(汽车行驶里程)以外,城市间距离以最短火车里程为准。
资料来源：火车票网(http://www.huochepiao.net).

表 1-4 上海到其他城市的通勤时间

| 城 市 | 高 铁 | 火 车 | 汽 车 |
|---|---|---|---|
| 苏州 | 23 分钟 | 1 小时 4 分钟 | 1 小时 30 分钟 |
| 无锡 | 28 分钟 | 1 小时 34 分钟 | 2 小时 |
| 宁波 | 1 小时 59 分钟 | 4 小时 25 分钟 | 3 小时 |
| 南通 | — | — | 2 小时 30 分钟 |
| 嘉兴 | 27 分钟 | 1 小时 3 分钟 | 1 小时 30 分钟 |
| 湖州 | 1 小时 57 分钟 | — | 2 小时 30 分钟 |
| 舟山 | — | — | 5 小时 30 分钟 |

资料来源：火车票网(http://www.huochepiao.net).

上海市位于太平洋西岸的国际航线上,是亚太地区的交通枢纽。同时,上海濒临东海、黄海和长江,集"黄金海岸"和"黄金水道"于一身,具有面向海洋、依托长江、倚靠内陆、联系世界的区位优势。

苏州位于江苏省东南部和长江三角洲中部,东、南面分别接上海和嘉兴,西濒太湖,北依长江,是国家高新技术产业基地之一和 G60 科技走廊核心城市,也是长江三角洲城市群重要的中心城市之一。其中,坐拥的苏州港是世界第一大内河港口。

无锡则是江苏省地级市,被誉为"太湖明珠",位于江苏南部,地处长江三角洲平原、江南腹地和太湖流域,北倚长江,南依太湖,东、西接连苏州和常州,京杭大运河从其穿过,是长江经济带的重要城市之一。无锡以平原为主,星散分布着低山和残丘,是中国民族工业和乡镇工业的摇篮,苏南模式的发祥地。

宁波是浙江副省级市、计划单列市,世界第四大港口城市,长三角城市群五大区域的中心之一,并且是长三角南翼经济中心。宁波地处东南沿海,位于中国大陆海岸线中段,长江三角洲南翼,东边有舟山群岛作为其天然屏障,北接杭州湾,西壤绍兴,南临三门湾,且相连台州,是中国大运河南端出海口和"海上丝绸之路"东方始发港。宁波属于典型的江南水乡兼海港城市,宁波港被英国《集装箱国际》杂志评为"世界五佳港口"。

南通是江苏省地级市的现代化港口城市,位于江苏东南部,是中国首批对外开放的 14 个沿海城市之一,并且是长三角北翼经济中心。南通处于沿海经济带与长江经济带 T 型结构交会点和长江三角洲洲头,东边接靠黄海,南边倚临长江,上海、苏州与其只有一江之隔,西临泰州,北领盐城,还有铁路可与新亚欧大陆桥相连,真是所谓的"据江海之会、扼南北之喉",可直达中国沿海和世界的各港口岸。

嘉兴是浙江省地级市,位于浙江省东北部、长江三角洲杭嘉湖平原腹地,是杭州都市圈副中心城市,其地理位置优越,处于太湖南走廊的咽喉之位,与上海、杭州、苏州、宁波等城市的距离均不到百公里,可谓沪杭、苏杭交通干线中枢,便利的交通为其带来明显的区位优势。

湖州市是浙江省下辖地级市,地处浙江省北部,东、南方分别与嘉兴、杭州接壤,西边坐有天目山,北边倚临太湖,与无锡、苏州仅一湖之隔。此外,湖州是环太湖地区唯一因湖而得名的城市,处于太湖南岸,东、西苕溪交汇地。

舟山市位于浙江省东北部,东、西临一海一湾——东海与杭州湾,与上海隔海相望,面向太平洋,地缘优势明显,地处中国长江水道与南、北沿海航线汇合点,是长江流域对外开放的重要海上门户,联手亚太新兴港口城市发挥辐射功能。舟山市是我国第一个以群岛建制的地级市,其中舟山群岛新区也是我国第一个国家级群岛新区。舟山拥有众多港湾,航道交错,是中国数一数二的天然深水良港,在 2018 年宁波—舟山港货物吞吐量位于全球第一。

## (二) 人口

在上海都市圈中,城市人口数量均超过百万,其中上海和苏州常住人口数量超过千万,宁波为其次,而舟山人口数量最少,常住人口数量约为 110 万人,是上海常住人口的 4.84%。上海作为都市圈、长三角的核心城市,人口流动性极大,且多为外来人口,因此,户籍与常住人口比在都市圈中最低,为 60.33%。近几年的发展新秀苏州,作为都市圈中生产总值仅次于上海的城市,人口流动性也高,比上海约高 5%。而都市圈中近 50% 的城市,城市户籍与常住人口比在 70%~80% 间,人口流动性适中;少数几个城市的比率超过 80%(见表 1-5)。同时,在另一方面,也显示出上海和苏州的户籍制度管理较为严苛,都市圈中的其他城市户籍制度管理则相对较为宽松。

**表 1-5 上海都市圈城市常住人口和年末户籍人口数(2018 年)**

| 城市 | 常住人口/万人 | 年末户籍人口/万人 | 户籍与常住人口比/% |
|------|---------------|-------------------|---------------------|
| 上海 | 2 423.78 | 1 462.38 | 60.33 |
| 苏州 | 1 072.17 | 703.55 | 65.62 |
| 无锡 | 657.45 | 497.21 | 75.63 |
| 宁波 | 820.20 | 602.96 | 73.51 |
| 南通 | 731.00 | 762.52 | 104.31 |
| 嘉兴 | 472.60 | 360.44 | 76.27 |
| 湖州 | 302.70 | 267.06 | 88.23 |
| 舟山 | 117.30 | 96.90 | 82.61 |

资料来源:城市统计数据来自各城市 2019 年统计年鉴.

## (三) 经济

上海都市圈的城市整体维持着 7% 左右的生产总值增长率,都超过全国 GDP 增长率 6.6%。上海的生产总值远远领先于都市圈中的其他城市,苏州位于其次,其生产总值约为上海的 56%,舟山的生产总值位于圈末,为 1 316.7 亿元。在政府财政收入方面,上海依然大幅度高于都市圈中的其他城市,苏州仍然位列其次。在总体经济数据中,上海的优势地位非常明显,基本成倍高于其他城市,但在人均经济数据中,都市圈中城市的差距显著缩小,上海未能完全保持领先位置,在人均 GDP 中,无锡、苏州、上海位列圈中前三,宁波紧追其后,其中农村居民可支配收入数据中,嘉兴、舟山、宁波位列前三位(见表 1-6)。在城市产业分布中,我们不难发现,上海明显着重偏向和发展第三产业,第三产业占生产总值的近 70%,第一产业显然被上海弱化。在都市圈中的其他城市,第一产业亦非重点发展产业,但与上海不同的是,第二、三产业占城市总产值的比值差距不大,无显著偏好,像嘉兴、宁波这两座城市,其第二产业的产值反而略高于第三产业的产值。在日后的上海都市圈发展中,可以进一步优化城市之间的产业合作,形成更为合理的城市产业分工。在都市圈中,苏州的工业实力不可小觑,工业增加值和规模以上的工业总产值仅略低于上海,牢牢霸占圈中第二的位置,舟山的工业产值仍位于圈内末端(见表 1-7)。在金融方面,上海无愧于全国金融中心和超一线城市,社会消费、国民存款、银行贷款余额等金融数据都大幅度领先于都市圈中的其他城市,拉开第二名苏州两至三倍的距离(见表 1-8)。

### 表 1-6 上海都市圈城市经济指标 (2018 年)

| 城市 | 一般公共预算收入/亿元 | 生产总值/亿元 | 生产总值增长率/% | 人均 GDP/元 | 城镇居民可支配收入/元 | 农村居民可支配收入/元 |
|---|---|---|---|---|---|---|
| 上海 | 7 108.15 | 32 679.87 | 6.6 | 134 982 | 64 183 | 30 375 |
| 苏州 | 2 119.99 | 18 597.47 | 7.4 | 173 765 | 63 481 | 21 587 |
| 无锡 | 1 012.28 | 11 438.62 | 7.4 | 174 270 | 56 989 | 30 787 |
| 宁波 | 1 379.69 | 10 745.46 | 7.0 | 132 603 | 60 134 | 33 633 |
| 南通 | 606.19 | 8 427.00 | 7.2 | 115 320 | 46 321 | 22 369 |
| 嘉兴 | 518.55 | 4 871.98 | 7.6 | 103 858 | 57 437 | 34 279 |
| 湖州 | 287.10 | 2 719.07 | 8.1 | 90 304 | 54 393 | 31 767 |
| 舟山 | 146.02 | 1 316.70 | 6.7 | 112 490 | 56 622 | 33 812 |

资料来源:城市统计数据来自各城市 2019 年统计年鉴,2018 年国民经济和社会发展统计公报.

### 表 1-7  上海都市圈产业经济数据（2018 年）

| 城市 | 第一产业/亿元 | 第二产业/亿元 | 第三产业/亿元 | 工业增加值/亿元 | 规模以上工业总产值/亿元 | 规模以上工业利润总额/亿元 |
|---|---|---|---|---|---|---|
| 上海 | 104.37 | 9 732.54 | 22 842.96 | 8 694.95 | 34 841.84 | 3 350.44 |
| 苏州 | 213.99 | 8 933.28 | 9 450.20 | 8 240.37 | 32 073.74 | 2 034.08 |
| 无锡 | 125.07 | 5 464.01 | 5 849.54 | 5 009.33 | 17 028.44 | 1 204.94 |
| 宁波 | 305.96 | 5 507.53 | 4 931.97 | 4 953.67 | 17 015.26 | 1 259.50 |
| 南通 | 397.77 | 3 947.88 | 4 081.35 | 3 283.23 | 9 812.43 | 1 165.55 |
| 嘉兴 | 115.03 | 2 624.49 | 2 132.46 | 2 387.18 | 9 785.54 | 609.75 |
| 湖州 | 127.69 | 1 273.63 | 1 317.75 | 1 152.53 | 4 471.55 | 274.50 |
| 舟山 | 142.63 | 428.37 | 745.70 | 303.59 | 731.88 | 8.40 |

资料来源：城市统计数据来自各城市 2019 年统计年鉴.

### 表 1-8  上海都市圈城市金融数据（2018 年）

| 城市 | 社会消费品零售额/亿元 | 进口总额/亿美元 | 自营出口总额/亿美元 | 年末金融机构人民币存款余额/亿元 | 住户存款余额/亿元 | 年末金融机构人民币贷款余额/亿元 |
|---|---|---|---|---|---|---|
| 上海 | 12 668.69 | 3 084.79 | 2 071.70 | 112 650.4 | 2 803.68 | 68 564.25 |
| 苏州 | 5 746.90 | 1 472.83 | 2 068.31 | 28 560.45 | 9 168.45 | 26 546.23 |
| 无锡 | 3 672.70 | 366.63 | 567.81 | 15 568.68 | 5 511.59 | 11 971.55 |
| 宁波 | 4 154.93 | 459.37 | 841.68 | 18 532.51 | 6 561.26 | 19 341.11 |
| 南通 | 3 088.77 | 131.38 | 254.53 | 12 001.61 | 6 287.26 | 8 811.69 |
| 嘉兴 | 1 938.59 | 121.87 | 305.85 | 8 104.32 | 3 719.47 | 6 770.69 |
| 湖州 | 1 297.24 | 17.36 | 116.83 | 4 514.08 | 2 121.37 | 3 871.53 |
| 舟山 | 536.85 | 107.46 | 64.18 | 1 986.86 | 831.42 | 2 003.68 |

资料来源：城市统计数据来自各城市 2019 年统计年鉴.

### （四）社会

#### 1. 教育和文化

都市圈中的城市深知教育对当地经济、建立城市品牌形象、留住人才的重要性,因此对教育和文化产业皆非常重视。其中,每个城市的入学率基本在 80% 左右,并保证较为合理的师生配比,对学生进行了相应补贴,减轻求学压力;每个城市还专门建有特殊教育学校,保证特殊儿童的教育,尽力帮助这部分特殊儿童。在文化上,每个城市都建有图书馆、文化馆和文化站,除上海外,其他城市之间的差距不大,苏州、无锡等城市还被列为全国最爱读书的几大城市,可见其对文化的宣传和重视力度(见表1-9)。

表 1-9　上海都市圈城市教育指标（2018 年）

| 城市 | 普通高等学校数量/所 | 普通高等学校在校学生数/万人 | 普通中学/个 | 特殊教育学校/个 | 图书馆/个 | 文化馆/个 | 文化站/个 |
|---|---|---|---|---|---|---|---|
| 上海 | 64 | 51.78 | 925 | 30 | 23 | 24 | 214 |
| 苏州 | 26 | 23.34 | 328 | 12 | 11 | 11 | 89 |
| 无锡 | 12 | 11.39 | 206 | 7 | 8 | 8 | 82 |
| 宁波 | 15 | 14.98 | 304 | 10 | 12 | 11 | 149 |
| 南通 | 9 | 9.79 | 219 | 7 | 10 | 9 | 97 |
| 嘉兴 | 6 | 7.07 | 170 | 6 | 6 | 8 | 73 |
| 湖州 | 3 | 2.69 | 120 | 5 | 6 | 6 | 69 |
| 舟山 | 5 | 2.30 | 41 | 2 | 5 | 5 | 36 |

资料来源:城市统计数据来自各城市 2019 年统计年鉴.

## 2. 科技

作为第一生产力的科技,都市圈中的城市都非常重视城市科技发展。苏州和上海是都市圈中重点负责科技研发的城市,大部分国家级开发区都坐落于此。在规模以上工业企业 R&D 经费支出方面,上海、苏州和无锡位列前三,宁波紧随其后。其实,不难看出,每个城市之间的 R&D 经费支出占其财政收入比值差距不大,且科研经费支出都相对较大。在专利申请和专利授权上,上海、苏州位列第一和第二,其数值近乎是第三名宁波的两倍,可见在两座城市中专利意识和创新意识都比较强。剩下的城市,除舟山的数据显著小于其他城市外,基本都在万件以上。总体而言,都市圈中的城市专利意识都相对较强,对科技的重视程度亦比较高(见表1-10)。

表 1-10 上海都市圈城市科技指标 (2018 年)

| 城市 | 专利申请数 | 专利授权数 | 规模以上工业企业R&D 经费支出/亿元 | 国家级开发区数量 | 省(直辖市)级开发区数量 |
|------|-----------|-----------|----------------------------------|-----------------|----------------------|
| 上海 | 150 233 | 92 460 | 554.88 | 19 | 23 |
| 苏州 | 135 862 | 75 837 | 504.85 | 27 | 3 |
| 无锡 | 62 681 | 35 255 | 296.51 | 6 | 6 |
| 宁波 | 72 954 | 44 777 | 276.17 | 9 | 9 |
| 南通 | 52 799 | 24 578 | 224.54 | 4 | 6 |
| 嘉兴 | 47 864 | 24 589 | 138.93 | 6 | 8 |
| 湖州 | 37 284 | 18 672 | 76.14 | 3 | 5 |
| 舟山 | 3 784 | 2 216 | 8.48 | 3 | 4 |

资料来源:城市统计数据来自各城市 2019 年统计年鉴.

### 3. 医疗卫生

上海作为都市圈乃至全国的人口重大集聚地,在医疗卫生方面选取的数据都是位于都市圈首位。在卫生机构床位数上,上海几乎是第二名苏州的两倍,无锡位于第三,南通略低于无锡位于其后,舟山依然位于圈末。在卫生机构数上,上海、宁波、苏州位于前三,南通位于其后。宁波在卫生机构数和卫生机构床位数上的数据在圈中排名相差较大,反映出宁波的卫生机构可能规模相对较小,但社区基层卫生机构相对较多。在卫生技术人员上,上海的数量是第二名苏州的近三倍,其次是宁波(见表 1-11)。总体而言,上海拥有相当丰富的医疗资源,其他城市所拥有的医疗资源亦基本与其人口相匹配。作为保障民生的重要一环,都市圈中的政府应该更加积极提高医疗卫生资源,改进医疗资源配置方式以提高效率,让医疗资源更加合理地服务更多民众。

**表 1-11 上海都市圈城市医疗数据（2018 年）**

| 城市 | 卫生机构床位数/张 | 卫生机构数/个 | 卫生技术人员/人 |
|------|------|------|------|
| 上海 | 147 200 | 5 298 | 206 500 |
| 苏州 | 68 921 | 3 380 | 85 188 |
| 无锡 | 46 970 | 2 480 | 54 733 |
| 宁波 | 38 718 | 4 252 | 66 300 |
| 南通 | 44 126 | 3 276 | 48 041 |
| 嘉兴 | 27 969 | 1 554 | 35 209 |
| 湖州 | 16 873 | 1 460 | 24 660 |
| 舟山 | 6 047 | 713 | 9 984 |

资料来源：城市统计数据来自各城市 2019 年统计年鉴.

# 第二节 上海都市圈规划布局与存在问题

## 一、上海都市圈总体规划与布局

### （一）总体规划

上海都市圈是中国区域发展前沿的领军城市群之一，是带动长三角城市发展的重要核心。中央政府高度重视长三角地区的经济社会发展，国务院多次印发指导文件，在各个时期指导长三角地区的城市化发展。2008年，国务院下发的《国务院关于进一步推进长江三角洲地区改革开放和经济社会发展的指导意见（国发〔2008〕30号）》强调，要在深化改革开发的基础上，"着力推进经济结构战略性调整，着力增强自主创新能力，着力促进城乡区域协调发展，着力提高资源节约和环境保护水平，着力促进社会和谐与精神文明建设"，"把长江三角洲地区建设成为亚太地区重要的国际门户、全球重要的先进制造业基地、具有较强国际竞争力的世界级城市群"。

拟定的具体目标是：在 2020 年，要形成以服务业为主的产业结构；在重要领域科技创新方面，对经济发展的引领和支持作用明显增强；区域内部分工合理、协调发展，形成协调的空间格局；控制污染排放，降低单位地区生产总值能耗，接近或达到世界先进水平，打造人与自然和谐相处的生态环境；提高社会保障和社会服务的水平。该文件从第三产业发展、第二产业优化、区域经济协调发展、生态环境治理、社会保障和服务五个方面，提纲挈领地指明了长三角城市群的发展重点。上海都市圈的发展包含于长江三角洲城市群的发展，上海都市圈发展的动力能够在一定程度上辐射到长三角城市群的其他城市，所以长江三角洲城市群的发展布局，也为上海都市圈的发展规划绘制了底图。

2016 年，国务院又印发了《长江三角洲城市群发展规划》（以下简称《规划》），这一规划为处在"转型提升、创新发展的关键时期"的长三角城市群提出统领大局的区域发展规划。《规划》强调长三角地区是我国参与国际竞争的重要平台，对全面提高开放水平，聚集创新要素，提升国际国内资源配置能力和效率起到重要作用。《规划》从空间、产业、区域协同创新、生态等方面提出了四个中期发展目标：形成集约紧凑、疏密有致的空间格局，形成高附加值现代产业体系和区域协同创新体系，建立有力的支撑体系和生态格局，健全城市群一体化发展的体制机制。

上海响应中央的指导工作，在 2018 年初公布的《上海市城市总体规划（2017—2035 年）》中，提出要在创新、人文、生态方面重点发力，在空间上引领长三角城市群的发展，突出上海的区域引领责任，统筹战略区域协调发展，推动上海都市圈功能网络一体化、都市圈同城化。

上海都市圈的总体规划，是以上海为核心，实际上建立紧密联系和产生强烈互动的城市群体，实现区域一体化发展，全方位提高地区发展质量，在中央一系列规划和政策的指导下，解决产业、空间布局、创新、协调合作方面的发展痛点，落实发展规划的具体要求，完成规划目标。

### （二）产业布局

上海都市圈现代工业、服务业产业体系完备，配套能力强，产业集群优势明显，除上海以外，其他城市第二产业、第三产业增加值近似各占 GDP 总值的一半，而上海近些年来第三产业增加值则是达到了 GDP 七成左右，这是上海和江浙其他城市逐渐走向功能分工的一个迹象。① （见图1-1）

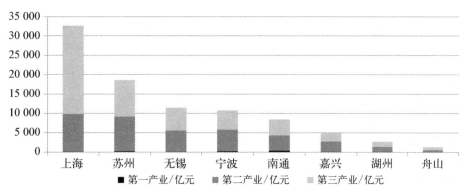

**图1-1　上海都市圈各城市第一、第二、第三产业增加值（2018年）**

资料来源：城市统计数据来自各城市2019年统计年鉴.

第二产业方面，根据钱纳里（Hollis B. Chenery）的工业化阶段理论，从城市群总体产值上看，长江三角洲城市群已经进入后工业化时代，上海都市圈作为长三角城市群的核心都市圈，②经济实力和发展动力更强于其他城市，产业聚集程度更高，都市圈内城市都有处于比较优势地位的产业或产业群。

但在产业布局上，纺织、石油加工、金属冶炼及加工、金属制品、通用及专用设备制造、汽车制造、电气机械和器材制造、计算机通信和其他电子设备制造业，都存在4个或4个以上的城市产业产值超过500亿元，上海、苏州、无锡、宁波、南通5城在这些产业领域的竞争较为激烈。而嘉兴、舟山和湖州，在工业产值量级上还远落后于其他5个城市，超过500亿元的工业产

① 王猛，高波，樊学瑞.城市功能专业化的测量和增长效应： 以长三角城市群为例[J].产业经济研究，2015 (6)： 42-51.
② 谈佳洁，刘士林.长江经济带三大城市群经济产业比较研究[J].山东大学学报（哲学社会科学版），2018，No.226 (01)： 144-152.

业屈指可数。而都市圈内产业量级更高的城市,上海、苏州,产业格局更加综合、全面,计算机、通信和其他电子设备制造,电气机械和器材制造等创新型工业产业已具规模,达到了千亿元甚至 5 千亿元以上产值。未来增长动力强劲,产业布局更加高端。(见表 1-12)

表 1-12　上海都市圈城市 500 亿元以上工业产值分布

| 产业类别 | 500～<br>1 000 亿元 | 1 000～<br>5 000 亿元 | 5 000～<br>10 000 亿元 |
|---|---|---|---|
| 食品制造业 | 上海 | — | — |
| 纺织业 | 无锡、嘉兴 | 南通、苏州 | — |
| 纺织服装、服饰业 | 无锡、宁波、苏州 | — | — |
| 文教、工美、体育和娱乐用品制造业 | 南通 | — | — |
| 石油加工、炼焦和核燃料加工 | 无锡、南通、苏州 | 上海、宁波 | — |
| 医药制造业 | 上海 | — | — |
| 化学纤维制造业 | 嘉兴 | 苏州 | — |
| 橡胶和塑料制造业 | 苏州、上海 | — | — |
| 非金属矿物制品业 | 苏州、上海 | — | — |
| 黑色金属冶炼和压延加工业 | 宁波 | 无锡、上海、苏州 | — |
| 有色金属冶炼和压延加工业 | 苏州、宁波 | 无锡 | — |
| 金属制品业 | 南通、无锡、苏州、上海 | — | — |
| 通用设备制造业 | 宁波、无锡 | 南通、苏州 | 上海 |
| 专业设备制造业 | 无锡、南通、苏州 | 上海 | — |
| 汽车制造业 | 无锡 | 苏州、宁波 | 上海 |
| 铁路、船舶、航空航天和其他运输设备制造业 | 舟山、上海 | — | — |
| 电气机械和器材制造业 | — | 宁波、南通、无锡、上海、苏州 | — |
| 仪器仪表制造业 | 南通 | — | — |
| 计算机、通信和其他电子设备制造业 | 南通、宁波 | 无锡 | 上海、苏州 |

都市圈第三产业比重的差异,说明上海和周边城市之间存在着服务功能和生产功能的分工。[①] 作为都市圈发展的战略支点,和地区战略发展的重要引擎,上海在新兴产业、高附加值产业和高质量服务业方面的布局,直接影响到地区未来发展。

上海在金融、航运、生产性服务等多个领域拥有庞大的产业规模,甚至在全国都占有重要比重。在金融服务业,上海持牌金融机构数量1 537家,金融业增加值5 530亿元,占全市生产总值18%,占全国金融业增加值的8%。在文化创意行业,2017年上海该产业增加值3 718.35亿元,同比增速9.7%。在会展服务行业,上海主要场馆2017年开展的展会数量为714个。在现代商贸行业,上海拥有的城市商业综合体数量225个。在医疗服务业,各类医疗卫生机构5 144所,2017年行业增加值为1 563.4亿元。在旅游业,上海的星级宾馆达到204个,旅行社1 635家,2017年旅游业增加值为1 888.24亿元。在体育行业,上海重点企业10 669家,产业总规模达1 238.37亿元。其他服务行业也已形成规模(具体数据见表1-13)。

**表1-13 上海市部分现代服务企业规模数据(2017年)**

| 类 别 | 营收/亿元 | 重点企业数量 |
|---|---|---|
| 生产性服务业 | 27 177.90 | — |
| 软件和信息服务业 | 7 794.64 | 72 |
| 现代物流 | 3 355 | 182 |
| 检验检测服务 | 195.8 | 889 |
| 人力资源服务 | 3 111.38 | 1 389 |

资料来源:上海政府网站(http://map.sheitc.gov.cn/main1.html).

### (三) 城镇体系布局

上海都市圈包括一个直辖市和苏州、无锡、宁波、南通、嘉兴、湖州、舟山

---

① 王猛,高波,樊学瑞.城市功能专业化的测量和增长效应: 以长三角城市群为例[J].产业经济研究,2015 (6): 42-51.

7 个地级市。其中：上海市下辖浦东新区、黄浦区、徐汇区、长宁区、静安区、普陀区、虹口区、杨浦区、闵行区、宝山区、嘉定区、金山区、松江区、青浦区、奉贤区、崇明区 16 个区。苏州市下辖姑苏区、吴中区、相城区、高新区（虎丘区）、工业园区、吴江区，和常熟、张家港、昆山、太仓 10 个县级行政单位。无锡市下辖梁溪区、锡山区、惠山区、滨湖区、新吴区、江阴市、宜兴市 7 个县级行政单位。宁波市下辖海曙、江北、镇海、北仑、鄞州、奉化、余姚、慈溪、宁海、象山 10 个县级行政单位。南通市下辖启东市、海门市、如东县、如皋市、海安市、通州区、港闸区、崇川区 8 个县级行政单位。嘉兴市下辖南湖区、秀洲区、嘉善县、平湖市、海宁市、海盐县、桐乡市 7 个县级行政单位。湖州市下辖吴兴区、南浔区、德清县、长兴县、安吉县 5 个县级行政单位。舟山下辖定海、普陀、岱山、嵊泗 4 个县级行政单位。

从人口密度和城市规模来看，上海市几个中心城区人口密度达到每平方公里几万人，是都市圈内人口密度过于集中的"高地"，而其他几大城市的市区人口密度与所辖县级行政单位密度差距相对较小，人口分布较为合理。从单位人口密度表上看，上海、南通、无锡、苏州的人口密度相对较高（见表 1-14）。集中的人口，为新兴产业和服务业的发展，提供了必要条件，而人口聚集度较低的城市如湖州、舟山，其城市规模和产业规模都处于都市圈的下游水平。（见表 1-14）

表 1-14　上海都市圈城市市区及下辖县级单位人口密度表（2018 年）

| 地区 | 人口密度（人/平方千米） | 地区 | 人口密度（人/平方千米） | 地区 | 人口密度（人/平方千米） |
|---|---|---|---|---|---|
| 浦东新区 | 4 585 | 宁波市区 | 792 | 苏州市区 | 1 195 |
| 黄浦区 | 31 955 | 余姚 | 557 | 常熟 | 1 188 |
| 徐汇区 | 19 803 | 慈溪 | 776 | 张家港 | 1 275 |
| 长宁区 | 18 120 | 宁海 | 344 | 昆山 | 1 788 |
| 静安区 | 28 818 | 象山 | 397 | 太仓 | 888 |

续表

| 地区 | 人口密度（人/平方千米） | 地区 | 人口密度（人/平方千米） | 地区 | 人口密度（人/平方千米） |
|---|---|---|---|---|---|
| 普陀区 | 23 380 | 无锡市区 | 2 230 | 嘉兴市区 | 937 |
| 虹口区 | 33 944 | 江阴市 | 1 674 | 嘉善县 | 788 |
| 杨浦区 | 21 615 | 宜兴市 | 629 | 平湖市 | 902 |
| 闵行区 | 6 860 | 南通市区 | 2 518 | 海宁市 | 809 |
| 宝山区 | 7 536 | 通州区 | 936 | 海盐市 | 653 |
| 嘉定区 | 3 423 | 海安县 | 835 | 桐乡市 | 964 |
| 金山区 | 1 374 | 如东县 | 545 | 湖州市区 | 716 |
| 松江区 | 2 910 | 启东市 | 932 | 德清县 | 472 |
| 青浦区 | 1 819 | 如皋市 | 927 | 长兴县 | 445 |
| 奉贤区 | 1 676 | 海门市 | 867 | 安吉县 | 250 |
| 崇明区 | 580 | 舟山市区 | 70 | | |
| | | 岱山 | 55 | | |
| | | 嵊泗 | 87 | | |

资料来源：各城市统计年鉴.

　　从城镇空间布局来看，7个地级市处在上海的南、西、北三个方向，环绕着上海，同时也是距离上海最近的城市。每个城市之间覆盖着密集的交通通道，为实现同城化发展提供了必要的交通基础。上海市都市圈发展的中心城市，从铁路官网得到的消息，除了南通、舟山到上海没有直达的铁路列车班次，湖州到上海往返的班次较少之外，上海通往其他地方的往返列车班次一天均超过50次。而湖州在2019年新建的沪苏湖高铁干线，将加强湖州与长三角其他城市的交通联络。南通到上海往返的汽车每天班次过百，弥补了无铁路直达的不便利，而沪通大桥在不久的未来将开通，将缩短两地的往返时间。另外，舟山因为独特的岛屿地理环境和发达的船舶制造业，从水路前往上海、嘉兴等其他地区更为方便。

### (四) 创新要素分布

创新发展是经济发展的重要引擎,创新能力是地区发展潜力的重要评估指标之一。

从创新投入角度来看,截取 2017 年的截面数据,上海市无论在研发支出还是研发的比重上,都明显高于其他城市,抛开城市量级的影响,其他城市的研发投入占到本市 GDP 的 2.5% 左右,而舟山市则明显落后于其他地区,仅占到 1.03%。(见表 1-15)

**表 1-15　上海都市圈城市 R&D 经费内部支出情况 (2018 年)**

| 城市 | R&D 经费内部支出/亿元 | R&D 经费内部支出占 GDP 比重/% |
|------|------|------|
| 上海 | 1 359.20 | 4.16 |
| 苏州 | 518.05 | 2.79 |
| 宁波 | 239.62 | 2.23 |
| 嘉兴 | 138.93 | 2.85 |
| 无锡 | 296.51 | 2.60 |
| 南通 | 224.54 | 2.67 |
| 湖州 | 74.50 | 2.74 |
| 舟山 | 8.48 | 0.64 |

资料来源:各城市统计年鉴.

创新产出的重要指标之一是专利申请和授权量,尤其是发明专利。从 2018 年的数据来看(苏州、无锡并未披露),上海在创新成果的产出上远远超出其他城市的水平,创新要素活跃程度高,南通、嘉兴、湖州三市在发明专利授权数量上相差不大,但嘉兴发明专利申请成功率相对其他城市明显偏低。

创新主体主要包括技术性企业、相关高校、技术研究中心、实验室等。2018 年,上海市有效期内高新技术企业总数达到 9 206 家,全年共认定高新技术成果转化项目 656 项,其中,电子信息、生物医药、新材料等重点领域项目占 86.3%。苏州市 2018 年高新技术企业累计达 5 416 家,省级以上工程技术研究中心 733 家,省级以上企业技术中心 505 家,省级以上工程中心(实验室)90 家。无锡市国家级工程技术研究中心 6 家,省级以上重点实验室 9 家,省级以上企业重点实验室 6 家,国家级国际合作基地 8 家,省级国际技术转移中心 11 家。宁波市有省级企业研究院 99 家;省级高新技术企业研究开发中心 462 家;省级企业技术中心 162 家。南通市 2018 年末高新技术企业共 1 308 家。嘉兴市国家级高新技术企业达 1 267 家,省级科技型中小企业 3 607 家。截至 2018 年末,湖州市省级高新技术研究开发中心 352 家,拥有国家级高新技术企业 758 家。舟山市有高新技术企业 140 家,省级高新技术研发中心 51 家(城市数据皆为 2018 年累计数)。

从高校数量和学生人数来看,超大城市和大中城市之间仍然存在较大差距,上海仍然是国家一流的人才汇集中心,苏州处于第二梯队,而其他几个城市显然较为缺乏高等教育资源。(见表 1–16)

表 1–16　都市圈城市创新要素部分数据（2018 年）

| 城市 | 发明专利申请量/件 | 发明专利授权量/件 | 发明专利申请成功率/% | 年末万人有效发明专利拥有量/件 | 普通高等学校人数/万人 | 高等院校数/所 |
|---|---|---|---|---|---|---|
| 上海 | 62 755 | 21 331 | 0.34 | 47.5 | 51.78 | 64 |
| 苏州 | 50 116 | 10 845 | 0.22 | 53 | 23.34 | 26 |
| 无锡 | 19 702 | 4 963 | 0.25 | 38 | 11.39 | 12 |
| 宁波 | 26 000 | 5 302 | 0.20 | — | 14.98 | 15 |
| 南通 | 9 837 | 2 240 | 0.23 | 27.3 | 9.79 | 9 |
| 嘉兴 | 16 885 | 2 506 | 0.15 | — | 7.07 | 6 |
| 湖州 | 15 725 | 1 831 | 0.12 | — | 2.69 | 3 |
| 舟山 | 1 332 | 508 | 0.38 | — | 2.30 | 5 |

资料来源:各城市统计年鉴和统计公报.

从创新投入、创新产出和创新主体三个角度来看,各城市的创新要素分布与城市规模相关,城市越大,创新能力越强,上海、苏州两市高科技产业已形成一定的产业规模,对催生新型技术、带动地区经济发展有重要战略意义。

### (五) 合作机制

上海都市圈的协同发展离不开各个层面的合作。上海作为区域发展的战略支点,作为地区吸引外界资源、发展机会,从而或多或少对周边的城市产生经济发展的"溢出效应",同时周边城市的发展,也给了上海优化空间结构、调整产业布局的可能。这些相互之间的作用,离不开城市之间的合作机制,合作机制既包括各层次政府合作,也包括民间合作。

在中央规划的引导下,长三角三省一市、两省一市之间多次展开省级合作会议,2019 年 5 月 23 日,长三角地区主要领导座谈会在芜湖召开,上海、江苏、浙江、安徽的省(市)委书记、副书记和省(市)长均参加了这次高级别会议。会议在强调落实规划纲要的基础上,大力开展省际多边、双边合作,按照《长江三角洲区域一体化发展规划纲要》提出的发展目标和重点方向,尽快谋划提出一批重大项目、重大工程,以项目化推进一体化。长三角地区合作与发展联席会议,自 2009 年举办第一届以来已经形成了连续的会议机制,三省一市副书记、副省长级别的领导均参与探讨区域合作的重要议题和重大项目。① 政协层面开展的长三角民建组织推进长三角一体化发展联席会议,也已连续多年举办,从政协层面推动长三角一体化发展。

而低一级的层次上,区县级的合作则具体到项目上,尤其是与上海接壤

---

① 王拓.江浙沪皖聚首开会 这个联席会议为何这般重要? [EB / OL]. http: // js.ifeng.com/a/ 20171201/6195614_0.shtml.

的区县之间开展了多项合作示范区项目。如,上海与苏州之间,2018年,苏州市人民政府与青浦区人民政府签署了《江苏省苏州市和上海青浦区区域联动发展全面战略合作框架协议》,青浦将联合昆山、吴江开展63项合作,包括规划布局合作5项、设施建设合作17项、产业发展合作11项、公共服务合作9项、社会治理合作12项、生态环境合作9项。再如,2017年,在嘉兴市加快推进全面接轨上海示范区建设大会上,两地签约30多个合作项目,正式签约涉及科技人才、民生等领域,重点与虹桥商务区、青浦建立区域联动关系。

在民间合作层面上,市场经济是天然的合作机制,各城市之间上下连通的产业链使得各地区之间的经济、人才、资源交流更加频繁密切。

## 二、 上海都市圈发展面临的主要问题

### (一) 战略统筹度不够

上海都市圈的发展目标和方向,是实现区域经济的整体发展,在"一体化"发展的同时,注重发展的质量;在提升上海国际地位和核心竞争力的同时,增强上海对区域经济的辐射带动作用,推动区域在经济发展、产业布局、环境保护、科技创新等方面协同发展,呈现一派欣欣向荣的景象。

上海都市圈所处的更大范围的一体化发展,国家给予了高度关注。2019年,国家将长三角区域一体化发展上升为国家战略,在2019年之前也曾多次出台过相关发展规划,中央还成立了推动长三角一体化发展领导小组,由中共中央政治局常委、国务院副总理韩正担任组长,领导推动长三角一体化。上海都市圈是融入长三角城市群的一个小概念,它的合作是融入各层级、各地区的政府合作、共同规划之中的。它并没有在"1+7"的这几个城市之间形成定期会议机制和更强的联结,也没有统一对地区空间布局、产业布局、人口政策等作出统一规划的高一级组织,仅靠政府之间不确定的、

查缺补漏式的各种合作会议或小组来承担工作,这样看来,上海都市圈的战略统筹度是不够高的。

反观其他国际大都市圈,东京都市圈核心城市负责对周边城市进行统一管理,为卫星城市提供全面和高级的综合服务,中心城市利用大都市的吸引力和资源配置能力发展其他产业。尽管日本的情形与中国并不等同,但区域发展的统筹确实能够让区域实现更好的空间规划、产业布局。

### (二) 产业分工有待进一步明晰

2008 年,国务院发布《国务院关于进一步推进长江三角洲地区改革开放和经济社会发展的指导意见(国发〔2008〕30 号)》,文件强调"加快发展现代服务业,努力形成以服务业为主的产业结构"。如今,上海已经基本实现了以服务为主的产业结构,其他各城市的服务业也上升到与第二产业相当的比重,反而是农业产业所占比重在一步步下降,这是社会产能提高带来的结果。但是,上海都市圈在产业分工布局上存在同构化问题。

根据前文所列数据,上海、苏州、无锡、宁波、南通,在纺织、石油加工、金属冶炼及加工、金属制品、通用及专用设备制造、汽车制造、电气机械和器材制造、计算机通信和其他电子设备制造业,布局相似,都是在现有工业增加值中占重要比重的领域。虽然区域内同一产业的规模化发展有利于产业的发展,但是产业结构相似度如果在未来一直居高不下,必然带来过度竞争和资源浪费、发展动力不足等问题。

### (三) 创新要素的布局有待优化

上海都市圈内部城市创新能力存在较为明显的差距,从创新主体(主要是技术型企业及其研发中心)来看,根据最新数据,上海不出意料地排在榜首,拥有 9 000 多家高新技术企业,第二名的苏州则有 5 000 多家,其他城市的高新技术企业在 1 000 家左右,差距明显。

在创新成果上,上海、苏州在新材料、电子信息、生物医药等方面已经形成相当大的产业规模,产业聚集又为企业创新提供了良好的条件,在产业壮大发展和创新之间形成了良好的循环。

在当前的科技热点领域,如互联网、人工智能、大数据等方面,上海、苏州也有良好的产业布局,多家新一代的科技独角兽落户这两个城市,这为下一步上海、苏州的科技、产业升级创造了良好的基础,是未来经济发展的又一增长点。但相比之下,其他城市在创新产业、创新主体数量上存在相当大的差距,这对区域协调发展是不利的。

从创新力量人才资源来看,上海的高等教育学府(及其创办的研究中心),无论从数量还是质量来看,都远远优于其他城市。但是这种不均衡并不需要刻意去抹去,因为人才会随产业流动,上海的高等教育资源培养出的人才,会向江浙地区流出。龙不会居于小潭,大体量的市场,才能为人才提供发展的空间,才能够吸引人才,因此,其他城市的产业规模小会加剧人才在区域之间的不平衡。

另外,从创新投入的角度来看,抛开体量问题,上海在研发方面的支出比例最大,明显高于其他城市,这也从侧面说明了上海创新产业规模效应最为明显,超过其他城市的发展阶段。在众多优势的集成下,核心城市与其他较小的城市差距可能会越来越明显。

## (四)　文化融合度有待提升

都市圈一体化、同城化发展,不仅要在发展的物理层面上发力,而且在更深远的认知层面上,还应当编织文化认同与融合发展的"同心圆"。如果将长三角一体化拟人化,就是将这片区域变为"一个人",跳出本位主义的一城一地狭隘发展视野,实现整体协同、有机分工、合作发展。这就要上下同欲、认识统一,行动一致、主动融入。① 都市圈一体化发展建立在文化相融的背景之下,才能够有持久的活力。

上海都市圈的城市大多是古代吴越文化的传承之地,历史沉淀深厚,文化资源富集,地缘人文相近相亲,至今仍然保留着相似的生活、饮食习惯和口音,也有相似的建筑景观和自然环境风貌。但是面对当今时代的变化,新的文化正在慢慢形成,政府应当大力宣传长三角区域一体化发展的理念、规划、路径、举措、进展、成果等,在观念形态上突破一城一地的固有认知,确立长三角一体化的观念认知。都市圈一体化发展,需要更开放的心态,更坦率的合作,以及人民之间更深厚的文化认同和友谊,这样才能在各方面的合作中探索出新的模式和更精彩的内容。

### (五) 合作机制有待完善

上海都市圈城市在政府合作方面近年来持续发力,从高级别的决策统筹,到具体区县的合作,已经初步形成了多层次的政府合作体系,并落实了相当数量的项目。但目前,上海都市圈的合作机制还不够完善,政府之间的合作模式仍然是固有模式,包括交流学习、签署合作项目以及建立各种示范区等,缺乏创新,不能够高效地进行资源匹配,不能很好应对市场的考验。

在政府所不能及的方面,市场也应更高效地进行运作,然而目前政府职能转变、"放权"于市场的幅度仍然不够。政府应当在有所作为的领域,包括政府对市场的引导、监管、公共服务和相关法律法规的健全等方面进一步深耕。比如制定合适的产业引导政策,优化产业布局;制定有效的人口政策,对上海中心城区的人口进行有效的疏散,缓解大城市的压力等。这些工作只有区域大力合作,才能实现资源配置最优化。

---

① 何建华.长三角国家战略与文化融合发展"同心圆"[J].上海文化,2018,167(12): 87-94+130.

# 第三节　上海都市圈发展态势与路径

## 一、　上海都市圈发展态势与思路

### （一）　上海都市圈发展的态势特征

近年来,上海都市圈发展体现四个方面的基本特征。

一是基本形成符合上海实际的城市等级规模体系。上海在原来四级城镇体系,即中心城、新城、中心镇和一般镇的基础上,构建了新的"1966"城镇格局,即 1 个中心城、9 个新城、60 个新市镇和 600 个左右中心村格局,适应了上海城市化进程的需求,融入了长三角城市群的协调发展。上海将进一步建立与全球城市相匹配的城市等级规模体系,规划构建特大城市、大城市、中等城市和小城市等级规模体系,使上海市域城市群对长三角区域城市群发展将起到越来越重要的作用。

二是基本形成有利于大都市发展的基础设施体系。上海都市圈之间的各大中小城市基础设施建设体现了枢纽型、综合性和功能性基本特征。在交通体系上,形成了高架道路、轨道交通、"三横三纵"地面主干道路为骨架的中心城立体综合交通;虹桥综合交通枢纽的规划和建设、上海空港和海港、浦东铁路等沿海大通道系列工程,高等级内河航道网建设,为实现长三角区域内"同城效应"奠定了基础。

三是基本形成具有大中小城市布局特色的产业发展格局。上海都市圈各城市的产业布局衔接日趋合理,在城镇体系布局上,郊区以先进制造业为主,中心城区以现代服务业为主。城镇体系与产业集聚在结构与层次上已彰显区位优势。基本形成了以国家与市级产业基地为龙头,以市级工业园区为支撑、以区级重点工业区为配套的产业布局体系。

四是基本形成城镇体系与空间布局一体化的公共设施和社会服务体

系。在上海都市圈的各大中小城市中,医疗卫生、教育、文化、娱乐、体育等配套设施建设基本完善,空间布局较为合理,构建和完善了和谐城市发展的人居环境,为上海建设全球城市和服务长三角提供了社会服务基础。

## (二) 上海都市圈发展基本思路

### 1. 上海都市圈总体发展一体化

上海都市圈应建立多种有效的城市协调与治理机制,如行政体制内纵向管理方式、行政体制外横向磋商和专题合作方式,以促进都市圈内城市的协调发展,形成总体发展一体化。[①] 此前,上海都市圈内城市因定位不明确,缺乏合作意识,各城市在经济建设、文化建设和评估上"各自为战""互不买账",同质竞争非常严重,已经成为影响上海都市圈的总体发展和培育的阻碍,甚至是长三角城市群的培育和发展的阻碍。[②]

但是,近年来都市圈内的城市在文化、科技创新、旅游、交通等方面积极联盟,取长补短,互利共生,形成了非常良好的发展一体化局面。在未来,这种发展趋势会继续并长期保持下去,因为都市圈想要进一步发展,就必须统一协调圈内城市,在各个方面形成紧密的联系,发挥各个城市最大的优势功能,形成你中有我、我中有你的格局,成为真正的一体,从而产生最大化效应。

### 2. 上海都市圈产业分工协同化

都市经济圈的协调发展重点是城市之间产业的协调发展,形成分工与协作的有机体系,各个城市基于自身的要素禀赋与比较优势在区域经济体系之内找到属于自己的位置。[③]未来上海都市圈的发展模式应该是多级而非单级,培育多个核心城市如杭州、苏州、无锡,协调都市圈的空间产业布

①③　陈建华.统一的管理组织有利于抑制都市圈城市蔓延吗? ——基于长三角都市圈和珠三角都市圈的比较研究[J].上海经济研究, 2018 (07): 54-64.

②　　苏晓静.上海大都市圈的发展现状与问题研究[J].中国建设信息化, 2018 (15): 64-65.

局,通过核心城市,发挥增长极的集聚、扩散和联动效应,来带动周边城市的发展。[①]

规划上海都市圈产业协同布局需要在兼顾先前的产业基础上,充分考虑到各城市的资源与能力情况,如区位优势、资源条件、产业特色、人力资源和市场容量等因素,综合利用资源,避免资源浪费和新的重复建设。以遵循市场经济规律、产业发展规律为原则,发挥市场在资源配置中的作用,统筹规划、联动发展、取长补短、互利共生,形成可持续的上海都市圈产业布局体系。

此外,还需要从区域整体角度来规划上海都市圈的产业分工布局,在充分考虑各城市发展情况和资源要素的基础上,进行统筹规划。并且通过城市之间多层次、全方位的沟通机制以及充满活力的市场机制,将各城市发展规划与上海都市圈的发展规划相接轨,促进区域共同发展,有效避免因发展同质或者竞争同质造成低水平重复建设和资源浪费。由于统筹的产业规划和布局往往滞后于各城市的前期发展规划,因此特别需要协调好整体规划与各城市产业规划的关系,但必须明确各城市的规划要服从整体规划,决不能与整体规划相悖。[②]

坚持可持续发展的产业布局。应充分认识到可持续发展对于产业布局的重要性,大力发展可持续产业,推进节能减排、加快战略性新兴产业和新能源等低碳产业发展方面的创新思路,加速推进可持续发展城市的建设,为产业发展和产业布局提供必要的空间和市场。[③]从而促进产业结构和布局的优化。如果城市现有的产业布局与可持续发展相违背,必须坚决地采取措施进行调整,避免后期为了弥补而造成更大的损失和浪费。

上海在都市圈产业协调布局中需要发挥核心作用,需要进一步释放上海的发展潜力,加快产业升级,提升产业层次,发展高端产业,引导具有

①③　刘乃全,邓敏.多中心结构模式与长三角城市群人口空间分布优化[J].产业经济评论,2018(04): 91–103.
②　吴永基.关于长三角城市群扩容的几点思考[J].物流工程与管理,2018,40(09): 123–126.

成本优势的资源加工型、劳动密集型产业和具有市场需求的资本、技术密集型产业向其他城市转移,给其他城市提供发展机会,从而带动周边城市发展。

### 3. 上海都市圈空间格局网络化

都市圈通过对各城市功能定位,形成"大分散、小集中"的布局模式,城市之间分工协作、有机联动,从而实现大尺度分散、中尺度开放、小尺度集中的格局。这种方式可以有效避免人口、功能在单一空间上过度集聚的问题,又能通过分工合作的方式享受到单一资源集聚的规模效应。但是如果要形成这种有效良好的格局,就必须建立网络化的交通空间格局,将各功能城市与中心城市紧密联系起来,这样才能促进人才、资源等要素的流动。

目前上海都市圈正在积极地建设以高速铁路、城际铁路和高速公路为骨干,多种方式综合支撑的区域城际交通网络格局。现在已经确定上海市域5个方向、7条廊道综合交通通道布局①,以连接长三角城际铁路网和高速公路网,已经实现与苏州、无锡、嘉兴、宁波、南通、湖州、常州等城市之间90至120分钟可达,部分城市如苏州、嘉兴在30分钟内可达,现在正在突破城市边界至城市延绵区域,通过地铁以实现高密度交通,如上海安亭—昆山花桥,上海市地铁11号线已经延伸至花桥。

未来上海都市圈的空间格局应该是在沪宁、沪杭2个方向、5条线路的铁路通道和高速公路网络基础上,形成网络化的空间格局,构建上海都市圈高效、集约的交通模式,提升沪宁、沪杭、沿江、沪通、沪湖、沿湾、沪甬等7条区域综合运输走廊的服务效率、能级和可靠性,增加铁路通道方向和载运能力,大大缩短都市圈内城市的通勤时长,增强城市之间联系的紧密度。②

———————————

① 汤莲花,徐行方.国外典型都市圈市域铁路发展及启示[J].中国铁路,2018(09): 107-113.
② 陈小鸿,周翔,乔瑛瑶.多层次轨道交通网络与多尺度空间协同优化——以上海都市圈为例[J].城市交通,2017,15(01): 20-30+37.

### 4. 上海都市圈人口布局均衡化

上海都市圈正在形成多中心城市空间结构,城市分工与功能正在逐步强化和完善。多中心化的空间结构模式具有结构上的优势,可以改善中心城市的聚集效应,并且同时促进外围地区或者周边城市的发展,提高城市的可持续发展能力与竞争力,通过市场进行人群引流,以改善在单中心进行集聚产生的大城市病的问题,如人口过多、交通拥堵等。[①] 因此,未来上海都市圈的人口分部将更为均衡。

人口合理分布的核心在于城市功能的合理分散化,构建均衡分散的多中心结构。上海是上海都市圈的引领者,其以往以人口快速增长为导向的人口驱动机制"土地—交通"在现阶段已经不可持续,应该逐步转变为人口稳定增长为导向的"产业—环境"人口驱动机制,制定以就业人口为核心的人口空间分布优化政策,合理分散大城市过度集聚的人口,科学合理地完善城市人口布局体系,并带动都市圈城市的人口空间均衡布局。此外,还需进一步加强多中心之间的紧密联系,把多个规模相对较低的城市组成集聚体,以便获得更强的聚集效应和外部效应,如共享规模更大的劳动力市场、产品市场以及基础设施等。简而言之,上海都市圈拥有强大的群体经济实力与高程度的集聚外部效应,其人口空间分布直接影响多中心结构模式布局的协调性、城市产业布局和功能分配的合理性,直接关系到都市圈的发挥与国际竞争力的提升。[②]

### 5. 上海都市圈文化创新融合紧密化

上海都市圈的城市文化皆起源于吴越文化,属于同源文化,文化风俗相近,上海都市圈的文化融合本身就具有较好的基础。在此基础上,都市圈又进一步加强了城市文化融合,成立了文化、旅游、交通等方面的联盟,有效避

---

① 刘乃全,邓敏.多中心结构模式与长三角城市群人口空间分布优化[J].产业经济评论,2018(04):91-103.
② 刘乃全,吴伟平,刘莎.长三角城市群人口空间分布的时空演变及影响因素研究[J].城市观察,2017(05):5-18.

免同质、恶性竞争,形成良好的发展动态。未来上海都市圈将会进一步文化融合,巩固联盟,将上海都市圈的城市文化串联起来,增强上海都市圈的文化吸引力,打造上海都市圈的文化品牌,联动发展,共同宣扬吴越文化。

在科技创新方面,未来的上海都市圈将形成极具创新能力的都市圈。长期以来,上海都市圈因地域相邻、文化习俗相近、产业配套相容,人才、资源、企业和技术等要素在都市圈内城市的流动相对较为频繁。近年来上海都市圈更是主动促进区域内的科学技术转移,加快科技创新要素流动。目前,沿交通要道建设的科技创新走廊正是最好的体现。2017 年,上海松江与浙江嘉兴、杭州共同签署《沪嘉杭 G60 科创走廊建设战略合作协议》;2018 年,G60 科技创新走廊升级到"3.0 版本",囊括了沪苏浙皖 4 地 9 城,新增江苏苏州、浙江湖州、金华、安徽宣城、芜湖和合肥六城,G60 科创走廊的形成与扩展,是各城市科技创新战略意识的体现,是把握新兴产业创新发展机遇的共识。

在未来,上海都市圈将会进一步加大科研共享化、开放式创新力度,促进科研设施的集群化、集团化、集约化发展,共同培育与建设更多世界一流大学、一流科研院所,共同打造具有世界领先地位的综合性科学研究中心,培育和集聚一大批链接全球创新网络的节点型、枢纽型和功能型创新服务机构,使上海都市圈成为中国研发创新领域扩大开放、参与全球竞争与合作的重要载体。[①]

## 二、 上海都市圈融入长三角城市群的总体设想

### (一) 上海都市圈对长三角城市群的影响与作用

随着改革开放的不断深入,我国经济发展有了巨大进步,城市发展由过去单个城市之间的竞争转向以城市群为主体的群体竞争。上海都市圈作为

---

① 李万,周小玲,胡曙虹,张仁开.世界级科技创新城市群: 长三角一体化与上海科创中心的共同抉择[J].智库理论与实践, 2018, 3(04): 94 - 100.

长三角城市群的"强核",对长三角城市群有着重要影响与作用。

一是有助于长三角城市群综合竞争力提升。长三角城市群是我国参与国际竞争的重要平台。上海以都市圈为核心,以苏州、无锡、南通、嘉兴、湖州等城市为节点,以沪宁城镇发展轴、长江横向发展轴、新长铁路发展轴、苏通大桥、沪崇启大桥发展轴等对外通道为轴,形成北向、南向、西北向和西南向的四大功能拓展区,通过拓展区对整个长三角地区进行联动发展,辐射带动作用明显。上海都市圈发展有利于提升长三角城市群经济水平,全面提高开放水平,集聚创新要素,形成与国际通行规则相适应的投资、贸易制度,培育具有全球影响力的科技创新高地,有利于提升国际国内要素配置能力和效率,带动国家竞争力的全面增强。

二是有利于长三角城市群产业的优化升级。上海都市圈通过实施创新驱动转型发展战略,产业不断优化升级。依托长三角城市群重大基础设施建设,都市圈部分产业转移至长三角各地,促进了长三角城市群产业的优化升级。依托沪崇苏大通道,上海都市圈加强向江苏省江北的辐射功能、拓展先进制造业产业地区;以杭州湾大桥为轴,都市圈向浙江北翼宁波及南下台州地区拓展辐射功能、整合产业功能。借助过江通道、跨杭州湾通道、通沪铁路等区域性交通设施的建设,都市圈强化对南北两翼的辐射带动作用,将资本和重化工业向南北延伸。通过产业布局的优化,进一步优化长三角城市群的产业结构。

三是有助于长三角城镇建设体系水平的提高。长三角城镇建设体系是以上海为核心、各功能区和节点城市有机联系、产业廊道聚集的开放、高效、有序的区域空间体系。作为长三角城市群的核心区域,上海都市圈城镇体系的良性发展,在有利于长三角城市群农业转移人口市民化有序推进,优化城市群的空间格局,促进大中小城市和小城镇协调发展,提升城市品质和居民生活质量,带动和促进整个长三角地区城镇建设的协调发展的同时,也为我国新型城镇化探索经验。

四是有助于长三角一体化的进一步深入。在长三角一体化的过程中，上海都市圈起着龙头带动作用。上海都市圈对长三角的辐射带动是全方位的，包括产业、资金、技术，甚至体制机制创新、发展理念和发展模式等。而随着上海自贸区建设、全球科创中心建设的推进，上海都市圈的龙头带动作用还将进一步增强。如上海自贸区建设中的负面清单管理模式、贸易便利化方面的贸易监管制度、许可证清单管理模式中的商事制度、地方参与的反垄断制度等的推广复制，将更有力地带动长三角一体化、深化长三角一体化。

## （二） 上海都市圈发展的总体布局

上海都市圈建设要立足于建设世界城市的总体目标，调整大都市区域内部城市规模等级与功能；要着眼于促进长江三角洲城市群的整体协调发展，充分发挥上海的核心城市作用，不断提升长江三角洲城市群的综合竞争能力；要着力于都市圈区域范围内建设大、中、小城市的协调发展的市域城市群体系，增强不同等级城市的集聚与辐射能力，不断提升都市圈区域经济的持续快速增长能力。

### 1. 市域内上海都市圈总体布局

根据国际上通行的城市等级规模划分标准，将市域等级规模划分为中心城市（特大城市）—大城市—中等城市—小城市组成的四级城市等级规模体系，按照建设世界城市的目标，提出了未来上海都市圈网络体系和上海大都市城镇体系的发展框架。

特大城市，是市域城镇体系的主体，以外环线以内地区作为中心城范围，中心城用地约 1 000 平方公里，即为中心城市，人口规模在 500 万以上；大城市，主要依托产业基地（或工业园区）和城市重要基础设施发展而成，并且经济实力雄厚，地域空间与发展潜力较大，其中，次中心城市人口规模在 80~100 万，一般大城市人口规模在 50~80 万；中等城市，由市域范围内分布合理、区位条件优越、经济发展条件较好、设施条件较齐全、规模适中的中心镇等发展而成，人口规模在 30～50 万；小城市，是城市与农村之间的连接点，为当地居民提供生活、生产服务设施，规划重点是综合考虑区位、交通、资源等条件，由建制镇和一般集镇归并而成，人口规模在 5 万左右。（见表 1－17）

**表 1－17　上海都市圈规划体系表**

| 城市等级 | | 行政体系 | 数量 | 人口规模 | 布局区域 |
|---|---|---|---|---|---|
| 特大城市 | | 中心城市 | 1 个 | 大 800 万 | 市中心城区 |
| 大城市 | 次中心城市 | 新城 | 4 个 | 80～100 万 | 松江、嘉定、宝山、闵行 |
| | 一般大城市 | 新城 | 4 个 | 50～80 万 | 青浦、金山、南桥、临港 |
| 中等城市 | | 新市镇 | 15 个 | 30～50 万 | 城桥、川沙、枫泾、朱泾、罗店、顾村、祝桥、惠南、堡镇、陈家镇、浦江、奉城、南翔、华漕、周浦 |
| 小城市 | | 新市镇 | 50 个 | 5 万人左右 | 江桥、徐泾、九亭、新桥、唐镇、合庆、曹路、华亭、娄塘、徐行、外冈、白鹤、华新、重固、佘山、小昆山、金泽、练塘、石湖荡、新浜、车墩、柳巷、外冈、张堰、罗泾、月浦、安亭、赵巷、泗泾、漕泾、海湾、明珠湖、庙镇、北湖、新河、向化、凤凰、新民、老港、大团、四团、航头、新场、金汇、青村、拓林、庄行、亭林、朱行、叶榭 |

资料来源：上海市城市总体规划（2017—2035 年），等.

## 2. 市域外上海都市圈总体布局

上海都市圈与长三角城市群联动发展将形成"一核三带"空间布局。

"一核"指上海中心城及拓展区,形成特大城市。"三带"主要指沿江苏(苏州)、浙江(嘉兴)与上海的陆域疆界城市群带、沿上海长江中下游(南通)的城市群带和沿杭州湾北岸(舟山)的城市群带。

沿江苏(苏州)、浙江(嘉兴)与上海的陆域疆界城市带,主要带动嘉定、青浦、松江等新城建设,聚焦发展重点门户新市镇,成为辐射长三角的总部经济功能区、产业创新区和综合性城市群。

沿上海长江中下游(南通)的城市群带,主要带动宝山新城、临港新城、川沙、祝桥等,利用浦东城市空间拓展契机,落实国家战略,加大战略新兴产业的布局力度,推进国际海空门户枢纽建设,聚焦科技创新,成为国家改革开放的战略功能区和先行先试区。

沿杭州湾北岸(舟山)的城市群带,主要带动金山新城、南桥新城等,发挥临海、近湾优势,加强滨海城市建设,促进石油化工以及海洋新型产业发展,使之成为沿海大通道的重要示范区。

## 三、 上海都市圈融入长三角城市群的实施路径

### (一) 沿江苏 (苏州)、浙江 (嘉兴) 与上海的陆域疆界城市带功能联动

#### 1.陆域疆界城市带功能定位

沿江苏、浙江与上海的陆域疆界城市带,是上海"十三五"期间重点发展的西翼。根据虹桥商务区规划,中心城向西由沪宁、沪杭和嘉金高速围合的 86 平方公里将成为城市拓展的重点。沿江苏(苏州)、浙江(嘉兴)与上海的陆域疆界城市带,以虹桥商务区、虹桥空铁枢纽为核心,以京沪(沪宁)高速铁路和沪昆(沪杭)高速铁路为发展轴,聚焦发展嘉定新城、松江新城和安亭、枫泾、佘山等重点门户新市镇,与青浦新城等构成强大的西翼组团型城市,成为积极服务长三角地区、服务长江流域、服务全国的产业创新和服务业聚集的中心和全国的空铁枢纽。

### 2. 陆域疆界城市带区内联动

虹桥枢纽建设加快西部新城之间以及与中心城区、东部城市互动发展。目前,松江新城南部和嘉定新城安亭组团设置了高速铁路站点,加快了新城之间交通联系。高速铁路建设将为上海完善"多核"城市整体空间结构带来契机。高速铁路的建设意味着其站点周边地区将加强与更广泛区域市场的紧密联系,并与城市内部交通形成良好的接驳关系进而带动周边地区集中化发展,很快就成为城市发展的新热土。规划轨道交通服务虹桥枢纽,主要轨道交通有:轨道交通2号线(虹桥机场—浦东国际机场)、轨道交通5号线(虹桥枢纽—莘庄—闵行—奉贤)、轨道交通10号线(虹桥枢纽—新江湾城)、轨道交通17号线(虹桥枢纽—军工路)、青浦磁浮线(青浦—虹桥枢纽)、机场快线(虹桥枢纽—浦东国际机场),这大大加快了西翼组团与东部组团以及中心城市区之间的交通联系。

沿江苏(苏州)、浙江(嘉兴)与上海的陆域疆界城市带,实施城市功能定位、错位联动发展。首先,虹桥机场与浦东机场错位发展。根据《长江三角洲地区区域规划》,浦东机场侧重于国际航线,加强设施建设,提高中转能力,发展成为国际航空网络的主枢纽之一。虹桥机场侧重于国内航线,适度发展台港澳航线,发展成为国内航空网络的主枢纽。其次,新城之间功能错位发展。嘉定—安亭新城以汽车产业为核心,着重打造汽车产业链,周边的白鹤、外冈、娄塘、华亭以及江苏的陆渡镇、南郊镇、蓬朗镇等小城市积极发展汽车零部件制造产业,拓展汽车产业链。松江新城以松江大学城为载体,重点发展教育、商贸业等现代服务业。青浦新城发挥水乡特色,积极发展旅游、现代农业等。各新城之间功能错位,又联动发展支撑虹桥商务区建设。

拥有高速铁路站点的新市镇形成了小城市发展的潜力地区。沪宁和沪杭城际铁路建设将使得沿线江南水乡古镇和特色旅游资源获取更多客流。上海站、虹桥站拉近了昆山等城市的距离。上海市民每日往返周庄、阳澄湖等都十分便捷。安亭、南翔和枫泾不仅设有高速铁路站点,而且有高速公路的服务,是上海连接江苏、浙江的门户地区。发挥特色功能,如安亭的国际汽车城和 F1 赛车场,枫泾、南翔的古镇旅游等,这些城镇具有极好的发展前景。依托江南水乡、古镇等景观,加强长三角区域旅游合作。朱家角、松江、南翔、新场等发展为具有江南特色的古镇文化旅游;佘山、淀山湖周边发展成为环境优美、自然景观丰富的商旅休闲区。积极发展生态农业、设施农业,成为与江南水乡相融合的特色农业基地,连接长三角的农产品加工储运物流基地。

### 3. 陆域疆界城市带区际联动

依托虹桥枢纽建设,加强上海西翼组团与江苏、浙江城市交通联系。虹桥枢纽除了高速铁路、机场外,还引入磁悬浮、长途巴士城市轨道交通、常规公交、出租车、社会车辆等交通方式,形成高速铁路、航空港、城际和城市轨道交通、公共汽车、出租车等紧密衔接的国际一流的现代化大型综合交通枢纽。至 2020 年,虹桥枢纽铁路到发量 1.2~1.4 亿人次/年,机场吞吐量 3 000~4 000 万人次/年,长途巴士到发量 1 000 万人次/年,一般高峰日进出虹桥枢纽的车流量为 17 万 PCU。其中,以上海中心城的车流为主占接近五成,郊区的车流约占三成,浙江、江苏的车流将占两成。虹桥枢纽建设,扩大了上海一日交流圈的覆盖范围。沪宁城际铁路建设,使上海至南京的出行时间从原来的 2 小时缩短至 73 分钟。目前,沿江苏、浙江与上海的陆域疆界城市带形成了沪杭高速铁路、城际铁路、高速公路和沪宁高速铁路、城际铁路、高速公路网络化交通。

通过虹桥商务区建设,辐射带动江苏、浙江快速运输、咨询传递与流通的商业与服务业发展,加快长三角经济转型、产业升级。高速铁路将加速资源和要素的流动,优化长三角区域内的资源配置效率,挤掉低端产业,迫使长三角传统制造业升级,推动长三角区域内的产业空间布局和分工。高速铁路扩大上海现代服务业中的市场辐射范围,尤其对强调快速运输、咨询传递与流通的商业与服务业影响最为显著。上海虹桥商务区,定位上海现代服务业的集聚区;上海国际贸易中心建设的新平台,面向国内企业总部和贸易机构的汇集地,服务长三角地区、服务长江流域、服务全国的高端商务中心。这将辐射带动花桥、太仓市、昆山市等上海周边城市商贸服务业发展,使之成为上海国际贸易中心建设的重要支点。

## (二) 沿长江中下游 (南通) 的城市群带功能联动

### 1. 长江中下游城市群带功能定位

沿上海长江中下游的城市群带,落实国务院关于江苏沿江开发战略,利用浦东城市空间拓展契机,贯彻落实长三角国家战略,加大战略新兴产业布局力度,推进国际海空门户枢纽建设,聚焦科技创新,发展具有较强综合性的集临海产业、空港、海港、铁路和主题公园为一体的东翼组合新城市群,成为国家改革开放的战略功能区和先行先试区。

### 2. 长江中下游城市群带区内联动

以浦东空港、大飞机总装机基地和迪士尼主题公园为核心,推进沪通高速铁路和沪陕高速公路建设,形成北通苏中、南至浙江的沿海国家战略产业走廊和亚太国际海空枢纽。迪士尼主题公园定位为集休闲旅游、观光度假、商业服务、文化娱乐为一体的目的地度假型城市化城区,为上海现代服务业带来新的发展机遇,辐射带动周边城镇以及长三角区域旅游业发展。上海迪士尼项目,填补了我国世界性主题公园缺乏的空白。依托迅速发展的中国旅游市场,以及地理位置好、交通便捷、区域经济发达等优势,上海迪士尼潜在客源市场庞大。华东地区将是上海迪士尼的核心客源。通过便捷的航空和新崛起的高速铁路网络,上海迪士尼旅游有效覆盖全国范围。

宝山精品钢生产基地和嘉定区汽车工业示范区的建设与发展,将对基地周边的罗店镇、罗泾镇、月浦镇以及太仓市的浏河镇等地区发展精品钢及延伸产业、拓宽钢铁产业链、做大汽车零部件产业起到积极的作用,形成上海西北片时尚工业旅游区。

联动江苏沿江开放的国家战略,科学开发崇明、长兴、横沙三岛,建成上海重要的生态功能开发和保护区。重点是加快生态环境保护,大力发展循环经济,控制开发节奏,为未来发展留足生态涵养空间和重大项目选址空间。依托长江口三岛地区,加快推进崇明生态岛建设,保护优质耕地和基本农田,大力推进高效生态农业建设。推动青草沙水源地建设。加强滩涂资源保护和适度开发利用,保护崇明长江三角洲国家地质公园和自然保护区。

### 3. 长江中下游城市群带区际联动

利用长江中下游南通区域的启东、海门开发,积极利用城区与崇明间的越江隧道以及崇明与苏北地区通道的打通、国家沿海大通道建设等机遇,将推动沿上海长江中下游城市带建设。明确浦东铁路和沪通铁路为沿海大通道的组成部分,尽快打通沿海铁路大通道,完善东部沿海地区铁路网络。加快高等级内河航道网建设,提高内河航道等级,形成相互衔接的内河航道网,充分发挥长江黄金水道的作用,拓展上海港的腹地。

依托苏通大桥,加强上海东部城市群与南通区域启东、海门的联系,向北延伸到盐城,形成沿海大通道的北翼。南通已融入上海1小时圈,成为接轨上海的前沿区。苏中、苏北接轨上海的桥头堡,成为上海最紧密的经济腹地。南通重点建成为上海农副产品供应基地,支柱产业合作延伸基地,建筑业的服务基地,旅游休闲度假基地。启东距离浦东新区90多公里,距离浦东国际机场95公里,距洋山港约150公里,是长三角地区最接近上海的县市之一。随着沪崇启大桥的建设和贯通,启东与上海产业布局关联度将增强,承接上海要素资源包括港口、机场等枢纽型基础设施,研发、咨询、信息等高端生产性服务,汽车、钢铁、造船工业等装备制造业,崇明岛生态旅游休闲等的功能辐射。

## (三) 沿杭州湾北岸(舟山)的城市群带功能联动

### 1. 杭州湾北岸城市群带功能定位

要积极贯彻国务院关于舟山群岛规划,沿杭州湾北岸的城市群带,要与舟山群岛开发联动,发挥其黄金岸线和海湾优势,抓住国家关于筹建杭州湾东方大通道的契机,拓展城市空间,形成杭州湾北岸的南上海产业高地,长三角区域最重要的沿海发展轴。其功能定位:与舟山群岛联动,成为上海国际航运中心的重要载体、上海装备产业基地、以循环经济为特色的世界级现代化工基地、上海国际大都市区域发展现代服务业的副中心、国际滨海旅游休闲度假区、上海新兴制造业的高地。

### 2. 杭州湾北岸城市群带区内联动

在交通规划方面,区域内规划有轨道交通 1 号线(R1)、5 号线(轻轨)、9 号线(R4)和 21 号线(11 号线南段,R3),分别服务于各新城及部分新市镇,其中 1 号线、5 号线、9 号线均为现状线路的延伸线。规划设想快速公交线路与轨道交通 1 号线(市域)、8 号线(市区地铁)和 11 号线(轻轨)相接,并将海湾地区与临港新城、金山新城串联,达到提高海湾地区公共交通的可达性(主要方向为中心城、闵行、浦东新区和临港新城)、培育轨道交通 5 号线客流、引导新的空间发展轴。

在空间体系方面,沿杭州湾北岸区域空间呈现"一纵两横"发展带,一纵,即为南桥—海湾核心功能带。利用南桥、海湾处于中心城服务以及沪嘉甬发展轴线的特殊区位,着力提升南桥、海湾地区的功能,形成杭州湾北岸地区的核心功能带。两横,即城镇发展带和滨海产业发展带。依托现有城镇发展基础,沿川南奉公路形成城镇发展带;充分利用建设产业基地机遇,推动滨海产业发展带的形成。

在城镇体系建设方面,沿杭州湾北岸城镇体系包括两类:一是综合型中心城市。形成区域核心的城市中心,如临港新城,南桥—海湾核心功能区。形成地区级的城市中心,如亭林、枫泾、朱泾、奉城、四团等。形成社区级中心,如书院、万祥、泥城等。二是专业型城市中心。即形成金山石化基地、临港重装备和物流中心等。

在功能联动方面,发挥临港作为上海洋山深水港"桥头堡"的区位优势,以上海大飞机项目的零部件生产和组装基地落户为契机,发展与国际航运中心建设相配套的产业,区域内形成分工明确的航运产业体系。奉贤与临港新城装备制造业基地联动发展,重点发展装备制造业中的高技术产业、培育发展与重装备制造业相配套的生产性服务业,如现代物流业、教育、科技研发等。以上海化学工业区、金山第二工业区等为主体,与金山的上海石化联动发展,建设世界一流、亚洲第一的现代化工基地。充分利用奉贤的海湾优质区域和岸线,实施海洋开发战略,规划海上城市,实现海陆联动。加强奉贤滨海、金山滨海与临港新城、崇明等地联动发展,成为服务一流的国际滨海旅游休闲度假区和现代服务业集聚区。

### 3. 杭州湾北岸(舟山)的城市群带区际联动

在交通规划方面,区域快速对外通道将在郊环 A30 和射状 A2、A4、A5、A6、A7、A8 公路及到达空港、海港的城市快速路的基础上,规划增加 A3 公路、西延伸两港大道至 A30,形成多个对外快速集散通道,构成区域骨干对外交通网络。

在现有沪杭铁路、铁路金山支线、浦东铁路的基础上,规划建成浦东铁路双轨线路,改建铁路金山支线为市郊铁路线,新建沪乍铁路、沪杭城际铁路、沪杭甬客运专线。结合市郊铁路或轨道交通与浦东铁路的换乘节点,形成三个客运枢纽。

在功能联动方面,通过跨杭州湾大桥开通,联通沿海大通道和杭州湾东方大通道,整合杭州湾北岸产业布局,增强对杭甬区域的产业集聚与辐射,形成南上海的产业优势。重点与舟山、嘉兴、湖州及慈溪、余姚、宁波等城市联动发展,形成杭州湾北岸重要的现代化滨海城市带。嘉兴为杭州湾北岸的港口城市,江南水乡的文化名城。湖州为太湖南岸中心城市,省级历史文化名城,工贸、生态、旅游城市,杭宁经济带和长江三角洲经济向中部辐射的枢纽,环太湖经济带南部中心城市。宁波是连接世界各大港口的国际性港口城市,上海国际航运中心的重要组成部分,华东地区重要的先进制造业基地。接轨上海深水港,构建宁波东北亚航运中心深水枢纽港,现代物流中心和交通枢纽。

# 第二章

# 长三角城市群发展
# 新态势

# 第一节　长三角城市群空间演变与规划布局

## 一、长三角城市群空间演变历程

### （一）长三角城市群中心城市历史变迁

长三角开发历史悠久，长期以来一直是我国经济社会的重要核心区，是吴越文化、民族工业和乡镇企业的发祥地。早在中唐后，就有"当今赋出于天下，江南居十九"之说；北宋初期，赋粮多取自太湖地区，当时的苏州、湖州、常州、秀州（今嘉兴）等被称为"国之仓廪"；近代随着上海工商业崛起以及周边地区民族工业的兴起，长三角在全国的地位进一步增强，发展优势日益明显；中华人民共和国成立以后，长三角也一直是我国经济重心地区之一。在此发展过程中，长三角城市群中心城市也几经变迁，由苏州—湖州—扬州—嘉兴—上海逐步发展而来。

苏州古时称姑苏，是长三角地区的第一个中心城市。这主要是由苏州所处的历史地理条件所决定的。苏州位于开发较早的太湖流域中心，地理条件优越,早在春秋时期,苏州至镇江段运河就已形成。同时,吴人很早就发展了海上航行,利用水上便利条件、交通便捷,使之成为长三角第一个中心城市,其繁华的中心地位也维持了上千年时间。

湖州是太湖流域出现的第二个中心城市,自战国建城以来,已有 2 200 多年历史。湖州成为中心的原因也在于它的重要地理位置,是东西苕溪水汇合处,之后注入太湖。

隋唐时期,扬州成为长三角地区第三个中心城市,这与其发达的水路交通枢纽地位密不可分。当时,扬州不仅是长三角地区,而且是全国范围内第一工商业中心城市。

宋元时,嘉兴成为长三角又一中心城市。嘉兴经济发达,被称为"百工技艺与苏杭等""生齿蕃而货财阜,为浙西最"。乍浦、澉浦、青龙等港口外贸频繁,海运兴隆。清朝初期,清政府进行了赋税改革和整顿,并多次对杭州湾沿岸海塘进行修筑,嘉兴社会经济不断好转,市镇更加繁荣。①

直到 19 世纪中叶,外国列强经济势力侵华,上海开埠,并确立其经济中心地位,长三角地区城市分布也出现了新格局。

总之,长三角城市群空间格局处于不断演化中,曾经繁华的城市,或已处于从属地位,而曾经的小城镇也可能发展为繁华中心,随之城市之间关系也在不断变化。

## (二) 长三角城市群现代行政区划调整

中华人民共和国成立以来,长三角城市群形成了以上海为核心的格局,其行政区划调整也主要围绕在两个层面:一是上海市与周边城市的行政区划调整;二是上海市域内部的行政区划调整。长三角行政区划调整既代表了目前长三角城市群内各城市之间的关系,也客观反映了它们之间内在的

---

① 徐康宁,赵波,王绮.长三角城市群: 形成、竞争与合作[J].南京社会科学,2005 (05): 1-9.

历史文化渊源。

### 1. 上海与周边城市行政区划调整

1949 年前,上海周边地区的宝山、嘉定、川沙、上海、南汇、奉贤、松江、金山、青浦、崇明 10 个县,都是由江苏省管辖的。1955 年,将江苏省嘉定县的 16.2 平方公里划归上海。到 1956 年底,上海市总面积为 654.46 平方公里,其中郊区面积 513.56 平方公里,共划分为 18 个区,其中市区 15 个。1958 年,长三角城市群行政区划调整力度最大,一是将邻近江苏省的宝山、嘉定、上海 3 县划入上海;二是将江苏省的川沙、南汇、奉贤、松江、金山、青浦、崇明 7 县划归上海。

### 2. 上海市域内部行政区划调整

1958 年,随着江苏 10 个县划入上海市,上海市部分区县进行调整,成立了浦东县、静安区等区县。以后又经过一系列的小调整,到 1965 年,上海全市共设 10 个区、10 个县,34 个建制镇,这种行政体制一直保留到 1980 年。从 20 世纪 80 年代中期起,随着城乡经济体制改革的深入开展和对外开放的不断扩大,原有的行政区划已越来越不适应上海城市飞速发展的需要,因而,从 1989 年开始,以宝山区和浦东新区的成立为标志,上海的行政区划进行了一次大的调整。特别是 1997 年以后,上海撤县建区的步伐不断加快。从 2000 年开始,上海郊区乡镇合并的工作也全面展开。2000 年,黄浦区和南市区合并;2009 年南汇区并入浦东新区;2011 年,卢湾区与黄浦区合并,形成新黄浦区;2014 年,静安区与闸北区的"撤二建一",形成新静安区;2016 年,崇明撤县设区。至此,上海共辖黄浦、徐汇、长宁、静安、普陀、虹口、杨浦、闵行、宝山、嘉定、浦东新区、松江、金山、青浦、奉贤、崇明 16 个区,进入"无县"时代。

从长三角城市群行政区划调整来看,城市群内各城市地域相连,文化相近。长三角城市群是以吴越文化和海派文化为核心,吴文化的发源是以江苏无锡为发祥地,越文化是以浙江绍兴为核心发展而来。上海与周边城市行政区划调整促进了吴越文化与海派文化的融合。可以说,长三角城市群内部城市之间存在着"亲缘关系",这种近似的文化背景也促进了区域经济一体化的发展。

## 二、 长三角区域合作体制机制演变

长三角区域合作始于 1982 年国务院成立的"上海经济区",1992 年建立长三角 15 个城市经济协作办主任联席会议制度,区域一体化协调机制初步建立。党中央、国务院历来高度重视长三角地区的发展。2005 年,国家首次组织编制长三角区域发展规划。2008 年,国务院发布《关于推进长江三角洲地区改革开放和经济社会发展的指导意见》。2010 年,国务院正式颁布《长江三角洲地区区域规划》,明确了长三角发展的总体目标和发展方向,也进一步加快了长三角区域合作。总体来看,长三角区域合作起源于 20 世纪 80 年代,其合作历程经历规划合作、要素合作和制度合作等三个阶段,具体为:

### (一) 1982—1988 年,规划合作阶段

中央以派出机构的方式,对区域进行规划,通过中心城市和工业基地把计划经济体制下的条条块块协调起来,逐步形成以大城市为依托的网络型的经济区。

协调范围:1982 年 12 月 22 日,国务院发出了《关于成立上海经济区和山西能源基地规划办公室的通知》,决定建立由上海、苏州、无锡、常州、南通、杭州、嘉兴、湖州、宁波、绍兴十个城市组成的上海经济区,以上海为中心,地域范围为长江三角洲,是长三角经济区概念的最早雏形,开始对长三角作为一个新兴的区域经济体进行理论研究。1984 年,扩展为上海、江苏和浙江两省一市。1987 年,扩展为上海、江苏、浙江、安徽、江西和福建五省一市,山东省作为观察员。

协调方式:1983 年 3 月,国务院成立上海经济区规划办公室,为上海经济区领导机构,没有行政管理权。其职能是通过调查研究为地方政府的经

济合作与共同发展,为中央对这一区域的经济发展提出建议,制订区域发展规划。上海经济区规划办公室先后建立了两省一市省市长会议制度、十市市长联席会议制度。省市长会议执行主席由各省市负责人轮流担任。自1984年至1988年,每年召开一次上海经济区省市长联席会议。1988年6月,国家计委发出"计办厅〔1988〕120号"文件,通知"撤消国务院上海经济区规划办公室"。

协调内容:在历次会议的推动下,先后确立交通、能源、外贸、技术改造和长江口、黄浦江及太湖综合治理等为规划重点,提出了十大骨干工程;促进了省市间交流,特别是经济往来,带动企业开展横向经济合作,使企业间以市场为导向的跨省市经济活动日益频繁,各城市、各省市之间的经济互动蓬勃发展。先后制定了《上海经济区发展战略纲要》和《上海经济区章程》。

## (二) 1989—2000 年,要素合作阶段

地方政府相关职能部门顺应时代要求,按照市场要素配置资源出发,自发倡议建立起初步的协调机制。

1985年,国务院出台了《关于大力开展横向经济联合的通知》,长三角各地主动对接上海、南京等大城市,展开经济联合,具体表现为"一配二补",一配即乡镇企业甘当配角,二补即作为国有经济和国有企业的有益补充。合作方式表现为设备联营、资金联营、商标联营、外贸联营和科技联营等,较为灵活和多样。政府经济技术协作部门间开始进行合作探索,对分布于多个经济部门以利益为导向的分散的区域经济活动给予进一步推动,使区域间经济互动的深度和高度得到加强和提升。

协调范围:1992年,倡议成立长江三角洲协作办(委)主任联席会议,以上海为核心,成员城市包括上海、南京、苏州、无锡、常州、扬州、镇江、南通、杭州、嘉兴、湖州、宁波、绍兴、舟山,计14个;之后扬州拆分为扬州和泰州两市,泰州随之自然作为长江三角洲协作办(委)主任联席会议成员,正

式提出长江三角洲经济区概念,自然地理与经济概念相一致。2003 年,突破地理概念,接纳台州市为正式成员。至 2006 年,观察员城市包括盐城、连云港、淮安、徐州、金华、衢州、丽水、合肥、马鞍山、芜湖、滁州、淮南、巢湖。

协调方式:建立协作部门负责人联席会议制度,通过交流、研讨,密切沟通。1997 年,联席会议升格为长江三角洲城市经济协调会(以下简称协调会)。协调会按城市笔画顺序每两年在执行主席方城市举行一次市长会议。常务主席方为上海市,常设联络处设于上海市人民政府合作交流办公室,执行主席方由各城市轮流担任,任期两年。自 2004 年开始,市长会议每年举行一次,执行主席方任期也相应为一年。协调会的工作经费以会费方式由各成员城市共同承担,集中使用。

协调内容:凸显浦东开发、开放带来的制度创新、产业集聚效应,加速上海产业链向周边延伸,打破行政壁垒,推进横向经济联合,促进区域间产业转移和市场开放的一体化。自 1997 年至今,协调会设立的专题有科技、国企改革和资产重组、信息、世博经济与长江三角洲联动发展、港口、通关、人才、交通一卡通互通工程、诚信、教育等,以专题带动其他政府部门,共推区域合作。

### (三) 2001 年至今,制度合作阶段

进入 21 世纪,长三角区域一体化进入建章立制阶段,即一个以政府为主体的机制对接阶段,形成了决策层、协调层和执行层三个层次,四个座谈会的政府间合作协调机制。地方政府间通过平等磋商,以共赢为目的,大力展开制度对接,通过制度合作,自觉推动区域合作与发展。

协调范围:上海、江苏、浙江、安徽三省一市。

协调方式:2001 年,上海、江苏、浙江两省一市政府领导共同发起组织"沪苏浙经济合作与发展座谈会"(以下简称座谈会),座谈会由两省一市常务副省(市)长主持,分管秘书长、发改委主任、联络组和合作专题组负责人

一起参加。联络组设于两省一市发改委。座谈会按照"优势互补、密切合作、互利互惠、共同发展"为原则。2004 年,上海、江苏和浙江两省一市主要领导在上海市启动一年一次定期磋商机制,由两省一市主要领导明确区域合作重点,再由座谈会贯彻落实,政府相关职能部门组成专题组具体负责,进而形成"高层领导沟通协商、座谈会明确任务、联络组综合协调、专题组推进落实"的合作机制。目前,长三角区域合作已经形成了"三个层次,四个座谈会"的区域合作体制机制。"三个层次",是指决策层、协调层和执行层。"四个座谈会"主要指长三角三省一市主要领导座谈会、副省(市)长级别的沪苏浙经济合作与发展座谈会、长三角城市经济协调会议以及长三角各城市政府职能部门之间的不定期协调会。

2018 年,长三角区域合作进入合署办公阶段,由上海、浙江、江苏、安徽三省一市联合组建了长三角区域合作办公室。从四省市抽调的 15 名工作人员在一起协同工作,编制了《长三角一体化发展三年行动计划》。

协调内容:以建立完善、高效的区域合作机制,保障区域经济健康合作与发展,全面落实科学发展观,促进长三角地区和谐发展,不断开创区域合作新局面为目标。已建立综合交通、科技创新、环保和能源四个平台,设立了大交通体系、区域能源合作、生态环境治理、海洋、推进自主创新、信息资源共享、信用体系建设、旅游合作、人力资源合作九个专题。

## 三、 长三角城市群一体化现状与经验

三十多年里,长三角地区始终扎实推进区域间合作和一体化进程,逐步形成了一些有益的经验,现归纳和总结如下:

### (一) 国家层面积极推动,为长三角一体化的有序推进奠定了基础

党中央、国务院历来高度重视长三角地区发展,2008 年以来颁布了一

系列推动长三角区域发展的各项规划,有力地推动了长三角地区合作和一体化发展。国务院继 2008 年出台《关于进一步推进长江三角洲地区改革开放和经济社会发展的指导意见》(以下简称《指导意见》)后,又于 2010 年出台了《长江三角洲地区区域规划》(以下简称《区域规划》),从国家层面对长三角地区功能定位与发展重点、产业分工与布局、基础设施一体化等影响区域协调发展的重点、难点问题予以明确。2016 年 5 月 11 日,国务院常务会议通过《长江三角洲城市群发展规划》(以下简称《城市群发展规划》),提出到 2030 年全面建成具有全球影响力的世界级城市群,并对长江三角洲城市群、长江中游城市群的定位和功能提出了明确而具体的要求。

2018 年 11 月 5 日,习近平总书记在进口博览会开幕式指出:"将支持长江三角洲区域一体化发展并上升为国家战略,着力落实新发展理念,构建现代化经济体系,推进更高起点的深化改革和更高层次的对外开放,同'一带一路'建设、京津冀协同发展、长江经济带发展、粤港澳大湾区建设相互配合,完善中国改革开放空间布局。"这使长三角一体化发展迎来了新的战略机遇,也对长三角区域一体化提出了新要求。

## (二) 交通一体化是区域一体化的基础,推动长三角城市同城化发展

长三角区域一体化过程中首先解决的是交通一体化问题。长三角区域交通体系历经了高速公路时代、城际铁路时代、大桥时代,逐渐进入轨道交通时代,便捷的交通体系有效地缩短了时间成本和运输成本,为区域一体化发展提供了基础设施支撑。具体做法:

一是规划先行,启动区域交通规划编制。2004 年,上海市城市规划管理局与江苏、浙江两省建设厅共同组织两省一市规划院,成立工作组,开展了《长江三角洲城市间综合交通规划研究》的方案编制工作,重点研究了长三角范围内城市间轨道交通、高速公路、内河航运等交通系统的规划与

衔接。

二是扎实推进交通基础设施对接。1990 年,长三角两小时经济圈只能辐射无锡、常州、苏州、杭州、嘉兴等少数紧邻上海的城市。2000 年,随着高速公路的建设,镇江、湖州、绍兴进一步融入,长三角两小时经济圈逐渐贯穿沪宁、沪杭通道。2008 年,随着苏通大桥、杭州湾大桥等一系列跨江跨海大桥的建成通车,长三角两小时经济圈的南北两翼更加丰满,向北跨过长江纳入苏中的南通、扬州、泰州三市,向南跨过杭州湾以宁波为节点,辐射浙东沿海。2010 年以后,长三角迈向"高铁时代",2010 年 7 月和 10 月,时速 350公里的沪宁、沪杭高铁相继开通。2013 年 6 月,宁杭甬高铁正式通车,以上海为中心的长三角"1 小时交通圈"形成,长三角地区实现了"同城效应"。2013 年 10 月 16 日,上海轨道交通 11 号线北段延伸到江苏昆山花桥,这是我国首条跨省市地铁线路。高速公路、高速铁路网、城市间快速交通、跨海(江)大桥所构成的立体交通网络打破了区域界限,形成了大容量城际通道,城际空间联系空前紧密,使得长三角地区主要城市之间人员往来更加频繁,经济社会联系更加密切。

三是建立多层次交通一体化联席会议制度。在交通一体化推进过程中,沪苏浙交通主管部门和运输管理部门加强合作,建立了多层次的长三角道路运输一体化联席会议制度,在道路运输规划法规统筹、道路客货运管理、执法信息共享、联网售票等多方面达成共识。

四是推进交通"一卡通",让市民感受到一体化便利性。区域一体化不仅便于政府工作、行业、企业发展,也让市民感受到了一体化的成效。

## (三) 区域合作内容坚持先易后难的顺序,旅游一体化成为最早合作专题

从长三角区域发展历程来看,区域合作内容先由各区域都感兴趣、都有共同利益的领域着手,如旅游一体化,是长三角城市协调会最早启动的专题

合作。长三角两省一市在定期旅游合作机制、资源共享、景区组合、客源互动、无障碍通行等方面做了大量工作并取得成效。在此基础上,长三角逐渐推进交通、产业等经济领域合作,目前已经拓展到医疗保障合作、环境共同治理等多领域。

在政府部门的推动下,长三角地区率先在旅游业进行合作,积极打造跨区域旅游产品、跨区域旅游品牌、跨区域旅游服务平台,不断完善长三角城市群旅游一体化合作机制,部分专项合作取得实质性进展,基本实现了率先合作、率先联通的目标。1992年,沪苏浙旅游部门第一次联合打出"江浙沪旅游年"旗帜,率先提出区域旅游合作的概念。2003年,沪苏浙旅游合作正式启动,三地旅游部门共同推出了"同游江浙沪、阳光新感受"主题旅游活动。5月1日上海、杭州公共交通卡"一卡通"工程正式启动,6月16日苏州和杭州签订了关于共同打造"天堂之旅"品牌的合作框架协议,7月在杭州举行的"长三角旅游城市15+1高峰论坛"上,联合发表的《长江三角洲旅游城市合作宣言》,首次明确了长三角旅游城市的合作项目和行动计划。2007年,沪苏浙三地共同催生了《主要旅游景区(点)道路交通指引标志设置规范》,三地旅游一体化从市场合作步入标准与制度的对接。2011年5月在上海举行的"长三角旅游合作第一次联席会议",四省市联合签署了《苏浙皖沪旅游一体化合作框架协议》,首次提出创新沪苏浙皖旅游合作,打造一体化的世界著名旅游城市群。自2011年开始,长三角地区每年召开一次旅游合作联席会议,2011年至2014年的主题分别是"世博主题""茶香文化""心醉夜色"和"岁月余味",围绕这些主题共同研发和推广区域旅游产品。"主题+体验"区域专项旅游产品从理念到项目,从项目到产品,从产品到品牌,有效地推动了长三角旅游一体化进程。在旅游合作联席会议的基础上,长三角三省一市在共享旅游资源、共同打造旅游品牌产品、共同举办营销活动、共同认定旅游标准与标识、共同推进旅游执法等方面不断推进旅游合作,取得了可喜的成果。

## （四） 区域合作领域不断拓宽，从单纯以经济合作为重心向多领域的全面协同方向推进

长三角区域合作起初比较关注经济领域合作，实现城市之间共赢互利。以产业合作为例，是长三角一体化的核心和重点内容，采取的合作形式主要有三种：一是合作共建产业园区。长三角地区上海、江苏、浙江、安徽四省市参与合作共建园区已逾 200 个。其中，上海在江浙皖三地建立的异地工业园和开发区分区已有一定规模，较为典型的有上海外高桥（启东）产业园、上海漕河泾新兴技术开发区海宁分区、合肥经济技术开发区创新创业园等。二是产业转移和产业承接。2010 年，皖江城市带承接产业转移示范区上升为国家战略，安徽成为长三角产业转移的主要区域。三是建立产业合作基金。2012 年由上海、江苏、浙江和安徽三省一市政府共同设立的长三角合作与发展共同促进基金首期规模 4 000 万元，三省一市各出资 1 000 万元，主要用于两省（市）以上合作共建项目，2013 年该基金主要侧重于区域环境防治方面的合作。

随着区域一体化不断推进，区域合作内容逐渐拓展到社会、环境等更多领域合作。教育合作。上海市教委、江苏省教育厅、浙江省教育厅于 2009 年正式建立长三角教育联动发展会商机制，并轮流召开了四次高层论坛（研讨会），不断完善长三角教育合作机制，拓宽合作领域，深化合作内容，创新合作形式，有力推进了长三角教育改革与发展进程。医疗合作。上海具有高等级的医疗资源，目前主要通过院际合作和重点科室帮扶实现了与江浙地区合作办医及医疗资源的共享。长三角地区加强医疗保险合作，就完善省级医保信息系统，逐步实现定点医疗机构，参保人员及就医信息共享，异地就医费用联网结算或委托报销等进行商议。在率先实现养老保险关系转移衔接、积极探索医疗保险关系转移、续接机制和异地结算办法等方面开展了积极的探索。环境污染治理的合作。一是围绕热点问题，开展区域环保合作，包括水环境综合治理、大气污染控制、危险化学品与危险废物

管理,以及农村生态环境保护等。在充分考虑各区域经济、环境、资源和管理等方面差异的基础上,制定污染物削减目标,明确环境权责,协调处理跨界污染事件。二是推进企业环境信息公开制度。环境信息公开有利于将企业的环境行为置于公众的监督之下,促进企业提高其环境绩效。但两省一市的环境信息只在特定的范围内公开,未能实现全区域的环境信息共享。三是借助环保技术创新,推进区域环保合作。充分发挥各地区的科研优势和特色,结合各自优势领域分工合作,如清洁能源开发和利用领域的合作。四是建立了高层联席会议制度,定期研究区域环保合作的重大事项,审议、决定合作的重要规划和文件。社保合作。2015 年 6 月,泛长三角地区社会保障合作与发展联席会议第一次会议在南京召开。江苏、上海、浙江和安徽三省一市的人力资源和社会保障厅(局)牵头成立了泛长三角地区社会保障合作专题组,积极推进长三角社会保障体系对接,在长三角地区建立医保定点机构的互认制度、异地就医医保费用代报销合作机制等方面进行了探索。

### (五) 推动以市场为主体的一体化,不断推进要素市场和产品市场的一体化

长三角城市群依托区域市场化方式,以利益共享机制为基础,过去主要靠订单分享、产业转移、品牌共享,所以会有长三角城市群的崛起。建立以资本、产权、劳务、科技等要素为核心的区域性共同市场。

长三角产权市场一体化。产权市场一体化是长三角区域合作从一般的产业协作和项目开发向资本融合方向发展,是合作层面不断深化的重要标志。自 2004 年以来,长三角 16 个城市的产权交易机构基本上就产权市场一体化建设中的统一发布交易信息、统一统计口径和交易规则达成共识。逐步在区域内统一实行产权交易规则、不断加强信息平台建设,初步实现了交易网络实现互通,以及各地产权机构的产权类、技术类项目异地同步发布。

　　长三角人才市场合作。2003 年 4 月 18 日至 4 月 19 日,上海、江苏、浙江三地人事厅局及所属南京、苏州、南通、常州、扬州、镇江、无锡、泰州、杭州、宁波、温州、湖州、嘉兴、绍兴、金华、丽水、台州、衢州、舟山 19 个城市人事局领导共聚上海,举行首次"长江三角洲人才开发一体化论坛",在充分研讨的基础上,共同发表了《长江三角洲人才开发一体化共同宣言》,宣告长三角地区人才开发一体化进程正式启动。之后,三省一市在多方面开展了卓有成效的合作,包括建立职称资格互认机制、形成统一的人才市场、推动人才培训合作等。

　　以统一开放的市场经济体系为目标,推进产品市场一体化。企业和商品市场准入、管理政策标准等正逐步对接,建立长三角区域统一的信用指标体系和评价标准,实行统一的市场准入制度,完善统一的商标保护制度,避免地方保护主义,取消各类产品准入的附加条件。

　　建立区域性统一的资信认证标准。建立区域性安全认证机构,对取得安全认证标志的产品制定流通规范,允许在长三角区域自由流通,消除以行政区界为依据的一切歧视行为和做法,为各类市场主体创造公平竞争的环境。

　　另外,长三角区域内各主要城市统一市场监管规则,实行工商联手,扩大商品交流的广度和深度。鼓励和允许国内外资本以独资、合资、合作、联营等方式进入长三角区域的共同市场。

## (六) 逐步完善区域协调体制机制,推进长三角一体化向深层次发展

　　进入 21 世纪,长三角区域一体化进入建章立制的阶段,即一个以政府为主体的机制对接阶段,形成了决策层、协调层和执行层三个层次、四个座谈会的政府间合作协调机制。

　　"三个层次",是指决策层、协调层和执行层。2004 年以来,沪苏浙两省

一市党政主要领导每年举行会晤,商议、提出推进长三角区域合作的要求及合作重点领域,由两省一市政府分头组织落实。这就是长三角机制对接的决策层。决策层是两省一市区域合作与协调的最高决策机构,通过建立形成"两省一市领导人座谈会议制度"来运行。目前,安徽省已加入由沪苏浙皖三省一市组成的"八巨头"会议。协调层是由沪苏浙经济合作与发展座谈会协调的机制,这一机制始于 2000 年,是沪苏浙两省一市政府建立的由常务副省长参加议事协调的机制。座谈会以轮流做东的形式每年召开一次会议,沟通协商合作领域及合作内容。执行层主要分城市组和专题组,城市组主要筹划长三角城市经济协调会合作机制,最早由 16 城市组成,目前已经扩容到 30 个城市,以专题合作的形式进行不同领域内合作,主要开展规划、旅游、科技、信息、产权、港口、交通等专题项目的合作。专题组主要是开展长三角各城市政府职能部门之间的不定期协调会,其主要职责是进行合作专题的策划与提出以及贯彻落实长三角地区主要领导座谈会及常务副省(市)长联席会议专题方案审批结果,商议专题推进过程中遇到的重大问题、商讨解决方式。"四个座谈会"主要指长三角三省一市主要领导座谈会、副省(市)长级别的沪苏浙经济合作与发展座谈会、长三角城市经济协调会议以及长三角各城市政府职能部门之间的不定期协调会。

## 四、 长三角城市群总体规划与布局

2016 年经国务院同意,发布《长江三角洲城市群发展规划》(以下简称为《规划》)。长三角城市群在上海市、江苏省、浙江省、安徽省范围内,由以上海为核心、联系紧密的多个城市组成,主要分布于国家"两横三纵"城市化格局的优化开发和重点开发区域。规划范围包括:上海市,江苏省的南京、无锡、常州、苏州、南通、盐城、扬州、镇江、泰州,浙江省的杭州、宁波、嘉兴、湖州、绍兴、金华、舟山、台州,安徽省的合肥、芜湖、马鞍山、铜陵、安庆、滁州、池州、宣城共 26 市。

## （一）　战略定位

总体定位。顺应时代潮流,服务国家现代化建设大局,从战略高度优化提升长三角城市群,打造改革新高地、争当开放新尖兵、带头发展新经济、构筑生态环境新支撑、创造联动发展新模式,建设面向全球、辐射亚太、引领全国的世界级城市群。围绕总体定位,加快在以下发展定位上实现突破:

——最具经济活力的资源配置中心。围绕上海国际经济、金融、贸易、航运中心建设以及中国(上海)自由贸易试验区建设,加快制度创新和先行先试,成为资源配置效率高、辐射带动能力强、国际化市场化法制化制度体系完善的资源配置中心。

——具有全球影响力的科技创新高地。瞄准世界科技前沿领域和顶级水平,建立健全符合科技进步规律的体制机制和政策法规,最大程度激发创新主体、创业人才的动力、活力和能力,成为全球创新网络的重要枢纽,以及国际性重大科学发展、原创技术发明和高新科技产业培育的重要策源地。

——全球重要的现代服务业和先进制造业中心。加快推进产业跨界融合,重点发展高附加值产业、高增值环节和总部经济,加快培育以技术、品牌、质量、服务为核心的竞争新优势,打造若干规模和水平居国际前列的先进制造产业集群,形成服务经济主导、智能制造支撑的现代产业体系。

——亚太地区重要国际门户。服务国家"一带一路"倡议,提高开放型经济发展水平,打造在亚太乃至全球有重要影响力的国际金融服务体系、国际商务服务体系、国际物流网络体系,在更高层次参与国际合作和竞争。

——全国新一轮改革开放排头兵。加快推进简政放权、放管结合、优化服务改革,统筹综合配套改革试点和开放平台建设,复制推广自由贸易试验区、自主创新示范区等成熟改革经验,在政府职能转变、要素市场一体化建设、公共服务和社会事业合作、体制机制创新等方面先行先试。在提升利用外资质量和水平、扩大服务业对外开放、集聚国际化人才、探索建立自由贸易港区等方面率先突破,加快探索形成可复制可推广的新经验新模式,形成引领经济发展新常态的体制机制和发展方式。

——美丽中国建设示范区。牢固树立并率先践行生态文明理念,依托江河湖海丰富多彩的生态本底,发挥历史文化遗产众多、风景资源独特、水乡聚落点多面广等优势,优化国土空间开发格局,共同建设美丽城镇和乡村,共同打造充满人文魅力和水乡特色的国际休闲消费中心,形成青山常在、绿水长流、空气常新的生态型城市群。

## (二) 总体布局

在《长江三角洲城市群发展规划》中,明确提出构建"一核五圈四带"的网络化空间格局,促进形成网络化空间格局。其中,"一核"即上海,"五圈"即南京都市圈、杭州都市圈、合肥都市圈、苏锡常都市圈、宁波都市圈;"四带"即沿海发展带、沿江发展带、沪宁合杭甬发展带、沪杭金发展带。

### 1. "一核",即上海

重点提升上海全球城市功能。按照打造世界级城市群核心城市的要求,加快提升上海核心竞争力和综合服务功能,加快建设具有全球影响力的科技创新中心,发挥浦东新区引领作用,推动非核心功能疏解,推进与苏州、无锡、南通、宁波、嘉兴、舟山等周边城市协同发展,引领长三角城市群一体化发展,提升服务长江经济带国家战略和"一带一路"倡议等的能力。

### 2. 促进五个都市圈同城化发展

南京都市圈。包括南京、镇江、扬州三市。提升南京中心城市功能,加快建设南京江北新区,加快产业和人口集聚,辐射带动淮安等市发展,促进与合肥都市圈融合发展,打造成为区域性创新创业高地和金融商务服务集聚区。

杭州都市圈。包括杭州、嘉兴、湖州、绍兴四市。发挥创业创新优势,培育发展信息经济等新业态新引擎,加快建设杭州国家自主创新示范区和跨境电子商务综合试验区、湖州国家生态文明先行示范区,建设全国经济转型升级和改革创新的先行区。

合肥都市圈。包括合肥、芜湖、马鞍山三市。发挥在推进长江经济带建设中承东启西的区位优势和创新资源富集优势,加快建设承接产业转移示范区,推动创新链和产业链融合发展,提升合肥辐射带动功能,打造区域增长新引擎。

苏锡常都市圈。包括苏州、无锡、常州三市。全面强化与上海的功能对接与互动,加快推进沪苏通、锡常泰跨江融合发展。建设苏州工业园国家开放创新综合试验区,发展先进制造业和现代服务业集聚区,推进开发区城市功能改造,加快生态空间修复和城镇空间重塑,提升区域发展品质和形象。

宁波都市圈。包括宁波、舟山、台州三市。高起点建设浙江舟山群岛新区和江海联运服务中心、宁波港口经济圈、台州小微企业金融服务改革创新试验区。高效整合三地海港资源和平台,打造全球一流的现代化综合枢纽港、国际航运服务基地和国际贸易物流中心,形成长江经济带龙头龙眼和"一带一路"倡议支点。

**3. 促进四条发展带聚合发展**

沪宁合杭甬发展带。依托沪汉蓉、沪杭甬通道,发挥上海、南京、杭州、合肥、宁波等中心城市要素集聚和综合服务优势,积极发展服务经济和创新经济,成为长三角城市群吸聚最高端要素、汇集最优秀人才、实现最高产业发展质量的中枢发展带,辐射带动长江经济带和中西部地区发展。

沿江发展带。依托长江黄金水道,打造沿江综合交通走廊,促进长江岸线有序利用和江海联运港口优化布局,建设长江南京以下江海联运港区,推进皖江城市带承接产业转移示范区建设,打造引领长江经济带临港制造和航运物流业发展的龙头地区,推动跨江联动和港产城一体化发展,建设科技成果转化和产业化基地,增强对长江中游地区的辐射带动作用。

沿海发展带。坚持陆海统筹,协调推进海洋空间开发利用、陆源污染防治与海洋生态保护。合理开发与保护海洋资源,积极培育临港制造业、海洋高新技术产业、海洋服务业和特色农渔业,推进江海联运建设,打造港航物流、重化工和能源基地,有序推进滨海生态城镇建设,加快建设浙江海洋经济示范区和通州湾江海联动开发示范区,打造与生态建设和环境保护相协调的海洋经济发展带,辐射带动苏皖北部、浙江西南部地区经济全面发展。

沪杭金发展带。依托沪昆通道,连接上海、嘉兴、杭州、金华等城市,发挥开放程度高和民营经济发达的优势,以中国(上海)自由贸易试验区、义乌国际贸易综合改革试验区为重点,打造海陆双向开放高地,建设以高技术产业和商贸物流业为主的综合发展带,统筹环杭州湾地区产业布局,加强与衢州、丽水等地区生态环境联防联治,提升对江西等中部地区的辐射带动能力。①

# 第二节　长三角城市群发展态势与路径

中共十九大报告明确指出中国特色社会主义进入了新时代,社会主要矛盾已经转化,确立了我国"两个百年"的新目标。在此背景下,实施区域协调发展成为建立我国现代化经济体系的重要战略之一。长江三角洲作为世界第六大城市群,肩负着创新引领率先实现东部地区优化发展、建立更加有效的区域协调发展新机制的历史责任。在新时代下,长三角区域一体化进入了升级版。

## 一、 长三角一体化发展新背景与新态势

### (一) 长三角一体化发展新背景

长期以来,长三角是我国重要的经济增长极之一,也是我国区域一体化

---

① 长江三角洲城市群发展规划,2016.

发展起步最早、基础最好、程度最高的地区,但行政区划和体制机制约束日益显现,面临着十字路口的重要抉择。新时代下的长三角区域无论是从横、纵比较,还是内、外要素变化,都要求其一体化发展进入升级版。

从纵向区域发展历程来看,长三角区域合作由以行政区合作为主转向以经济区合作为主。长三角区域合作起源于20世纪80年代,从长三角核心区15个城市起步到两省一市、三省一市,以行政区为特征的一体化取得较多进展。但随着近年来国家区域发展战略的调整、长三角地区经济社会转型发展,一体化的驱动力明显不足,而一些未能解决的深层次问题开始凸显。近年,各省市基于行政单元提出多个地方性发展战略,如杭州湾湾区、扬子江城市群、上海都市圈等战略。2016年《长江三角洲城市群发展规划》获批,这使长三角发展进入新的战略机遇期。长三角区域协调发展迫切需要从全区域视角,打破行政区划界限,以经济区城市群为导向建立区域协调新机制。

从横向区域发展比较来看,北有京津冀一体化发展和雄安新区建设,南有粤港澳大湾区建设,出现了南北增长快、中间无亮点现象,长三角面临巨大发展战略压力。无论是雄安新区建设还是粤港澳大湾区发展,都是新时代背景下区域协调发展的新机制,打造新一轮区域协同发展的升级版。雄安新区建设将为京津冀区域协调发展提供新的空间和新机制;粤港澳大湾区是在"一国两制"下的区域协调新机制,具有"1234"特征,即"一个国家""两种制度""三个关税区""四个核心城市"。如何构建长三角区域协调新机制、打造区域协调升级版显得尤为迫切。

从区域发展内在要求来看,在经济新常态背景下,长三角地区面临着产业同质化竞争、经济转型升级等压力,如何破解可持续发展瓶颈、建立现代化经济体系尤为迫切。随着我国东部沿海地区商务成本上升,大量产业向我国中西部、东南亚等地区转移。据不完全统计,东部地区近70%的纺织服装企业发生过转移或有转移意愿;长三角地区10%~15%的鞋类订单和部分代工企业向东南亚等地转移。面临新一轮产业转移和发展态势,长三角区域要寻找新的产业发展,要由要素驱动、投资驱动转向创新驱动发展,才能切实防止长三角产业的空心化。

从我国区域发展战略来看,长三角地区处于我国"一带一路"倡议与"长江经济带"战略交会区域,战略地位极其重要,肩负着服务于我国"两个百年"战略的责任。实施"一带一路"倡议和长江经济带战略,是中国统筹对外开放和区域协调发展的重大决策,是国家新的发展战略布局。而基于独特的区位条件和雄厚的经济条件,对于长三角地区而言,"一带一路"和长江经济带的建设既为其拓展发展空间和优化资源配置提供了新机遇,同时也要求其进一步发挥带动和引领作用,主动而有效地承担起带动长江流域经济腹地发展和推动中国对外开放的历史重任。长三角一体化发展迫切需要打造升级版,否则难以支撑"一带一路"和长江经济带的发展。

### (二) 新时代长三角一体化新态势

在目标上,长三角一体化发展进入升级版,即更高质量一体化发展。长三角区域合作源于 20 世纪 80 年代,从临江临海临港的 15 个湾区城市起步,后来按行政区划拓展到两省一市、三省一市以及长三角城市群 26 个城市。长三角区域合作经历了规划协调、要素合作和制度合作三个阶段,并取得了长足的进展。但随着一体化发展的深入,行政区划约束愈加明显,迫切需要探索区域合作新机制。2018 年 6 月 1 日,在上海召开的长三角地区主要领导座谈会,以"聚焦高质量,聚力一体化"为主题,进一步明确了以全面建成全球一流品质的世界级城市群为目标,标志着长三角合作进入了更高质量一体化阶段。

在速度上,长三角一体化发展进入全面加速阶段。长三角一体化作为国家战略,在三省一市政府、企业、科研机构等不同层面得到了高度统一认识。在政府合作层面,长三角建立了"三级运作,统分结合"的体制机制,自

2005 年以来主要领导座谈会每年举行一次,13 年后的 2018 年分别在 1 月和 6 月召开了两次主要领导座谈会,并且成立长三角区域合作办公室,进行"合署办公"。在企业间市场合作层面,建立了千亿级"长三角协同优势产业基金",推动企业与企业的深度合作,充分发挥市场在资源配置中的决定性作用。在科研机构层面,纷纷建立智库联盟,此次主要领导座谈会首次聘请了 10 位长三角一体化发展决策咨询专家,为长三角区域一体化建言献策。

在举措上,长三角一体化发展进入实质推进阶段。在 2018 年 6 月 1 日主要领导座谈会上讨论审议了《长三角地区一体化发展三年行动计划(2018—2020)》,覆盖了 12 个合作专题,签约了 11 个重点合作项目,进一步明确了长三角一体化发展的路线图和时间表。以合作项目为抓手,推动长三角区域一体化落实成为关键。

在内容上,长三角一体化发展进入拓宽拓深阶段。合作领域从以经济合作为主向经济、社会、人口、资源、环境、技术、服务的全面可持续发展的合作转变,更加关注科技协同、民生工程等领域。合作关注点由共享共赢转向共治共防,着力推动金融防范、生态环境的联防联控联治等。合作形式上,由点对点的合作向载体、平台建设拓宽,建立了文化共享平台、旅游服务平台、民生工程平台、专业服务平台、合作交流平台等,推动建立 G60 科创走廊、嘉昆太创新协同圈等载体,为长三角更高质量一体化发展提供了新的抓手和良好的媒介。

## 二、 新时代长三角一体化新方位与新路径

### (一) 新时代长三角一体化新方位

长三角是我国区域发展经济体能最大,带动我国区域发展动力最强的城市群,最先在我国现代化经济体系的建立有所建树,在自由贸易港建设、海洋强国战略实施等领域有所突破。长三角肩负着创新引领、率先实现东部地区优化发展,建立更加有效的区域协调发展新机制的历史责任。在新

时代,长三角要确立新的历史方位:2025年,长三角要成为"一带一路"倡议和长江经济带战略的枢纽平台,建设成为世界级城市群。充分发挥长三角处于长江经济带战略与"一带一路"倡议的交会处的区位优势,发挥率先引领、创新示范作用,率先十年实现社会主义现代化,成为连接"一带一路"和长江经济带对内对外双向开放的枢纽平台。在中国基本实现现代化征程中成为"五大发展理念"引领示范区。长三角作为我国先进制造业集聚区,落实"五大发展理念",以创新、协调、绿色、开放、共享发展为引领,寻求长三角一体化发展的新路径与新机制,引领全面建设社会主义现代化国家新征程。

### (二) 新时代长三角区域一体化新路径

新时代下,长三角区域一体化发展迎来了新的战略机遇期,要切实落实区域协调发展战略,以建设世界级城市群为目标,以协调发展为关键,以创新促进内生发展,以开放提升区域竞争力,以绿色发展作为底线,以共享发展增强区域一体化认同感,探索区域一体化新路径。

以创新引领经济转型升级为动力,率先建立高质量的现代化经济体系。长三角地区经济发达、创新资源集聚,区域一体化程度较高,有条件率先创新驱动转型升级发展,建立现代化经济体系。一是以上海建设具有全球影响力的科技创新中心为抓手,打造多个创新联动示范区。目前嘉兴和南通已经明确要着力打造成为接轨上海的示范区,以制度创新为突破口,打造G60科技创新走廊、飞地模式共建全球科创中心等。未来应该依据地理区位不同、发展阶段、资源优势和特征不同,在浙江、江苏和安徽建立多个接轨上海的示范区。如舟山接轨上海示范区和马鞍山接轨上海示范区等。二是加快创新链和产业链有效衔接,从科技成果孵化、转化、产业化等多个角度设置政策,促进科技带动经济转型升级。健全创新产品和服务优先采购政策。实施创新产品和服务的政府首购、订购政策,促进创新产品规模化。制定长三角创新产品推荐目录编制办法。对目录内首次投放市场的创新产品和科技,政府采购合同授予首购产品的供应商;对政府需要研究开发的重大创新产品和技术等,可以采取战略合作形式,通过竞争性谈判、竞争性磋商或者单一来源采购等方式确定研究开发和生产机构;对于研制和使用首台高端智能装备,实施政府激励和示范应用政策。三是率先在高科技创新产业领域建立税收分享机制。研发企业多在上海,而科研成果产业化和制造环节多在长三角其他城市,通过税收共享推动创新要素在长三角城市群自由流动。

重视内外协调,引领长三角一体化新体制。长三角城市群内协调发展,重点加强基础设施一体化建设。一是以区域内轨道交通、城际铁路、高速公路等快速干道建设为契机,加快城市通道的配套与衔接,共同完善交通、物流网络,不断提高运输能力和服务水平,形成长三角城市群 1 小时通勤圈。二是加强长三角区域内港口枢纽之间的协调,充分发挥通州湾土地资源丰富优势、大洋山港、宁波—舟山港深水港口资源优势,形成以上海为中心,以江苏、浙江为两翼的上海国际航运中心建设。要扩大长三角的空港设施能力,优化航空运输网络,建设具有全球影响力的国际航空枢纽。三是加强与长三角、长江经济带、"一带一路"等国家战略或倡议对接,推动区域一体化。加快长三角江海联运服务中心建设,引导长江经济带的船舶标准化、航道标准化、港口泊位标准化、航运管理与服务标准化四个标准化,充分发挥长江经济带"黄金水道"功能。四是协同推动长三角 5G 网络建设,推进区域信息枢纽港建设,提升区域高密度信息资源互通,建设长三角公共数据开放平台,利用物联网、云计算、大数据等新技术,长三角率先实现数据信息开放和共享。延伸大数据开发与运用,建设长三角人工智能创新应用示范区。

重视生态文明建设,绿色引领长三角一体化新生态。长三角要深入贯彻绿色是永续发展的必要条件理念,形成绿色空间布局、绿色生产方式、绿色生活方式。一是借助崇明岛世界级生态岛建设,发展生态经济,促进生态自然优势与生态发展优势共同发展,走出一条生态文明发展的新路。二是探索生态文明建设和新农村建设同步推进,推广美丽乡村,践行"两山"理念。目前,浙江安吉县美丽乡村建设创建建制村覆盖率达到95.7%,美丽乡村精品村覆盖率达到87.7%。以规划为引导,以农民群众为建设主体,保护特色建筑、挖掘地方特色文化等好的做法要不断在长三角区域内推广。三是江苏要大力发展生态经济,弥补生态短板,探索老工业基地绿色振兴的新路径,将生态经济作为经济转型升级的重要动力。绿色发展成为长三角区域的鲜明优势,引领长三角区域一体化发展。

以内外双向开放促发展,建设服务"一带一路"的桥头堡。长三角要充分发挥沿海对外开放优势,借助自由贸易港、自贸区建设契机,花大力气建设服务"一带一路"的桥头堡。一是发挥长三角自贸区网络优势,将可复制、可推广经验不断推向长三角全区域,打造统筹沿海、沿边、沿江和沿陆开放,促进对内对外开放联动的协调发展示范区。二是发挥长三角通江达海优势,加强与长江经济带联动发展,着力打造江海联运中心,提升长江黄金水道航运功能,促进长三角城市群与长江中游城市群、成渝城市群联动发展。三是充分发挥上海"四个中心"和全球科技创新中心的功能和作用,整合南京、杭州、苏州等优势资源,建立长三角企业"走出去"服务平台,提供企业海外投资信息、法律、金融等服务,提高企业规避外部风险能力,形成组团式"走出去"。

共享引领长三角一体化新成果。新时代长三角一体化要坚持共享引领,增强区域一体化的认同感,共享一体化发展的成功经验,分享一体化发展的成果,提升人民群众福祉,增强一体化发展动力。一是共享高水平的社会公共服务,提高区域一体化的认同感。加快推进上海非核心功能疏解,促进上海教育、医疗等资源向长三角地区疏解。加强长三角区域内的社会保障、医疗卫生、文化、教育等制度协调。二是长三角以科技创新为引领,向产业链高端化发展,与我国中西部地区形成梯度,通过园区共建、创新联盟等多种模式,带动我国中西部地区发展。三是通过精准扶贫,对口帮扶和区域合作等多种方式共享长三角一体化发展的成果。上海加强对西藏日喀则地区、新疆阿克苏地区、云南文山、红河、普洱、迪庆四州市、重庆万州和湖北宜昌夷陵等三峡库区、新疆喀什和青海果洛的帮扶力度;通过市场化手段促进辽宁省与江苏省、吉林省与浙江省、大连市与上海市的资源共享、要素互通、园区共建,带动东北老工业基地振兴发展。

## 第三节　长三角城市群融入长江经济带的总体设想

长江经济带是我国经济发展的重要战略支撑带,在区域发展总体格局中具有重要战略地位。2014 年,国务院批准《国务院关于依托黄金水道推动长江经济带发展的指导意见》(以下简称《指导意见》),标志着长江经济带正式上升为国家战略,迎来了重要战略机遇期。

长三角城市群作为长江经济带五大城市群之一。在国务院《指导意见》中,明确指出长江经济带主要包括长三角城市群、长江中游城市群、成渝城市群、黔中城市群和滇中城市群,其中前三者为国家级城市群,后两者为区域性城市群。长三角城市群是我国最早获得国家批复的城市群,2008 年国务院发布《关于进一步推进长江三角洲地区改革开放和经济社会发展的指导意见》,2010 年国务院颁布《长江三角洲地区区域规划》。2016 年国家正式印发《长江三角洲城市群发展规划》,为长三角城市群进一步发展指明了方向。通过探讨长三角城市群在长江经济带发展战略中的地位作用和实施路径,有利于进一步促进长三角带动长江经济带发展。

## 一、 长三角实施长江经济带国家战略基础

长江三角洲城市群是我国经济最发达、城镇集聚程度最高的城市化地

区,被誉为世界第六大城市群。长三角主要包括三省一市,即上海市、江苏省、浙江省和安徽省,区域面积达到 35.53 万平方公里,分别占长江经济带总面积的 14.75% 和全国总面积的 3.7%。2014 年,长三角地区常住人口达到 21 977 万人,地区生产总值为 14.97 万亿元,分别占长江经济带的37.61% 和 52.58%,是长江经济带乃至我国经济发展的重要引擎。长三角在实施长江经济带国际战略中有着区位、交通、经济、文化、政策等多种条件叠加优势。主要体现在以下几方面:

区位优势独特:一方面,长三角具有通江达海优势,是"黄金海岸"和"黄金水道"的交会点。长三角位于长江下游地区,沟通沿海与内陆地区的联系,濒临黄海和东海,地处江海交会之地,是我国南北海上航运的中枢,通过远洋航线通往世界各地。另一方面,长三角是我国两大区域倡议或发展战略的交会点,即"一带一路"倡议和长江经济带发展战略。《中共中央关于制定国民经济和社会发展第十三个五年规划的建议》明确指出,以区域发展总体战略为基础,以"一带一路"建设、京津冀协同发展、长江经济带建设为引领,形成沿海沿江沿线经济带为主的纵向横向经济轴带。长三角城市群是"一带一路"倡议和长江经济带发展战略的交会点,也是我国横向和纵向轴带的交会点,战略地位极其重要。

交通路网发达:长三角区域内已经形成铁路、公路、海港、空港、地铁构成的综合交通网络。已建成通车的有沪宁、沪杭、宁杭、苏嘉杭等几十条高速公路,东海大桥、杭州湾跨海大桥、南京长江大桥等大桥以及几十条铁路和城市内部交通地铁,组成了一个十分便捷发达的城市综合交通网络。目前,长三角城市群拥有 27 个港口,航运基础设施不断完善,同时还拥有 29 个机场,是我国港口和机场最为密集区域。其中,浦东机场、虹桥机场是链接中国与世界的国际枢纽机场,洋山深水港、宁波—舟山港是国际集装箱运输运力最大的港口。便利的城市综合交通体系和优良的航运基础设施,为长三角带动长江经济带发展提供了高效的基础载体和通道。

　　经济基础雄厚：一是长三角经济发达，产业优势明显。长三角地区在通信、能源、新能源、高科技等领域处于国内最高水平，位居世界前列。长三角地区拥有国际化水准的现代服务体系，是国际资本投资青睐的"天堂"。尤其是在发达经济体纷纷确立"转身亚太"战略的背景下，长三角地区成为跨国公司、国际财团和研发中心聚集的所在地。这些机构已从"服务中国"发展到"服务亚太"或"服务全球"。2014年，长三角地区生产总值为14.97万亿元，分别占长江经济带和全国经济总量的52.58%和23.61%。另一方面，长三角科技创新活跃。长三角科教与创新资源丰富，拥有普通高等院校300多所，国家工程研究中心和工程实验室等创新平台近300家，人力人才资源丰富，年研发经费支出和有效发明专利数均占全国30%以上。长三角城市群拥有数量庞大，富有创新意识、创新活力和创新能力的人才群体，留学归国人员和两院院士、中央"千人计划"专家集聚在长三角城市群。在多个重点领域拥有一批国际知名的领军人物和重点行业的知名企业家，为实施长江经济带战略提供了优秀的人才储备。

　　对外开放程度高：长三角地区是我国对外开放的桥头堡，也是我国最大的外贸出口基地。中国（上海）自由贸易试验区等对外开放平台建设不断取得突破，国际贸易、航运、金融等功能日臻完善，长三角货物进出口总额和实际利用外资总额分别占全国的32%和55%。长三角地区正在增加其在全球生产网络和全球价值链中的比重。江苏、浙江两省的企业已实践了业务外包和全球兼并和收购（如吉利、奇瑞汽车）。阿里巴巴集团作为中国最大的电子商务公司，正在进入世界市场，并引领目前最热门的互联网金融服务。无锡、苏州在物联网、微电子、纳米技术、人工智能等方面均位于国家领先水平。另一方面，长三角地区企业还是国家"走出去"战略的参与者和实践者，可以充分分享其在基础设施建设（如高铁、高速公路）、能源供应（如炼油、矿业开采）、化学工业、制造业上的丰富经验。

　　区域协同领先：长三角区域协调发展起步早，推进稳步有序，经历了规划协调、要素合作和制度合作三个阶段。形成了以完善市场为主导的资源要素配置机制,构建区域统一市场、降低要素和产品空间移动的运输成本,以及实现区域和城市间互联互通、共治共享为目标的区域一体化发展战略的主体思路和行动计划。目前,长三角地区已经形成了比较成熟的区域合作体制机制,即包括决策层、协调层和执行层在内的三级运作协调机制,运行机理相对完整。决策层是沪苏浙皖三省一市主要领导座谈会("八巨头"会议),由此构建长三角"协商和决策"的高层制度构架。长三角区域对区域一体化发展进行了有益探索,为长江流域区域协同发展可提供经验借鉴。

## 二、 长三角在长江经济带国家战略中地位作用

长三角要立足国家战略,积极建设具有全球影响力的世界级城市群,以上海"四个中心"和全球科技创新中心建设为引领,构建网络化、开放型、一体化发展格局,服务长江流域、服务全国。未来发展中,长三角要坚持创新驱动、转型发展,围绕"深化、放大、提升、搭台"的要求,在长江经济带建设中起到龙头带动作用。具体可体现在六个方面引领,即世界城市群建设的引领、经济创新转型的引领、国际航运中心的引领、深化双向开放的引领、生态协同共建的引领、深化改革制度创新的引领。

世界城市群建设的引领。世界级城市群是参与国际分工、提升国际竞争力的重要功能区。在长江经济带建设中,城市群被确定为优化发展格局、提升国际竞争力的重要功能区。长三角城市群在长江经济带的引领作用主要体现在两方面:一是长三角城市群最优条件率先建成世界级城市群。长三角城市群是我国发展水平最高的城市群,是国内唯一被列为世界六大城市群的。2016 年国务院颁布了《长江三角洲城市群发展规划》,进一步明确了长三角要打造具有全球影响力的世界级城市群的发展目标。二是长江流域三大城市群处于不同发展阶段,长三角城市群引领带动其他城市群发展。国务院关于长江经济带建设的《指导意见》中,提出以长江三角洲、长江中

游和成渝三大跨区域城市群为主体,优化沿江城镇化格局。长江经济带三大城市群区域一体化处于不同发展阶段,长三角城市群经历了规划协调、要素合作,已经进入了制度合作阶段。而成渝城市群处在要素合作阶段,长江中游城市群处于规划协调阶段,为此,长三角城市群从区域合作方式和机制等方面引领长江经济带其他城市群发展,对提升长江经济带城市群国际竞争力,将起到重要的引领促进作用。

经济创新转型的引领。2015 年,国务院通过《关于在部分区域系统推进全面创新改革试验的总体方案》,明确提出加快长三角核心区域率先创新转型。这可进一步引领带动长江经济带整体创新转型升级。具体地说:一是发挥长江经济带区域经济发展梯度差异,促进长三角产业向长江中上游地区转移。长江经济带横跨东、中、西三大经济区,区域经济发展阶段存在明显的梯度差异。长三角地区已经进入工业化后期向后工业化时期转变阶段,产业结构开始去重工业化,向知识技术密集的高技术产业、现代服务业调整转变。而中西部地区尚处于工业化起步阶段或中期阶段。产业梯度差异的客观存在,更利于区域之间产业转移及有序分工。二是抓住上海建设全球科技创新中心新机遇,为长三角创新转型升级提供了新的发展动力,引领长江经济带创新链和产业链发展布局。发挥长三角科教资源丰富优势,整合科研院所和企业研发中心等资源,加大新兴产业和前沿科技创新,使长三角拥有关键核心技术。以市场为导向促进创新要素和创新产品首先在长江流域无障碍流通,重点在三个方面,即科技成果转化、知识产品集散和科技金融创新,使上海成为知识产品的世界级枢纽,辐射带动长江流域科技创新发展。

国际航运中心的引领。发挥长三角城市群通江达海的区位优势,依托长江黄金水道,促进江海联运和多式联运发展,带动长江航运发展。一是发挥上海国际航运中心优势,促进长江港口群联动发展。深化落实上海国际航运中心"一体两翼"的发展战略,鼓励上海港口物流企业以市场化方式参与沿江港口的建设和运营,建立以港口码头(点)为基础,以内支线运输(线)为纽带的港口格局。促进上海国际航运中心与武汉长江中游、重庆长江上游与长江下游的航运物流中心的联动发展。发挥"五定班轮"航线的示范效应,形成以上海港为终端,辐射长江流域的物流网络(面)。通过"点、线、面"的配合,提升上海港口服务能级,发挥上海国际航运中心的辐射功能。二是加快推进舟山"江海联运服务中心建设",实现江海联运发展。根据国务院颁布的《指导意见》,提高长江黄金水道功能的关键是,完善港口集疏运通道,实施长江黄金水道和江海联运发展。2014 年 11 月,李克强总理在浙江考察时指出,舟山和大小洋山港是长江经济带这条龙的"两只龙眼",并就设立舟山江海联运服务中心,使之成为长江经济带和长三角发展的又一个战略支点作出重要指示。

深化双向开放的引领。长三角城市群通江达海,是连接国际和国内两种市场,沟通国际和国内两种资金、资源等要素的重要枢纽,具有对内对外双向开放的优势。一方面,长三角城市群辐射带动长江流域以及我国中西部地区对内开放。长三角城市群地处我国东部沿海地区与长江流域的结合部,拥有面向国际、连接南北、辐射中西部的密集立体交通网络和现代化港口群,对长江流域乃至全国发展具有重要的带动作用。长三角城市群作为长江经济带五大城市群之一,经济最为发达,可依托长江黄金水道,加快落实推进长江经济带发展战略,引领长江经济带中上游地区发展,辐射带动我国中西部地区发展。另一方面,长三角城市群成为长江经济带东向开放的桥头堡,对接国家"一带一路"倡议。长三角作为长江经济带战略和"一带一路"倡议的交会点,国际化程度高,发挥上海国际航运中心、上海(中国)自由贸易试验区等优势,成为连接长江流域腹地和国际市场的枢纽。

生态协同共建的引领。2016 年,习近平总书记在重庆调研推动长江经济带发展座谈会上指出,"当前和今后相当长一个时期,要把修复长江生态环境摆在压倒性位置,共抓大保护,不搞大开发"。共保长江生态环境成为长江经济带建设的底线,要牢牢坚守。长三角地区作为长江经济带下游地区,生态环境问题十分突出。近年来,长三角地区跨界环境治理成为区域协同发展重要任务之一。2014年1月,沪苏浙皖三省一市在上海召开了高规格的长三角区域大气污染防治协作会议,专题研究讨论《长三角区域落实大气污染防治行动计划实施细则》,长三角地区生态共建探索取得积极进展。长三角地区在区域环境共同治理方面进行了有益探讨,要发挥其引领作用,推动区域生态环境协同共建,引领长江经济带环境保护和生态文明建设。

深化改革制度创新的引领。长三角城市群也是国家政策高地,拥有浦东新区、舟山群岛新区等国家级新区,以及中国(上海)自贸区等。长三角要进一步深化改革和制度创新,可率先在长江经济带进行推广和复制。主要体现在三方面的制度创新引领:一是加快推进自由贸易试验区建设,发挥示范带动作用。中国(上海)自由贸易试验区建设的核心是制度创新。根据先行先试、风险可控、分步推进、逐步完善的要求,重点聚焦四个方面的制度创新:投资管理制度创新,营造有利于各类投资者平等准入的市场环境;贸易监管制度创新,提升贸易便利化水平;金融制度创新,促进金融更好地服务实体经济发展;综合监管制度创新,推进政府管理由注重事前审批转为注重事中、事后监管。将中国(上海)自由贸易试验区的可复制可推广制度率先向长江流域转移和推广,打破地方保护主义,使东中西市场流通起来,形成大市场,充分发挥市场在资源配置中的决定性作用。二是发挥浦东综合配套改革试点的先行先试作用,探索在体制机制方面的率先突破和创新,使上海成为长江经济带新一轮改革开放创新模式的排头兵。放大浦东综合配套改革的示范带动效应,把浦东综合配套改革试点作为服务全国的重要载体,将成熟的经验做法向长江流域首先推广。三是区域合作体制机制创新,为长江经济带中其他城市群以及长江经济带区域合作体制提供有益经验借鉴。目前,长三角城市群已形成了"三个层次,四个座谈"相对比较成熟的区域合作体制机制,可引领长江经济带区域合作发展。

## 三、 促进长三角参与长江经济带建设对策

发挥长三角地区在长江经济支撑带建设中的龙头作用,重点加快上海全球科技创新中心建设,加快中国(上海)自贸区引领示范作用,打造黄金水道综合交通运输体系,建设长江流域虚拟无形经济带,建设长江经济带区域合作体制机制,探索长江经济带生态共建、共享、共担机制等,促进长江经济带科技创新一体化、贸易一体化、基础设施一体化、市场一体化、制度一体化和生态保护一体化等。

第一,积极建设上海全球科技创新中心,使长三角地区率先实现创新转型发展,引领长江经济带创新转型升级。

整合创新资源,促进长三角地区率先实现创新转型升级。一是激发企业成为创新主体,弥补技术创新短板。以国家、区域、省市重大工程与项目为抓手,使国企成为创新驱动的主要动力源。建立开放式创新网络,让民营企业也参与重大工程与重大项目,使长三角核心区的重大产业和行业技术有所突破,引领长江流域产业转型升级。鼓励跨国公司研发总部落地上海以及长三角,成为第三代跨国公司研发中心,抓住"反向创新""离岸创新""开放创新""技术共享"等全球创新趋势,加速形成第三代跨国公司研发中心。通过完善知识产权保护体系扩大外企本地化研发与应用规模,与本土企业形成互动,扩大溢出效应。通过营造良好的创新创业环境,使民营企业成为长三角核心区"草根创新"的主力军。二是营造科技创新环境,形成具有全球竞争力的创新制度体系。发挥长三角的资金、人才丰富,市场活跃等优势,为科技创新创造良好的软硬环境。在硬件环境上,长三角作为长江流域由西向东对外开放的桥头堡,要加大国际先进技术和设备引进,推进长三角乃至长江流域集成创新和自主创新。在软环境上,长三角要加强科技创新和协同创新的制度建设,深化科技创新领域改革,形成在全球具有竞争力

的创新制度体系。

　　建议长三角主动在长江经济带区域布局科技创新资源。长三角要进一步开放科技创新资源，发挥在科技、资金、人才、文化、教育、医疗等方面的优势，把产业、园区、高校、医疗、科研型医院、科研院所等优质科技资源主动在长江经济带布局，形成以上海为主导，南京、合肥、杭州、成都、长沙、武汉等重要城市为节点的科技创新网络。要以长江经济带各地的需求为主导，与长三角各城市建立科技战略合作关系，鼓励高等院校、科研机构在当地成立分校，根据经济社会发展需求开展科技研发创新活动和培养人才，在服务长江经济带的同时，通过协同创新提升科技水平。特别是考虑市属、理工类、应用技术类高校与周边产业比较契合的特点，把应用类科技教育和科技研发资源积极与周边城市进行对接，并根据当地产业特点设置相关专业和研发项目，推进长期合作。通过五年左右的布局与协同发展，形成当地的产学研科技创新体系。由于这种产学研创新体系注入了长三角科技创新要素，必然会与长三角产学研体系进行对接，进而进一步推动长三角科技创新的深度发展。

　　完善协同创新政策，形成多式连接创新网络。一是建立以企业为主体，以市场为导向、大学和科研机构积极参与的产学研协调机制，促进科研成果转化，形成创新链和产业链有效连接。建立利益共享和风险共担机制，促进企业和科研院所的良好合作；建立企业、大学、科研人员之间的利益分配机制，包括技术入股、科研人员持股、知识产权归属等；建立企业与大学院所合作的风险共担机制，弹性股权结构成为产学研合作的新方式。二是促进长江流域内各城市协同创新，由上海市科委和长三角合作交流办牵头，组织长三角核心地区城市，建立综合性的科技创新公共服务平台，就科技创新项目、共性技术开发项目、科技基金扶持项目等定期公开公示科技创新相关信息，形成信息共享、合作交流、互动发展的格局。三是共同建设长三角技术产权交易大市场。积极发展知识产权与技术产权的中介机构和业务，促进知识产权和技术产权的交易,乃至建设全国性的技术产权交易中心,增强长三角作为技术中心的影响力,形成巨大的聚集和辐射效应。

第二,全面推动自由贸易试验区建设,提升长三角对外开放功能能级,更好地发挥上海在长江经济带对外桥头堡作用,促进长江经济带贸易一体化发展。

率先将自由贸易试验区探索形成的经验成果向长江流域转移和推广。加快推进自由贸易试验区建设,重点在四大方面制度创新。一是投资管理制度创新。借鉴国际通行规则,按照简政放权、转变政府职能要求,加快推进外商投资管理体制改革,营造有利于各类投资者平等准入的市场环境。例如,在试验区实施负面清单管理模式,制定试验区负面清单,对负面清单之外的领域,原则上将外商投资项目核准改为备案制、将外商投资企业合同章程审批改为备案管理。在试验区内试行注册资本认缴制、"先照后证"登记制、年度报告公示制等登记制度。对境外投资开办企业实行以备案制为主的管理方式,对境外投资一般项目实行备案制。二是贸易监管制度创新。围绕推动海关特殊监管区域转型升级的目标,创新海关和检验检疫监管模式,促进区内货物、服务等各类要素自由流动,提升贸易便利化水平。如,推进实施"一线放开",坚决实施"二线安全高效管住",探索建立货物状态分类监管模式。推动贸易转型升级,积极探索具有国际竞争力的航运发展制度和运作模式。三是金融制度创新。围绕金融为实体经济服务、促进贸易和投资便利化的目标,在风险可控前提下,创造条件,重点在资本项目可兑换、人民币跨境使用、利率市场化、外汇管理体制等方面先行先试。四是综合监管制度创新。深化行政管理体制改革,推进政府管理由注重事前审批转为注重事中、事后监管。如,在试验区建立信息共享和服务平台,加强社会信用体系建设,探索建立综合执法体系,鼓励社会组织参与市场监管,建立风险防范体系等。率先将上海自由贸易试验区的经验向长江流域重点城市推广和复制。

建议进一步发挥上海平台经济的服务功能。充分发挥上海国际金融中心、国际贸易中心、国际航运中心和全球科技创新中心的功能和作用,大力支持上海拓展国家级会展设施平台、国际贸易和海外营销促进平台、技术进出口平台、电子商务平台、大宗商品交易平台、内外贸易一体化平台、国际贸易机构集聚平台等平台经济的辐射效应的枢纽功能,促进上海优势资源为长江流域经济带服务,促进长江流域贸易一体化发展。

第三,建议国家加强长江流域港口的统筹发展,建立长三角立体化交通运输体系,以上海国际航运中心引领长江黄金水道综合运输大通道建设。

统筹区域内港口布局,促进沿江港航联动发展。建议国家支持洋山深水港四期工程建设,巩固洋山深水港在国际竞争中的地位。打破行政区划界限,探索大洋山港开发的体制机制,适应长江经济带开发带动集装箱和货源不断增长的需求。鼓励港口物流企业以市场化方式参与沿江港口建设和运营,出台针对内河支线船公司的相关扶持政策,推动长江沿线港口至洋山的江海直达运输,促进水水中转业务发展。鼓励和引导内河集装箱运输发展,在集装箱船舶通行权、收费、适箱货"散改集"等方面给予政策扶持,推动内河船舶至外高桥港区的直达运输。推广标准化船型的应用,提高船员适航范围。

扩大启运港退税政策试点范围。在现有试点港口和运输企业基础上,进一步增加积极性高、信誉好的沿江港口和运输企业加入试点,扩大政策效应。将启运地从武汉、青岛扩展到沿江各港口,如重庆港、南京港、芜湖港等,承运企业扩展到经营沿江支线的企业,承运船舶扩展到长江沿线直达上海港的运输工具。

加强长江黄金水道综合运输体系建设,建立公路、铁路、水运多式联动的立体通道。目前,长江航运水道中上游面临着大坝、下游面临着大桥等障碍,在这样的条件下,黄金水道建设不能仅局限于万吨轮直通,要转换思路,在依托水运基础的同时,加强沿江高速公路、高速铁路建设,特别是加强高速铁路的货运建设,形成水、铁、公综合运输体系。加强长江水运驳运体系建设,由矿产驳运拓展到集装箱驳运,使上海港成为沿江港口向国际航线的重要中转港。加快沿江沿海铁路通道建设,促进海铁联运取得突破。在传统沪宁、沪杭铁路骨干通道基础上,加快推进沿江、沿海铁路通道建设,推动沪通铁路进入外高桥港区。加快推进沿长江铁路建设,整合上海铁路货场布局,充分发挥芦潮港铁路中心站的作用,促进港口企业与铁路部门合作,大力推进海铁联运发展,充分发挥铁路运输大运量、长运距、节能环保的优势。适时建设东海公铁二桥建设,连接舟山—宁波港,形成沿海大通道。

第四,提升长三角在全球资源和长江流域的资源配置能力,支持资金、信息、技术等要素在跨区域流动,打造长江流域无形经济带。

推动上海资源配置能力,服务带动长江经济带发展。一方面,支持上海总部经济发展,提升资源配置能力。进一步深化吸引跨国公司在沪设立地区总部、投资性公司、研发中心、营运中心、结算中心、共享服务中心等各类区域总部及功能性机构的准入、外汇、税收、人才等政策。建立和完善面向跨国公司地区总部的高效协同的工作机制,鼓励跨国公司整合区域内投资、销售、研发、结算、资金管理、共享服务、物流分拨等业务,开展区域总部业务一体化运作,重点强化在全球范围内进行资金调拨、贸易结算、人力配置、研发共享等方面功能,促进上海从跨国公司全球布局中的生产、销售基地向对各类资源进行协调、控制的区域性乃至全球性枢纽转变。另一方面,支持上海成为国内企业"走出去"的平台。支持上海在政府管理、社会服务、市场体系、专业支撑方面加强探索,完善"走出去"的促进机制和"走得好"的保障机制,使上海成为境外投资制度创新先导区、企业走出去的桥头堡、内外联动发展的连接点。

深化投融资体制改革,促进长江流域投融资一体化。推进上海金融开放,重视引进外资,积极组建区域性金融中心,打破行业垄断和地区封锁,鼓励城市群各类资本跨行业、跨地区流动。增强境内人民币外汇对境外的引导作用,在人民币对美元、日元、澳大利亚元直接交易的基础上,建立人民币对更多货币的双边汇率形成机制。推动人民币对新兴市场经济体和周边国家货币汇率在银行间外汇市场的挂牌。加强国际金融交流与合作，深化沪港、沪台合作，加强国际和区域金融合作，参与全球经济金融之力，扩大上海在国际金融领域中的知名度和影响力，引领长江流域金融业一体化发展。

加快长江流域信息网络化建设，构建虚拟长江流域经济带。运用互联网信息技术建立城市群网络系统和网站，形成城市信息化网络，实现信息资源交流和共享、资金项目统一招投标、人才技术流通等。开展电子政务，健全完善区域政府专网，整合政务信息资源，推动政府信息资源对社会的开放，带动发挥社会经济效益。健全信息化法规，统一技术规范。完善长江流域各城市群的《政府资源共享法》和《社会信息公开法》等，打造建设标准统一、功能完善、安全可靠的信息网络，构建信息交换共享的运行平台。

第五，建议建立国家层面的长江流域协调机制，在规划编制、项目建设、政策制定、统一市场平台等方面加大推进力度，营造公平公正统一的市场环境。

建立长江经济带协调推进机制。长江经济带发展，不仅需要相关省市的密切配合，通力合作，更离不开国家和中央有关部门的统筹协调、大力支持。建议在现有长三角联席会议、长江黄金水道推进工作机制上，尽快建立国家层面的协调推进机制，组织召开联席会议，统筹协调长江经济带的规划、政策和发展中的一些重大问题。并建立综合交通、产业发展、新型城镇化、对外开放、生态环境等方面的专题协调组，有针对性地推进各领域协调发展。具体做法可参考长三角区域合作已形成的"三层、四级会议制度"，三层是指决策层、协调层和执行层，四级会议制度主要指沪苏浙三地党政一把手的定期会晤制度、副省（市）长级别的"沪苏浙经济合作与发展座谈会"、城市市长级别的"长江三角洲城市经济协调会"、长三角各城市政府职能部门之间的不定期协调会。上海积极发挥在区域合作机制中的组织、协调作用。

积极构建跨区域专业合作平台。上海要通过扶持创立区域行业协会、探索建立区域利益分享和补偿机制、实施跨区域发展促进基金等手段,推动企业、中介组织、非政府性区域合作组织以及承担社会服务的相关机构参与到上海服务长三角、服务长江流域的工程中,促进不同区域间人员、商品、资本、生产要素的自由流动和融合,优势互补、互利双赢,推动长江经济带共同发展和繁荣。

坚持改革政府的绩效考核机制。我国目前的政府绩效考核机制是以行政区划考核、地方财政激励为主。干部晋升是以地方政府的行为业绩为主,这就助长了地方保护主义。要克服这一问题,有几种途径可选择,其一,从根本上削弱地方唯 GDP 论,改革政府绩效考核机制,长江流域与全国区域发展的阶段相比较,应该说已经进入到了生态文明和可持续发展的建设阶段。其二,对长三角地方政府试行区域绩效考核机制。加强长江流域区域内政府间的沟通协调,区域绩效考核的重点可先落在区域规划对接、地方政策统一等方面。遵循重大事项"三级运作,统分结合"的体制和机制。

第六,建议从区域层面优化生态环境治理的产业结构,创新长江生态保护的管理协调机制,长三角可率先探索区域生态协同治理机制,引领长江经济带建立区域生态共建、共享、共担机制。

优化利于区域生态环境治理的产业结构。制定并实施长江流域区域内重点行业的水、大气污染物特别排放限值。建立产业转移环境监管机制,加强产业转入地在承接产业转移过程中的环保监管,防止污染转移。加快高能耗、重污染行业的落后产能淘汰工作,严格淘汰存量产业中严重浪费资源、严重污染环境、安全隐患突出、布局不合理的落后产能和企业。积极引导和鼓励有条件的制造企业向"微笑曲线"两端延伸,由加工制造型企业向研发设计、品牌营销及电子商务等生产性服务转型发展。完善重点行业清洁生产标准和评价指标,加强对重点企业的清洁生产审核和评估验收。共同推进能源资源节约和循环利用,重点抓好工业、农业、交通、建筑、公共机构等领域合作,控制能源消费总量,降低能耗、物耗和二氧化碳排放强度。在此基础上,通过强化区域联动,构造合理的产业结构,依照科学的产业政策对产业进行引导,优化生产结构、流通结构和投资结构等,完成区域间上下游产业的耦合,形成区域内协调有序的产业链。通过加强环境与资源监测的科学化、信息化和网络化建设,按照循环经济模式进一步提升资源型产业,实现生态产业的集聚效应和递延效应。

创新长江生态保护的管理协调机制。在区域合作层面,虽然长江流域部分地区已经建立了区域的沟通磋商机制,但总的来说这些磋商机制并不完善,既没有具体落实的机构,也没有相应法律效力的强制保障,没有具体的操作导向和责任规制。建议设立专门负责长江流域环境保护合作的委员会,统筹规划区域生态环境建设的合理布局,制定关于环境合作的长期规划与发展战略,加强区域环境立法的合作与协调。建立长江流域信息通报机制,共享环境监测信息,积极推行环评会商交流,建立区域内的重大环境事件的通报机制,污染整治工作的协作机制,区域联合执法机制,进一步建立健全环境保护协调机制。在部门合作层面,按照逐步实现长江流域生态文明建设的目标,分阶段循序渐进、逐步到位地深化长江生态建设管理体制改革。建议建立由发改委、环保、住建、水利、能源、交通、国土、农业、林业等主要涉水部门和各省级行政区人民政府共同参与的联席会议制度,共同研究和确定长江流域重大生态问题的应对计划,并按各自职责分工落实;远期应建立由涉水管理综合部门牵头,其他部门、地区、企业、社会团体共同参与的流域管理委员会,负责流域环境保护和生态治理的议事、协调、决策和监督。

探索区域生态共建、共担、共享的新机制,协同建设美丽长江经济带。一是推进全方位协同。所有区域都应进入协同治理体系,严守生态底线,坚决执行《指导意见》生态环境保护规划。在生态环境治理的各个环节协同推进、共防共治,包括共同规划、共同监测、共同处罚、共同建设、共同出资、共同补偿等。二是推进一体化防控。在生态环境治理的关键环节建立健全一体化的机构和防控机制。长三角可率先探索设立生态环境治理委员会，负责长三角地区性的环境规划、环境立法、环境标准、政策体系，建立长三角环境监测平台。三是构建差异化的责任机制。新增重大项目，尤其是处于长江和太湖等共有水域上游、区域上风向、滨湖或水源保护区等生态敏感区，引入化工、冶金、电力等高污染项目，以及其他会导致跨区域环境影响的项目，必须经过地区环评机构评审通过后才可立项。建立长江流域生态基金，在环境污染源头治理、流域性生态环境修复工程上推进一体化建设，对区域性生态保护区进行经济补偿。

# 第三章

# 长江经济带城市群
# 发展新态势

## 第一节　长江经济带城市群历史沿革与规划布局

### 一、长江经济带国家战略的发展历程与重要意义

#### (一) 长江经济带发展历史沿革

　　长江是中国第一长河,横跨我国东中西三大经济区,流域总面积 180 万平方公里,涉及 19 个省、市、自治区。长江干线航道全长 2 838 公里,干支流通航里程约 7.1 万公里,占全国内河通航总里程的 56%,被称为我国的"黄金水道"。借助长江优势发展起来的长江经济带,主要包括沿江 11 个省市,即上海、江苏、浙江、安徽、江西、湖北、湖南、四川、重庆、云南、贵州,面积205.1 万平方公里,占国土面积约 21.4%,国内生产总值占全国比重超过40%。作为我国经济建设重要组成部分,长江经济带发展经历了漫长过程,大致可分为以下三个阶段:

##### 1. 改革开放初期长江经济带提出阶段

　　长江流域发展最早出现在 1985 年的"七五"计划,计划中首次提出我

国东中西部的概念,同时提出要"加快长江中游沿岸地区的开发,大力发展同东部、西部地带的横向经济联系",长江经济带概念初露端倪。

在改革开放之初,中央决策开发开放东部地区,同时也在思考内陆发展战略。国务院发展研究中心在 20 世纪 80 年代初提出"一线一轴"战略构想,"一线"即沿海一线,"一轴"即长江经济带。中国生产力经济学会提出"长江产业密集带"战略构想;同时地理学者(陆大道)在 20 世纪 80 年代中后期提出我国"T"型开发战略构想,即我国国土开发可由沿海、沿长江两条轴线构成"T"型发展格局。1987 年《全国国土总体规划纲要》(草案)中明确强调:在生产力总体布局方面,以东部沿海地带和横贯东西的长江沿岸相结合的"T"型结构为主轴线,以其他交通干线为二级轴线,按照点、线、面逐步扩展的方式展开生产力布局。我国东部沿海地带和横贯东西的长江形成密切结合的"T"字型态势,是 2000 年或更长时期内进行重点开发和布局的两条最主要的轴线,长江经济带概念初步形成。

**2. 世纪之交长江经济带缓慢发展阶段**

从 20 世纪 90 年代开始,国家提出了一系列促进长江经济带发展的措施和举措:1992 年,中共十四大提出"以上海浦东开发开放为龙头,进一步开放长江沿岸城市,带动长江三角洲和整个长江流域地区经济的新飞跃"。1996 年,八届人大四次会议上批准的《国民经济和社会发展"九五"计划和 2010 年远景目标纲要》明确指出了长江三角洲和沿江地区的发展方向:"发挥通江达海以及农业发达、工业基础雄厚、技术水平较高的优势,以浦东开发、三峡工程为契机,依托沿江大中城市,逐步形成一条横贯东西、连接南北的综合经济带",以后的历次国民经济五年规划中也都提及长江经济带的建设和发展问题。2004 年,国务院发布《关于促进中部地区崛起的若干指导意见》,提出加快发展沿干线铁路经济带和沿长江经济带。2005 年,两直辖市 7 省在交通部牵头下签订《长江经济带合作协议》,关注长江经济带基础设施建设。2009 年,国务院通过《促进中部地区崛起规划》,提出中部地区建设沿长江、陇海、京广、京九"两横两纵"经济带。

此时的浦东开发大大促进了长江三角洲地区发展,但对长江流域发展作用有限,整个长江经济带开放程度要明显滞后于沿海地区。之后国家提出的西部大开发、东北振兴、中部崛起等区域战略,虽一定程度上涉及长江经济带发展,但未提出系统发展战略,长江经济带发展速度放缓。

**3. 新时期长江经济带上升为国家战略阶段**

随着我国经济发展形势的不断变化,长江经济带战略经过一段时间的沉寂,开发开放的需求日趋强烈,长江经济带协调发展逐步提升为国家战略,成为"西部大开发""东北振兴"和"中部崛起"之后,国家提出的又一个区域发展的重大战略。

2012年12月中共十八大后的第一次基层调研,李克强在江西九江主持长江沿线部分省份及城市主要负责人座谈会,提出打通长江这一"黄金水道",培育建立统一的大市场的要求。2013年7月,习近平在湖北考察时指出,长江流域要加强合作,发挥内河航运作用,把全流域打造成黄金水道。2013年9月,国家发改委会同交通运输部在京召开关于《依托长江建设中国经济新支撑带指导意见》研究起草工作动员会议,上海、重庆、湖北、四川、云南、湖南、江西、安徽、江苏9个省市相关人员参与。2014年3月,十二届全国人大二次会议上,李克强总理在政府工作报告中首次提出,要依托黄金水道,建设长江经济带。2014年4月25日,习近平总书记主持中共中央政治局会议,提出"推动京津冀协同发展和长江经济带发展"。2014年4月28日,李克强总理在重庆召开11省市座谈会,研究依托黄金水道建设长江经济带问题,提出让长三角、长江中游城市群和成渝经济区三个板块产业和基础设施连接起来、要素流动起来、市场统一起来,形成直接带动超过五分之一国土、约6亿人的强大发展新动力。

2014年9月,国务院发布《关于依托黄金水道推动长江经济带发展的指导意见》,明确进一步开发长江黄金水道,加快推动长江经济带发展,长江经济带建设明确成为我国国家战略。2016 年 10 月,《长江经济带发展规划纲要》正式印发,明确当前和今后一个时期指导长江经济带发展工作的基本遵循。

## (二) 长江经济带国家战略的内涵与意义

### 1. 长江经济带上升为国家战略的重要意义

长江经济带横跨我国东中西三大区域,具有独特优势和巨大发展潜力。改革开放以来,长江经济带已发展成为我国综合实力最强、战略支撑作用最大的区域之一。

在国际环境发生深刻变化、国内发展面临诸多矛盾的背景下,依托黄金水道推动长江经济带发展,有利于挖掘中上游广阔腹地蕴含的巨大内需潜力,促进经济增长空间从沿海向沿江内陆拓展;有利于优化沿江产业结构和城镇化布局,推动我国经济提质增效升级;有利于形成上中下游优势互补、协作互动格局,缩小东中西部地区发展差距;有利于建设陆海双向对外开放新走廊,培育国际经济合作竞争新优势;有利于保护长江生态环境,引领全国生态文明建设,对于全面建成小康社会,实现中华民族伟大复兴的中国梦具有重要现实意义和深远战略意义。

### 2. 长江经济带国家战略的新内涵

作为具有全球影响力的内河经济带,发挥长江黄金水道的独特作用,构建现代化综合交通运输体系,推动沿江产业结构优化升级,打造世界级产业集群,培育具有国际竞争力的城市群,使长江经济带成为充分体现国家综合经济实力、积极参与国际竞争与合作的内河经济带。

东中西互动合作的协调发展带。立足长江上中下游地区的比较优势,统筹人口分布、经济布局与资源环境承载能力,发挥长江三角洲地区的辐射引领作用,促进中上游地区有序承接产业转移,提高要素配置效率,激发内生发展活力,使长江经济带成为推动我国区域协调发展的示范带。

沿海沿江沿边全面推进的对内对外开放带。用好海陆双向开放的区位资源,创新开放模式,促进优势互补,培育内陆开放高地,加快同周边国家和地区基础设施互联互通,加强与丝绸之路经济带、海上丝绸之路的衔接互动,使长江经济带成为横贯东中西、连接南北方的开放合作走廊。

生态文明建设的先行示范带。统筹江河湖泊丰富多样的生态要素,推进长江经济带生态文明建设,构建以长江干支流为经脉、以山水林田湖为有机整体,江湖关系和谐、流域水质优良、生态流量充足、水土保持有效、生物种类多样的生态安全格局,使长江经济带成为水清地绿天蓝的生态廊道。[①]

## 二、　长江经济带城镇化发展历程与现状

### (一)　长江经济带城镇化发展的历程

1949 年中华人民共和国成立以来,长江流域城镇化发展主要分为三个阶段:

第一阶段:1949—1978 年城镇化调整与停滞期。中华人民共和国成立至改革开放期间,中国城镇化建设经历了跌宕起伏的发展历程。在计划经济时代,政府根据生产力布局对原有城镇体系作了调整,实行了一系列促进农村经济发展的政策,推动了小城镇(集镇)较快恢复和发展。在单一计划经济的管理体制、户籍制度及一系列设镇标准(如《关于设置市建制镇的决定》《关于城乡划分标准的规定》)等政策的影响下,城镇数量不增反降,城镇人口和城镇化水平发展缓慢。

长江流域地区的城镇化建设先后经历了 1949—1957 年的城镇化恢复发展期和 1958—1977 年的徘徊停滞期。从局部发展来看,重庆城镇化率1957 年达到 15.58%,1960 年增至 18.18%,1977 年回落至 12.03%;安徽城

---

① 国务院关于依托黄金水道推动长江经济带发展的指导意见,2014.

镇化率在 1958 年至 1960 年间由 8.96% 提高到了 16.1%,而 1965 年降低到 11.59%,之后 12 年间只提高了 0.8 个百分点。同样,湖北、江西、江苏等流域地区也有类似发展历程。

从总体发展看,长江流域城镇化发展具有以下特征:一是上游城镇化水平较低。虽然中华人民共和国成立后长江流域经济发展有所恢复,但由于流域整体自然资源分布和地理环境因素的影响,东、中、西部地区有较大差距,三线建设造成长江中上游地区工业化与城镇化之间的差距不断扩大。二是实行自上而下的管理模式和制度安排。按照计划经济体制下国家统一管理与流域内地方行政区域管理相结合的原则,于 1950 年成立长江水利委员会,负责流域的规划、开发和治理,并设立长江流域规划办公室,提出《长江流域综合利用规划要点报告》。三是流域城镇化主要依靠政府单一推动。在计划经济体制和重工业优先战略的影响下,长江流域城镇化发展处于严格控制之下,城乡分割制度限制了人口的自由流动和城镇规模与数量的建设发展。四是缺少完善的城镇体系。改革开放前,长江流域均未形成合理的城镇体系,区域内大城市首位度过高,中小城镇没有完全发展。

第二阶段:1978—2012 年城镇化发展恢复提升期。改革开放以来,中国城镇化发展经历了 1978—1991 年的稳步提升阶段和 1992 年之后的加速发展阶段。随着农村经济发展和国民经济结构变动,政府出台了一系列政策标准(包括《中共中央关于加快农业发展若干问题的决定》《批转全国城市规划工作会议纪要》《国务院关于农民进集镇落户的通知》及《关于调整建制镇标准的报告》《小城镇综合改革试点指导意见》《关于促进小城镇健康发展的若干意见》等),用于恢复小城镇发展。

2012 年我国有 657 个城市,比 1978 年增长了 2.4 倍。小城镇数量达 19 249 个,比 1978 年增长了 8 倍。其中,200 万以上城镇人口城市达 36 个,增长 2.6 倍;100 万—200 万城镇人口城市达 83 个,增长 3.4 倍。各类城市人口 3.4 亿,占城镇总人口的 57.6%;县城城镇人口 1.2 亿,占城镇总人口的

20.3%；小城镇镇区人口 1.3 亿，占城镇总人口的 22.1%。这期间，长江流域干流地区的经济社会发展取得了巨大的成就，城镇人口不断增多，城镇化率稳步提高，城市发展及竞争力都上了一个新台阶。据统计，1992 年长江流域干流地区设市的市区非农业人口达 5 415 万人，为 1978 年的 2.1 倍。1995 年底流域干流地区城市已达 182 个，其中特大城市 10 个，大城市 7 个，中等城市 61 个，小城市 104 个。从局部发展来看，1979—1990 年间，湖北新增设城市 24 座，新增建制镇 740 个，总数达 844 个；1990—2000 年间，江苏城镇人口比重由 21.6% 提高到 41.5%，新增县级市 16 个，新增建制镇 609 个，总数达 1 191 个。

从总体发展看，这一阶段长江流域干流地区城镇化发展具有以下特征：一是城镇化增长势头较强。虽然长江流域东、中、西段差距仍然很明显，但各地城镇化增速较快，2000—2012 年间，湖北城镇化率从 40.47% 增加至 53.50%，年均增速达 1.09%；重庆城镇化率从 35.6% 增加至 56.98%，年均增速 1.78%。二是城镇化发展动力多元化。改革开放前，城镇化发展完全是政府主导型。目前，虽然政府仍然是城镇化发展的主导力量，但已出现政府、市场和社会等多元化动力机制，特别是在长江下游地区尤为明显。三是进一步开展了流域总体规划。20 世纪 80 年代对《长江流域综合利用规划要点报告》进行了修订和补充，形成了《长江流域综合利用规划简要报告》，并于 1990 年经国务院批准，成为长江流域开发、利用、保护水资源和防治水害的重要依据。

第三阶段：2012 年至今城镇化发展快速发展期。2012 年开始，长江经济带逐步上升为国家战略，从 2012 年 12 月李克强在江西九江提出打通长江"黄金水道"，到 2013 年 7 月习近平在湖北考察时指出把全流域打造成黄金水道，再到 2014 年 9 月《关于依托黄金水道推动长江经济带发展的指导意见》、2016 年 10 月《长江经济带发展规划纲要》的发布，城镇化发展也进入加速发展时期。

新型城镇化建设步伐加快。沿江城镇化格局进一步优化,以城市群为主体、大中小城市和小城镇协调发展的城镇格局加快构建,2018 年长江经济带常住人口城镇化率达 59.5%[①],比 2012 年提高了近 7 个百分点,有 5 个省市人口城镇化水平高于全国(59.58%)。从高到低依次是上海市(88.1%)、江苏省(69.61%)、浙江省(68.9%)、重庆市(65.5%)和湖北省(60.3%)。

### (二) 长江经济带城镇化发展的优势基础

长江流域是长江干流和支流流经的广大区域,横跨中国东、中、西部三大经济区,是世界第三大流域,流域总面积 180 万平方公里,占中国国土面积的 18.8%。区内人口密集、资源丰富、交通便利,蕴藏巨大发展潜力,在我国城镇布局发展战略中具有举足轻重的地位。具体而言,长江流域城镇化发展具有以下优势:

一是明显的区位优势为城镇发展提供了空间。长江流域地处亚热带季风区,气候温暖湿润,四季分明,年积温高,其横贯我国腹心地带,经济腹地广阔,不仅把东、中、西三大地带连接起来,而且还与京沪、京九、京广、皖赣、焦柳等南北铁路干线交会,承东启西,接南济北,通江达海。流域东部地区处于沿海发展轴与长江经济带的交会处,是我国经济发展重心和改革开放的前哨阵地;流域西部地区处于我国西部地区,随着长江和西部开发战略的实施,未来发展潜力巨大。

二是丰饶的自然资源为城镇发育奠定了良好的物资条件。在水资源方面,长江是中国水量最丰富的河流,水资源总量 96.16 亿立方米,约占全国河流径流总量的 36%,为黄河的 20 倍,在世界上仅次于赤道雨林地带的亚马孙河和刚果河(扎伊尔河),居第三位。在矿产资源方面,在全国已探明

---

① 罗国三.全面贯彻落实习近平总书记重要讲话精神 推动长江经济带高质量发展[N].中国经济导报,2019-08-07(002).

的 130 种矿产中,长江流域有 110 余种,占全国的 80%,并具有品种多、储量大、品位高、易开采等多类优点。在农林资源方面,流域有耕地 2 460 多万公顷,占全国耕地总面积的 1/4,农业生产值占全国农业总产值的 40%;林区面积 30 万平方公里,林木覆盖率达 27.4%,主要分布在川西、滇北、鄂西、湘西和江西等地。此外,区内还有丰富的动植物资源和旅游资源等。

三是便利的交通路线为城镇建设开辟了畅通的联系通道。在水运方面,长江通航条件优越,是我国综合交通运输体系的重要组成部分,素有"黄金水道"之称,是我国最大的内河水运系统,总通航程 7 万公里,占全国 70% 以上。干支流水运中心有重庆、武汉、长沙、南昌、芜湖和上海 6 大港口,重要港口综合通过能力达 5 亿吨。据研究显示,若包含资本成本,水路运输成本是铁路的 1/6,公路的 1/28,航空的 1/78,黄金水道可极大改善东、中、西部物流条件,降低物流成本。在陆运空运方面,长江干流地区铁路营运里程合计 13 072 公里,占全国铁路营运里程的 23.1%;公路总长 347 566 公里,其中高等级公路 7 000 公里;航空运输、信息通讯也已形成发达的网络。

四是合理的政策导向为城镇规划指明了正确决策方向。其一是西部大开发战略和区域非均衡协调发展政策的实施,逐步发展我国西部有特色的西陇海兰新线、长江上游、南(宁)贵、成昆(明)等跨行政区域的经济带,鼓励城市圈集聚发展,促进地区经济协调发展。其二是以浦东为龙头的长江经济带建设,提出统筹沿江城乡发展,布局沿江城镇体系,打造新型城镇连绵带。其三是三峡工程等项目的综合建设,加快了长江流域航运、发电、种植等多方面的发展,也进一步促进了各类要素在区域间的流动。

## (三) 长江经济带城镇化发展的基本特征

### 1. 总体城镇化水平较高,发展速度快于全国水平

21 世纪以来,随着经济发展速度不断提高,经济结构逐步调整,我国全

面进入城镇化的加速发展阶段。长江流域作为我国经济发展中的重要发展轴,区位优势明显,物质基础雄厚,在西部大开发、长三角的快速发展及中游地区崛起的推动下,大中小城镇快速发展,城镇化率总体保持平稳较快的发展趋势。截至 2011 年底,长江流域干流地区的六省市(重庆、湖北、江西、安徽、江苏、上海)共有城镇人口 15 472.344 万人,乡村人口 12 979.216 万人,平均城镇化水平达到 58.09%,高于全国城镇化(51.27%)近 7 个百分点。2000—2011 年间,六省市城镇化率从 41.31%增加至 58.09%,12 年间提高了 16.78 个百分点,年均增速达 1.4 个百分点,高于全国城镇化率年均1.25%的增长速度,处于城镇化中期的快速推进时期。2018 年长江经济带常住人口城镇化率达 59.5%,上海市、江苏省、浙江省、重庆市和湖北省高于全国水平。

**2. 各省市城镇化进度不平衡,沿江自东向西递减**

长江流域总体城镇化发展不平衡,城镇化水平和城镇密度自东向西呈递减趋势。但就沿江六省市而言,东部的上海、江苏,以及西部的重庆城镇化水平较高,中部的江西、湖北、安徽相对较低。2012 年户籍人口数据显示,上海城镇化率达到 89.30%,城市人口增长速度下降,已经进入城镇化后期;江苏城镇化率 61.9%,城镇人口数量与规模不断增长,正处于城镇化迅速发展的中后期;重庆城镇化率 55.02%,在中西部有较强的优势,但与北京、上海、天津的城镇化相比有一定差距;湖北、江西、安徽城镇化率分别是51.83%、45.7%、44.8%,处于城镇化发展中期阶段,还需进一步加快发展速度。2018 年,城镇化率从高到低依次是上海市(88.1%)、江苏省(69.61%)、浙江省(68.9%)、重庆市(65.5%)和湖北省(60.3%),都呈现沿江自东向西递减趋势。

**3. 流域东中西部存在梯度差,资源、产业、城市功能互补性强**

从资源分布看,长江流域的水能资源、水资源、矿产资源、农林资源、生物资源及旅游资源在全国占有重要地位,但主要分布在流域的西部地区,总体开发程度较低,经济技术力量薄弱;东部地区经济技术力量强,但自然资源却相对贫乏。从产业发展看,流域东西部在经济发展阶段和产业结构上有明显差异,呈现轻工业、重工业向原材料、采掘业过渡的东、中、西空间布局态势。随着产业结构调整和东部地区的辐射带动作用,东部产业不断向中西部区域迁移拓展。从城市功能定位看,长江流域各大城市职能有较大的互补合作性。如上海是全国最大的经济金融中心、交通枢纽,现代国际化的大都市;南京是综合性城市和历史文化名城;武汉是中部地区国家增长极和交通枢纽城市;重庆是西部地区的重要增长极,长江上游地区的经济中心、工业和交通枢纽。

**4. 城镇体系较为合理,多级城市群体系初步形成**

长江流域城市数量众多,城市特色各异,总体形成了特大城市、大城市、中小城市、中心镇的多层次城镇化网络,呈现出了相互包容、相互融合和相互渗透的"宝塔形"特点。同时,长江流域内形成了各具特色和功能的中小城市群。一是以上海为中心的上海城市群,包括上海市域城市群、苏州、无锡、常州、南通、嘉兴、湖州等地,可进一步划为上海市域城市群、苏锡常城镇群和通盐城镇群,是流域中城镇化及社会经济发展水平最高的区域;二是以南京为中心的南京城市群,包括南京、扬州、镇江、泰州、马鞍山、芜湖、滁州等区域,可进一步划为镇扬城镇群、芜湖城镇群和安庆城镇群,社会经济发展水平仅次于上海城市群;三是以合肥为中心的皖江城市带,包括合肥、芜湖、马鞍山、铜陵、安庆、池州、滁州、宣城8市全境以及六安市的金安区和舒城县,共59个县(市、区);四是以武汉为中心的武汉长江中游城市群,包括武汉、九江、黄石、鄂州、岳阳、荆沙以及十多个县级市和县,可进一步划为荆沙城镇群、黄石城镇群、九江城镇群、岳阳城镇群;五是以重庆为中心的重庆城市群,包括重庆、涪陵、万盛、长寿、江津、合川、永川、南川、双桥、綦江、潼南、铜梁、大足、荣昌、璧山和四川的广安,可进一步划为涪陵城镇群、合川城镇群和永川城镇群。

**5. 流域东西部城市经济协作加强，合作交流不断深化拓展**

随着西部大开发战略和长江流域经济整体协调发展的实施,长江流域各省市、地区之间的合作和交流也不断拓宽和加深。在合作领域方面,目前已涉及交通、能源、产业、技术、生态环境、旅游等多方面合作探索,并在进一步拓展合作范围,现形成了重庆、武汉、南京、上海四个协作区,以及多个国家级承接产业转移集聚示范区组成的产业集聚带。在资金与技术投向方面,一是投向以大农业开发和矿产资源开发为主的自然资源开发性项目;二是流域东部名牌产品与西部受援地区企业的联合发展以及对搬迁企业的技术改造项目,如涪陵的浙江娃哈哈饮料厂和万县的上海白猫洗涤剂厂。在合作机制方面,1985 年由武汉、重庆、南京、上海发起组织了长江沿岸中心城市经济协调会,每两年召开一次市长联席会议。至 2018 年,长江协调会已召开了第十八届市长联席会议,包含上海、重庆、武汉、南京、合肥等 27 个长江流域城市成员,主要对区域内产业布局、结构调整、经济合作、生产要素调配进行磋商,共同研究经济合作的重大课题。

## (四) 长江经济带城镇化发展存在的问题

### 1. 流域东西部的城镇化发展存在差距

从区域条件看,受山地地形的影响,长江上游地区土地资源不足,制约了社会经济、交通和城市建设,是城镇化发展滞后的重要因素;长江中下游地区以平原为主,利于城镇的孕育和发展,但部分地区由于人口过于密集,工业化、城市化推进迅速,存在后备资源不足的问题。从城镇发展历程看,由于改革开放以来非均衡战略的实施,长江流域生产布局重点由西部内陆转向东部沿海地区,并带动外向型经济迅速发展,但同时也加剧了东西部经济差距和城镇化建设的不平衡。从城镇发展现状看,流域东部地区城镇化发展水平较高,产业结构和就业构成的非农化水平较高,但局部存在大城市病和半城市化现象;相对流域中部地区城镇化发展次之,西部地区城镇化发展水平最低,大多数的中小城镇缺乏产业和人口的聚集力,产业与城市不能有效融合,劳动人口大量外迁。

### 2. 城镇化发展有待转型提升

一是城乡二元结构突出。目前,长江流域大片城市与乡村并存,同期非农化水平低于城镇化水平,现行分割的户籍制度、劳动就业制度、教育体系、医疗制度、社会保障制度等,阻碍了农村剩余劳动力转移和城乡人口流动,并造成土地等资源的浪费和环境污染面积的扩大。二是城市现代化程度偏低。长江流域尚处于城市现代化的中前期,只有上海、江苏等为数不多的几个城市基本达到了现代化城市要求,其余大部分大、中、小城市仅有少数指标达到或接近现代化城市水平。三是各梯度城市产业发展存在问题。流域东部区域产业结构趋同,分工协作不足,农业发展变缓,产业高级化进程难度大;流域中部区域大耗能工业集中,能源短缺,交通基础设施建设有待健全和均衡,各类环境污染严重;流域西部区域农业发展落后,工业化城市化水平低,第三产业不发达。

### 3. 城镇规模体系建设不完善

长江流域拥有各等级规模的城市,但其规模和结构不甚合理。中上游地区受交通和地形影响,除重庆、武汉两个特大城市外,缺少能够支持和带动区域经济发展的次中心城市,缺少条件较好的中小城市,县城以下的建制镇规模小、发育缓慢。中游地区大中城市过少,需要进一步加强芜湖、安庆、九江、黄石、鄂州、岳阳、荆沙、宜昌等大中城市的聚集辐射力,各级城镇结构不全,缺少有带动力的中心镇。下游地区城镇体系较为完整,但超大和特大型城市数量不多,中小城市(镇)却星罗棋布,城镇体系呈现顶端城市偏少的扁平状,很多中小城镇发展起步晚、速度慢,缺乏合理的功能定位和发展特色。

### 4. 流域生态环境恶化现象严重

由于长江三峡工程、西部大开发、交通运输综合体系建设等一系列重大项目的实施,加之城镇公共治污设施建设基础薄弱,原本脆弱的长江流域环境受到进一步的威胁和挑战。一是水土流失严重。长期以来上游土地的不合理利用和林木的过度采伐,造成金沙江、嘉陵江水土流失严重;中下游区域水域管理不严,盲目开采建设,洪涝灾害频繁部分区域严重缺水。二是环境污染严重。在水污染方面,目前沿江城市江段处于中度污染水平,形成大片污染带,并有迅速扩张之势;支流、湖泊水质严重下降,水体自净能力减弱。在空气污染方面,城市垃圾、汽车废气排放日益严重,并且多数沿江乡镇工业企业环保意识差,技术工艺落后,排放大量烟尘、二氧化硫、二氧化碳等有毒有害气体,致使长江中下游普遍出现酸雨区域。三是耕地浪费。随着工业化、城镇化的迅速推进,沿江地区经济发展、城市和基础设施建设大量占用土地,各类开发区建设和房地产建设过多过滥,造成土地使用失控,土地利用效率低下。

**5. 流域城市间合作需进一步加强**

一是流域各省经济协作有障碍。一方面,东部向西部辐射的空间障碍较大,东西向的内河航运优势未能完全发挥,高效的综合运输网络还未形成,阻碍了流域东西部地区的经济联系与合作。另一方面,由于行政壁垒的存在,阻碍了物资、商品、资金、技术及信息等资源要素在地区间的有效流通。二是城市间合作机制有待创新。需在合作的参与方式、参与内容和参与主体上进行创新,充分发挥城市经济协调会作用。另外,流域西部经济水平和生活水平相对较低,管理理念与东部有差异,要注重东西方的交流沟通。

# 三、 长江经济带城市群总体规划与布局

2016 年 3 月,《长江经济带发展规划纲要》(以下简称《纲要》)正式印发,长江经济带覆盖上海、江苏、浙江、安徽、江西、湖北、湖南、重庆、四川、云南、贵州 11 个省市,面积约 205 万平方公里,生态地位重要、综合实力较强、

发展潜力巨大。《纲要》描绘了长江经济带发展的宏伟蓝图,既是推动长江经济带发展重大国家战略的纲领性文件,也是当前和今后一个时期指导长江经济带发展工作的基本方针。

## (一)　长江经济带城市群总体布局

《国家新型城镇化规划(2014—2020 年)》指出:优化提升东部地区城市群京津冀、长江三角洲和珠江三角洲城市群,是我国经济最具活力、开放程度最高、创新能力最强、吸纳外来人口最多的地区,要以建设世界级城市群为目标,继续在制度创新、科技进步、产业升级、绿色发展等方面走在全国前列,加快形成国际竞争新优势,在更高层次参与国际合作和竞争,发挥其对全国经济社会发展的重要支撑和引领作用。科学定位各城市功能,增强城市群内中小城市和小城镇的人口经济集聚能力,引导人口和产业由特大城市主城区向周边和其他城镇疏散转移。依托河流、湖泊、山峦等自然地理格局建设区域生态网络。培育发展中西部地区城市群,加快培育成渝、中原、长江中游、哈长等城市群,使之成为推动国土空间均衡开发、引领区域经济发展的重要增长极。加大对内对外开放力度,有序承接国际及沿海地区产业转移,依托优势资源发展特色产业,加快新型工业化进程,壮大现代产业体系,完善基础设施网络,健全功能完备、布局合理的城镇体系,强化城市分工合作,提升中心城市辐射带动能力,形成经济充满活力、生活品质优良、生态环境优美的新型城市群。依托陆桥通道上的城市群和节点城市,构建丝绸之路经济带,推动形成与中亚乃至整个欧亚大陆的区域大合作。

长江经济带城市群空间布局是落实长江经济带功能定位及各项任务的载体,也是长江经济带规划的重点,经反复研究论证,形成了"生态优先、流域互动、集约发展"的思路,提出了"一轴、两翼、三极、多点"的格局。"一轴"是指以长江黄金水道为依托,发挥上海、武汉、重庆的核心作用,以沿江主要城镇为节点,构建沿江绿色发展轴。"两翼"是指发挥长江主轴线的辐射带动作用,向南北两侧腹地延伸拓展,提升南北两翼支撑力。"三极"是指以长江三角洲城市群、长江中游城市群、成渝城市群为主体,发挥辐射带动作用,打造长江经济带三大增长极。"多点"是指发挥三大城市群以外地级城市的支撑作用,以资源环境承载力为基础,不断完善城市功能,发展优势产业,建设特色城市,加强与中心城市的经济联系与互动,带动地区经济发展。[①]

## (二)　长江经济带城市群规划布局

### 1. 长三角城市群

长三角城市群在上海市、江苏省、浙江省、安徽省范围内,由以上海为核心、联系紧密的多个城市组成,主要分布于国家"两横三纵"城市化格局的优化开发和重点开发区域。2016 年 6 月国务院印发的《长江三角洲城市群发展规划》指出:依据资源环境承载能力,优化提升核心地区,培育发展潜力地区,促进国土集约高效开发,形成"一核五圈四带"网络化空间格局。提升上海全球城市功能,促进五个都市圈(南京都市圈、杭州都市圈、合肥都市圈、苏锡常都市圈、宁波都市圈)同城化发展,促进四条发展带(沿海发展带、沿江发展带、沪宁合杭甬发展带、沪杭金发展带)聚合发展。

### 2. 长江中游地区

长江中游城市群是以武汉城市圈、环长株潭城市群、环鄱阳湖城市群为主体形成的特大型城市群,其承东启西、连南接北,是长江经济带的重要组成部分,也是实施促进中部地区崛起战略、全方位深化改革开放和推进新型城镇化的重点区域。2015 年 4 月,经国务院批准,国家发展改革委发布了《长江中游城市群发展规划》,其中指出,长江中游城市群要构建多中心协调发展格局,强化武汉、长沙、南昌的中心城市地位,引领带动武汉城市圈、

---

① 长江经济带发展规划纲要,2016.

环长株潭城市群、环鄱阳湖城市群协调互动发展,强化沿江、沪昆和京广、京九、二广发展轴线功能。具体包括:强化武汉、长沙、南昌的中心城市地位,合理控制人口规模和城镇建设用地面积,进一步增强要素集聚、科技创新和服务功能,提升现代化、国际化水平,完善合作工作推进制度和利益协调机制,引领带动武汉城市圈、环长株潭城市群、环鄱阳湖城市群协调互动发展。依托沿江、沪昆和京广、京九、二广"两横三纵"重点发展轴线,形成沿线大中城市和小城镇合理分工、联动发展的格局,建成特色鲜明、布局合理、生态良好的现代产业密集带、新型城镇连绵带和生态文明示范带。

### 3. 成渝经济圈

成渝城市群是西部大开发的重要平台,是长江经济带的战略支撑,也是国家推进新型城镇化的重要示范区。2016 年 5 月,国家发展改革委发布《成渝城市群发展规划》提出,成渝城市群要立足西南、辐射西北、面向欧亚,高水平建设现代产业体系,高品质建设人居环境,高层次扩大对内对外开放,培育引领西部开发开放的国家级城市群,强化对"一带一路"建设、长江经济带发展、西部大开发等国家倡议或战略的支撑作用。发挥重庆和成都双核带动功能,重点建设成渝发展主轴、沿长江和成德绵乐城市带,促进川南、南遂广、达万城镇密集区加快发展,提高空间利用效率,构建"一轴两带、双核三区"空间发展格局。"一轴两带"即打造成渝发展主轴,培育沿江城市带,优化成德绵乐城市带。"双核三区"即提升重庆和成都核心功能,培育川南城镇密集区、育南遂广城镇密集区、达万城镇密集区。

### 4. 滇中城市群

《滇中城市群规划》于 2011 年 5 月 27 日正式获云南省政府批复同意,滇中城市群包括昆明、曲靖、玉溪、楚雄四州市行政辖区范围,总规划面积 9.6 万平方公里。其中在空间布局方面,根据规划,滇中城市群空间发展结构为"一核三极两环两轴"。"一核"指昆明都市区,以昆明主城、呈贡新区、空港经济区为核心,涵盖周边安宁、富民、嵩明、澄江、宜良、晋宁新城和昆阳海口新城 7 个二级城市。"三极"指曲靖都市区、玉溪都市区、楚雄都市区。其中曲靖都市区加快煤电及新能源基地、重化工基地、有色金属及新材料基地和省内交通枢纽、物流中心建设，逐步培育机械制造、生物资源开发创新、高新技术产业，打造云南现代工业基地。玉溪都市区优先发展休闲旅游业、高新技术产业、装备制造业、节能环保产业和现代服务业。楚雄都市区重点发展生物医药、旅游、民族文化、绿色食品加工等产业。"两环"是指依托滇中内、外环交通体系，以昆明城市为核心，联系昆明半小时通勤圈和一小时通勤圈的两个环状区域。两轴一个是"曲靖—昆明—玉溪"发展轴，另一个是"楚雄—昆明—文山"发展轴。

### 5. 黔中城市群

黔中城市群是国家实施新型城镇化战略、长江经济带战略和新一轮西部大开发战略的重点区域，也是贵州省实施工业强省和城镇化带动主战略的重要支撑。2017 年 3 月，贵州省发展和改革委员会发布《黔中城市群发展规划》，指出：遵循以线连点、以点带面、集约高效、疏密有致、组团集聚、串珠相接的山地特色布局理念，做强核心城市，重点推进黔中核心经济圈建设，依托快速交通干线，推进各种要素向辐射区域的重点轴带、主要节点城市适度集聚，构建"一核一圈四带五心多点"的空间结构，形成核心引领、圈层推进、五心支撑、协同联动的发展格局。

## 四、 长江经济带城市群合作存在的问题

长江流域城市群合作在多年实践中取得不少成绩，但也存在一些问题，在一定程度上制约了长江流域区域一体化的深化发展。归纳起来，较为突出的表现有以下几个方面：

### 1. 城市群间的联动机制尚未形成

长江流域三大城市群联动发展的关键在于深化体制机制改革，建立区域间联动机制，扩展流域内各城市群体间的合作领域，提高合作的水平与层

次。但不可忽视的是,行政区划所造成的行政壁垒一直都是区域间联动发展的重要瓶颈,长江流域地区城市间虽达成协调发展的共识,但由于过去计划经济体制和行政区划经济影响,各级政府行政关系复杂,区域管理分割,区域内各个地区制定的法规多以自身利益为出发点,造成了区域间存在壁垒、地方经济保护、城市恶性竞争、要素流动不畅等问题,使产业链的地区布局受阻。目前,流域各地都追求经济的高速发展,政府之间既存在合作关系,也存在竞争关系,合作与冲突并存,在一些经济发展重大问题上,合作较少竞争较多,在总体长江流域层面上缺乏由国家统领的协调机制。

**2. 各城市群内合作机制发展不健全**

各城市群现有合作体制机制还需进一步发展完善。在合作进程上,长三角城市群合作机制起步相对早,发展较为成熟,目前已经进入制度合作的高级阶段。但成渝城市群和长江中游城市群合作机制还处于发展的初期阶段,主要体现在规划协调和要素合作方面,虽进展迅速,但上升至制度合作层面仍需要一段发展完善时期。在合作方式上,行为还较为传统,缺乏重大突破和创新;在合作着眼点上,城市群内部各地政府多关注眼前利益,希望要素流动向自己有利方向流动,忽视了整体利益最大化带来的长远利益;在合作领域上,合作平台和合作专题数量较多,进展较快,但存在一定的职能交叉,缺乏一定统筹。而金融、工商部门合作还处于自发状态,相关体制机制还未形成,合作机制的不健全和缺失致使城市群内合作资源浪费。

**3. 平台专题建设缺乏有效保障和衔接**

首先,各城市群内部明确的平台建设与专题合作缺乏强有力的组织保证和财政保障,即保障措施不到位,实质性成果较少。城市群内众多政府部门、民间组织和行业协会自发的专题合作和平台建设,及其企业跨区域经营活动,基本上处于无序状态,缺乏整合、统筹、指导与协调,致使力量分散,难于形成合力。其次,由于市场体系分割、行政性垄断和地区壁垒,生产要素难于在区域内自由流动,社会中介组织难于发挥作用,严重影响资源合理配置和利用效率。其主要原因是地方保护主义和市场机制不健全,对社会主义市场经济条件下区域协调的体制机制虽有一定探索,但计划经济体制的观念仍然较为顽固。

### 4. 区域协调监管考核体系有待建立

当前,区际同构竞争、过度竞争成为老问题,交通、能源、通信等重大基础设施缺乏有效配套与衔接,内耗与资源浪费成为顽疾。城市群区域管理仅靠松散的行政磋商,缺少必要的经济奖惩和法制约束,致使在利益难于协调的情况下,区域合作难于落实到位,务虚大于务实。同时,由于我国的行政体系主要是以纵向考核为主,缺乏横向区域经济合作的绩效考核,行政区绩效考核与跨行政区区域绩效考核关联度不够,导致工作导向与考核导向严重不一致,对于已确立的跨区域平台建设和合作专题,因缺乏评估、激励与督促检查,跨行政区经济的整体利益往往让位于行政区经济的局部利益,合作行为扭曲,区域发展的责任政府和服务政府的职能有待转型。

# 第二节　长江经济带城市群发展态势与路径

## 一、 长江经济带城市群发展态势

### (一) 长江经济带总体发展新态势

一是区域覆盖范围得到拓展。原长江流域经济带主要指 2 个直辖市(上海、重庆)和 7 个省(江苏、浙江、安徽、湖北、江西、湖南和四川),新的长江经济带增加了云南和贵州两省,拓展到 2 个直辖市和 9 个省。一方面长江经济带逐渐覆盖长江全流域,促进长三角、长江中游和成渝三大城市群联动发展,架构支撑长江经济带的沿岸城市带。另一方面作为西南周边国家开放的试验区和西部地区"走出去"的先行区,云南省与贵州省被纳入长江经济带后,有利于实现长江经济带的双向开放,有利于与东南亚、南亚、中亚等国家的经济合作,形成横贯中东西的双向对外经济走廊。

二是生态环境保护被提到重要位置。长江经济带发展过程中,产生了一些环境问题,经济的发展带来了生态环境的严重破坏。新时期长江经济带发展把长江的生态环境保护摆在重要位置。《国务院关于依托黄金水道推动长江经济带发展的指导意见》指出:重视江湖和谐、生态文明。建立健全最严格的生态环境保护和水资源管理制度,加强长江全流域生态环境监管和综合治理,尊重自然规律及河流演变规律,协调好江河湖泊、上中下游、干流支流关系,保护和改善流域生态服务功能,推动流域绿色循环低碳发展。切实保护和利用好长江水资源、严格控制和治理长江水污染、加强流域环境综合治理、强化沿江生态保护和修复,促进长江岸线有序开发。

三是区域统筹合作得到加强。要将长江经济带建设成为东中西互动合作的协调发展带,区域协调统筹合作发展至关重要。创新区域协调发展体制机制成为长江经济带建设重要内容,重点打破行政区划界限和壁垒,加强规划统筹和衔接,形成市场体系统一开放、基础设施共建共享、生态环境联防联治、流域管理统筹协调的区域协调发展新机制。

四是重视区域产业梯度转移。长江横贯东中西,连接东部沿海和广阔的内陆,是我国区域梯次发展最为明显的地区,汇集了处于不同发展阶段的地区。长江经济带的建设,对于有效扩大内需、促进经济稳定增长、特别是调整区域结构、实现中国经济升级具有重要意义。推进产业梯度转移,实现长三角地区产业向中西部地区外移外迁,是新时期长江经济带建设的一个任务。通过产业有序转移,推动长江流域中上游地区经济发展,也为长三角地区提供广阔的经济腹地。

五是充分发挥上海自贸区带动作用。上海自贸区作为中国新时期改革开放的标志性举措,在制度创新方面带动中国进一步的改革开放。上海作为长江经济带的龙头城市,其辐射带动作用巨大。借助上海功能辐射影响,将上海自贸区制度创新层层扩散,推进到整个长江经济带,促进要素的自由流动、贸易的自由化及市场的一体化。通过上海自贸区的改革实践和示范引领,将长江经济带建设成为政府引领、市场推动、企业主导的协调发展区域。

## (二) 长江经济带城市群发展新态势

长江经济带发展的重点主要聚集在长江流域的三大城市群,经过多年合作实践,整体向区域一体化稳步推进,部分区域联动合作已取得阶段性成果,出现了实质性深化提升的新局面和新态势。

### 1. 各区域合作层级不断提升,逐步向深层次的国家战略转变

长江流域各地政府在向服务型政府转变中,主动展开横向联合,从过去个别政府部门的沟通与协作,逐渐升格为省市间最高领导层定期磋商,由初期的规划协调不断向高层次的制度合作转变,进而发展构建在市场经济条件下省市间、城市间、部门间和行业间四个层面的区域协调体系。同时,在"十三五"规划和《国家新型城镇化规划》的指导和要求下,长江流域各区域之间将展开以长江通道为横轴,以轴线上三大城市群为主要平台,以产业分工、基础设施、环境治理等方面为重点的城市群协调联动,探索建立城市群管理协调模式,创新城市群要素市场管理机制,破除行政壁垒和垄断,促进生产要素自由流动和优化配置。通过推进跨区域互联互通,实现各城市群间交通、基础设施、要素资源等的合作共享,实现长江流域城市群一体化发展。

### 2. 三大城市群合作方式和阶段存在明显差异,但都向区域一体化稳步发展

当前,长江流域三大城市群在合作方式和合作阶段方面有着较为明显的差异性。长江三角洲城市群区域合作起步于20世纪80年代,经过多年实践,初步建立了多层次、宽领域的部门和项目合作机制,形成了以项目带

动合作、以合作促进发展的良好势头。其协调机制建设向着制度化、规范化和法治化全面发展,所设立的四大平台与九个专题(四大平台:综合交通、科技创新、环保和能源;九个专题:大交通体系、区域能源合作、生态环境治理、海洋、推进自主创新、信息资源共享、信用体系建设、旅游合作、人力资源合作)均已取得了显著的进展和成果,完成了一批重要的区域性研究和规划,签订了一系列合作协议。其合作总体经历了规划协调、要素合作和制度合作等阶段,目前已经进入了制度合作的深度合作阶段。

成渝城市群合作机制起步晚于长三角城市群,早期成都和重庆通过建设西部综合改革试验区,推进两地户籍制度、土地制度、社会保障制度等方面改革,为更高层面的改革试点奠定了良好基础。2011年《成渝经济区规划》的出台进一步促进了区域合作加速发展。目前,成渝城市群主要处于要素合作阶段,在基础设施建设方面,实现了快速客运专线铁路,以及公路、铁路、内河航运、民航、管道综合交通运输网络的联通;产业方面,共同培育建设了国家重大装备制造业基地、高技术产业基地、清洁能源基地、国防科研产业基地,优势农产品生产加工基地。

相较而言,中游城市群区域合作尚处于起步阶段,但发展速度较快。2012年,湘赣鄂三省首次会商共谋"中三角";2013年,长江中游城市群四省会城市召开首届会商会并达成《武汉共识》,在9个层面、11个部门间开展协作(9个层面:共同谋划区域发展战略,推动自主创新、转型发展合作,推进工业分工合作,共同推进内需发展和区域开放市场体系建设,共同推进交通基础设施建设,推进生态文明建设,共同建设文化旅游强区,共建公共服务共享区,共建共享社会保险平台。11个部门包括:四省会城市交通、科技、商务、卫生等);2014年,长江中游城市群省会城市第二届会商会召开,签署发布了《长沙宣言》,共同推进区域融合,并组织编写《长江中游城市群一体化发展规划》,在旅游、交通方面达成一体化合作。2018年9月,在长沙召开长江中游城市群省会城市第六届会商会,签署《长江中游城市群省会城市共建科技服务资源共享平台合作协议》《长江中游城市群省会城市新区发展合作框架协议》《长江中游城市群建设近期合作重点事项》等协议,引导长江中游城市群合作向纵深务实发展。

**3. 城市群内合作由自发活动向以市场为主体的一体化转变,强调自觉规范的制度对接**

各城市群以建立统一开放的市场经济体系为目标,重大基础设施一体化得到重点推进,港口、机场、铁路、公路和能源等对接不断深入展开,长江黄金水道功能不断提升。企业和商品市场准入、管理政策标准等正逐步对接,以市场为导向的基础性资源逐步得到有效整合与利用,阻碍生产要素自由流动的条块分割以及地方保护的局面不断得到消除,公平竞争格局在旅游等领域获得一定程度改善。

同时,各城市群内广泛的合作正积极而稳妥地整合到相应统一的平台上,使要素合作、体制建设与制度对接,既实现重点突出,又能统筹兼顾、协调推进,充分彰显出区域性整合合力。另外,区域性立法协作已开始广泛而深入研讨,以期破除地方保护主义、法规规章相冲突、执法依据不一等弊端,使区域合作向法制化方向发展。

**4. 城市群内合作深度广度不断加强,向多层次宽领域的全面协同方向推进**

一方面,区域合作由政府单个部门向多个部门以及社会协同推进转变。城市群发展中的综合性专题业已形成多城市主要部门牵头,多部门协同攻关的良好态势。同时,相当一部分部门根据本部门工作需要,主动实施区域合作,开展政策对接,构筑区域性合作平台,通过联席会议、论坛、项目合作、专题研究等多种形式,使区域间政府部门合作达至广覆盖。另外,行业协会和企业也积极展开合作,作为行政协调机制建设至关重要的有机组成和促进力量。

另一方面,区域合作由单纯的经济合作向经济、社会和文化的全面合作转变。随着城市群内经济合作的日益加深,协调内容不断扩大深入。各职能部门以多种方式积极推进跨区域社会保障、交通一卡通、教育、诚信、就业等方面的合作,正在形成系列性区域对接政策,也取得了一批阶段性成果。如长三角多个省市间、城市间、市区县间、跨行业间的人才合作项目已全面展开,区域性的人才开发与服务体系建设日趋深入。

## 二、 长江经济带城市群发展基本思路

### (一) 优化布局长江经济带城市群体系

目前我国城镇空间分布和规模结构不合理,与资源环境承载能力不匹配。东部地区的城镇密集,资源环境约束趋紧,中西部地区的资源环境承载能力较强,城镇化的潜力有待挖掘。中西部的城市群布局不尽合理,城市群的内部分工协作不够、集群效率不高。长江流域的特大城市主城区人口压力偏大,与综合承载能力之间的矛盾加剧;中小城市集聚产业和人口不足,潜力没有得到充分发挥;小城镇数量多、规模小、服务功能弱。《全国主体功能区规划》对我国未来城市群格局进行了"两横三纵"的战略划分,《新型城镇化规划》指出要以城市群为主体形态,推动大中小城市和小城镇协调发展。

长江流域城市群体系建设,应以长江三角洲、长江中游和成渝三大跨区域城市群为主体,同时以江淮、黔中和滇中三大区域性城市群为补充,以沿江大中小城市和小城镇为依托,促进城市群间、城市群内部分工协作,优化空间布局,形成我国优化布局、协调发展的城市带。

### (二) 科学规划产城融合的新型城市

目前我国"土地城镇化"问题严重,建设用地粗放低效。一些城市"摊大饼"式扩张,过分追求宽马路、大广场,新城新区、开发区和工业园区占地过大,建成区人口密度偏低。由于城镇化与产业规划的分离,我国甚至出现了一部分"鬼城",表现为规划范围内基础商业、公共服务、市政等配套设施建设体量同居住、商务、工业等新城主导功能的建设体量之间不成正比,配

套设施体量大幅落后于主导功能建设,因此城镇的人口导入能力很低。

长江流域拥有非常完备的产业门类,包括长江下游的长三角地区以金融、贸易为主的服务业和高新技术产业,长江中游地区装备制造、生态农业、原料深加工行业,长江上游地区能源深加工和旅游业,具有深厚的产业基础,可称为我国科学规划、产城融合的示范区。长江流域在推进城镇化时应注重城镇产业经济的培育,重视二、三产业的转型升级。逐步形成大中小城市和小城镇、城市和农村合理分工、特色突出、功能互补的产业发展格局,实现新型城镇化与工业化、信息化、农业现代化的互动。

### (三) 创新建立统筹城乡发展的城镇化机制

城市带乡村是世界经济发展、社会进步的共同规律。世界发达国家和地区都经历过大量农村劳动力转移到第二、三产业,大量农村居民变成城市居民,城乡发展差距变小的发展阶段。我国长期以来城乡经济社会发展形成了严重的二元结构,城乡分割,城乡差距不断扩大。目前,农民工已成为我国产业工人的主体,受城乡分割的户籍制度影响,被统计为城镇人口的2.34亿农民工及其随迁家属,未能在教育、就业、医疗、养老、保障性住房等方面享受城镇居民的基本公共服务。[①] 农业、农村和农民的"三农"问题日益突出,如果仅局限于在"三农"的体制框架下来思考问题,"三农"问题是无法彻底解决的。因此,要在提高城镇化水平的同时,让更多的农村居民变市民,这是解决"三农"问题的关键。

现行城乡分割的户籍管理、土地管理、社会保障制度,以及财税金融、行政管理等制度,固化着已经形成的城乡利益失衡格局,制约着农业转移人口市民化,阻碍着城乡发展一体化。长江流域应创新城镇化发展的体制机制,使户籍、土地、社保、财税等领域政策有所突破,利用长江三角洲地区的经验

---

① 国家新型城镇化规划(2014—2020 年),2014.

和川渝地区统筹城乡综合配套改革试验区成果,推进城乡统筹,成为城镇化机制创新的试验田。

### （四）　努力建设生态文明宜居生活的绿色走廊

随着我国经济发展和城镇化进程的加快,对资源的需求逐渐增大,对生态环境的影响愈发严重,长江流域的一些地区在推进城镇化的过程中,追求经济利益,忽略生态环境的承载力,重城市建设轻环境保护,造成了资源的过度消耗和极大浪费。城镇化与生态文明建设是一对相互促进、相互制约的矛盾共同体。当城镇化进程符合地域特点和经济社会发展状况时,城镇化建设有利于资源开发,促进生态优化,同时生态文明的建设将大大改善城镇的综合竞争力,推进城镇化的健康发展。《新型城镇化规划》指出要把生态文明理念全面融入城镇化进程,着力推进绿色发展、循环发展、低碳发展,节约集约利用土地、水、能源等资源,强化环境保护和生态修复,减少对自然的干扰和损害,推动形成绿色低碳的生产生活方式和城市建设运营模式。

长江素有中国“母亲河”的美誉,是中国重要的黄金水道,同时坐落着三峡大坝等重大项目,长江流域的生态文明建设应是城镇化进程中重点考虑的环节。应统筹长江水资源综合开发利用和生态保护,各区域之间应建立利益共享、风险分摊的保护机制,构建灾害预警、防范和治理机制,使长江流域成为生态文明生活宜居的绿色走廊。

## 三、 长江经济带城市群发展新机制

长江流域各区域在合作与发展的历史和现状基础上,借鉴国内外区域合作协调机制的经验,坚持深化内涵、完善机制、整合资源、有序推进、调动多方面积极性,建立组织简单、保障有力、行动高效的长江流域联动合作协调体制与机制。具体可分为两个设计层面,分别是长江流域三大城市群间的互动合作机制,以及三大城市群内部合作机制。

## （一）  长江流域三大城市群间互动合作机制

在国家层面上形成长江流域城市群间协调联动体制机制,以长江流域三大城市群为主要平台,建立完善跨区域城市群联动合作,推动跨区域城市群间产业分工、基础设施、环境治理等协调联动。重点探索建立城市群管理协调模式,创新城市群要素市场管理机制,破除行政壁垒和垄断,促进生产要素自由流动和优化配置。主要在区域利益共享机制、基础设施共建共享机制和区域环境联防联控联治等方面发挥作用。其中,中央政府与地方政府之间是直线关系,区域层面的城市群协调联动机制作为城市群内地方政府间交流合作的平台,与各级政府形成监督辅助的关系。

在城市群协调联动体制机制的基础上,建立城市群共管自治常设协调机构。该机构存在于中央政府和地方政府之间,属于常设协调机构,由国家综合管理部门授权,长江流域各城市群内地方政府主要领导和省市有关部门负责人为常设会员。该协调机构主要负责城市群跨省市及地区边界的规划、建设、发展等重大问题的协调,包括规划确定的管治协调。城市群共管自治协调的空间是省、市及地区市、区县(市)行政区界陆地两侧若干公里空间范围。由于污水、废气等影响,景观或空间保护需要扩大、增加范围的,由长江流域城市群常设协调机构具体商定。

城市群共管自治协调的主要内容包括:一是中央政府负责跨省级行政区的长江流域城市群规划编制和组织实施,省级政府负责本行政区内的城市群规划编制和组织实施。二是在城市群的规划范围内成片开发的地区,必须先行编制控制性详细规划,规划中应包含协调规划,并征求相邻省市及地区行政部门的意见。在城市群空间范围内的有关公共设施、居住区、风景旅游区、市政基础设施、工业区等规划建设内容,凡是可能对相邻行政区的历史文化遗产或景观产生破坏的,对交通、水资源或大气环境产生影响的,必须纳入协调管理的范畴,在与相邻省市及地区市、县(市)政府或主管部门取得协商一致的同意后方可审批。三是建设项目选址和规划用地、建设项目审批必须符合国家、省市有关生态环境、历史文化保护等方面的法律、法规和强制性标准的要求,可能影响周边环境的重要项目,应遵守共同准则,在建设项目选址立项等阶段,应征询相邻行政单位意见。

组织体制机制包括:一是首长联席会议制度。作为长江流域协调发展的最高决策机制,由国务院有关领导和各城市群首长组成,每年举行一次,研究决定区域发展合作重大事宜,协调推进长江经济带发展。二是日常工作机制。各城市群设立日常工作办公室,一般由发展改革委等介于国务院和地方政府的横向发展关系的日常领导机构组建,负责区域发展合作的日常工作。三是部门衔接落实机构。在领导机制下创设协调部门,监督部门和研究咨询部门等常设机构,加强相互间的协商与衔接落实,制定明确的规则制度,对具体合作项目及相关事宜提出工作措施。四是协调委员会。针对重大基础设施建设、产业发展、生态环保、城市规划、公共服务等领域相应设立联合协调委员会;针对突发和阶段性的事项设立临时协调机制。五是研究咨询机制。设立长江流域合作协调与发展基金及其相应的研究管理机构和咨询委员会,为长江流域合作提供重大决策咨询,对区域合作重大问题提出可行性建议和利益评估。六是监督和约束机制。把长江流域内的各城市群作为合作方,合作方有权对合作项目全过程中任何有地方利益倾向的行为进行监督、质疑并追究责任。将跨区域考核纳入各地区行政考核。

## (二)　城市群内部合作机制

在区域城市群层面,借鉴长三角城市群现有合作协调机制经验,把握长江流域各城市群发展目标、特点、空间结构和开发方向,明确各城市的功能定位和分工,统筹交通基础设施和信息网络布局,加快推进城市群内部合作机制建设,进一步促进区域一体化进程。即在城市群内部形成以决策层为核心,由决策层、协调层和执行层共同组成的多层次合作机制体系。

决策层是该机制的最高决策机构,负责领导协调层和执行层,通过建立形成"省市主要领导座谈会制度"来运行,其主要职责是负责统筹整个城市群区域经济、社会、文化等发展中的重大事宜及布局建设,制定一体化的长期发展规划与战略目标,加强区域立法工作的合作与协调;协调层需接受决策层的领导,在决策层的领导下直接领导执行层开展工作,协调层直接对决策层负责,负责运作联席会议制定的发展规划与战略的专业委员会,如交通、金融、交通、教育、环保等专题组;执行层由多个专业执行机构构成,是具体的操作部门,主要职责是把各专业委员会的工作具体分到各个部门,进行贯彻实施,执行层接受协调层的直接领导和决策层的间接领导,直接对协调层负责,同时又对决策层负责,负责具体的操作执行。

组织体制机制包括:决策层面,由城市群内省(市)党政负责人和常务副省长或者市长参与"主要领导座谈会",人大常委会主任、政协主席等列席。"主要领导座谈会筹备办公室"由各地省市委办公厅、省市府办公厅主任共同组成,负责省市主要领导座谈会的具体筹备与举办事宜,实行轮值制。协调层面,由常务副省(市)长及有关秘书长参与"城市群协调发展联席会议","城市群联席会议办公室"为各城市群合作与发展联席会议的日常事务机构,各自设立专项资金,省市主要领导座谈会与联席会议负责并接受其监督,可设立于各省(市)发展与改革委员会之内。"城市群协调发展联席会议专家委员会"由各省(市)相关领域专家、国务院有关部委、学者、行业协会负责人以及其他特邀人员等组成,并由联席会议办公室召集和确定具体决策咨询形式(委托研究课题、召开决策咨询会议、参与决策讨论)。执行层面,专题组负责开展合作专题的具体策划,由省市相关职能部门负责人,相关领域专家学者,有关区、县(市)相关部门负责人,行业协会负责人,其他特邀人员等组成。同时,设立若干各类专题组的专家委员会。城市组由成员单位市长联席会议及其常设的日常工作办公室构成。市长联席会议由各城市市长或分管市长构成,日常工作办公室人员由成员城市协作部门的领导或分管领导作为办公室成员、成员城市协作部门分管处室的负责人担任办公室联络员。

## 四、 长江经济带城市群发展基本路径

### （一） 提升长江三角洲城市群国际竞争力

长江三角洲城市群经济基础雄厚,拥有良好的对外开放条件。长三角城市群应以上海、杭州、南京为核心,立足"一主两翼"发展格局,以上海国际经济、金融、贸易、航运中心和国家创新中心建设为龙头,进一步完善城市等级和规模结构,构建分工合理、功能完备的城镇体系,全面加快城市国际化进程,把长江三角洲城市群打造成为具有国际竞争力的世界级城市群,在更高层次参与国际合作。

一是充分发挥上海国际大都市的龙头作用。加快国际经济、金融、航运、贸易中心建设,打造全球影响力的科技创新中心。加快推进上海自贸区建设,使其成为长三角地区对外开放的主要窗口。积极拓展新的开放和发展空间,扩大金融、教育、医疗、文化、专业服务等领域开放,提高服务业国际化水平。通过建设大宗商品交易平台、电子商务平台、保税销售平台、内外贸易一体化平台等,提升上海平台经济的服务功能,增强平台经济的辐射效应和枢纽功能,促进上海为长三角城市群服务。

二是提升南京、杭州的国际化水平。建立国际化的产业体系,拟定符合国际产业发展方向,发挥政策在优化城市产业结构、加快产业升级上的积极作用。构建国际化的交通网络,加快海港和空港建设,继续完善公路与铁路运输网,积极寻求合作伙伴发展远洋运输业务,拓展海运业务。强化国际化体制构架,完善市场经济环境,重视市场规范建设和知识产权保护,营造公平竞争的市场经济环境,吸引外商投资和优质企业入驻。构建国际化产业平台,加快对外经贸合作。打造国际化交流平台,积极开展国际会议、展览、等交流活动,增强杭州、南京等城市的文化载体功能。加速推进苏南现代化示范区和浙江海洋发展示范区建设,提升园区对城镇化吸纳产业和人口的功能。

三是增进长三角城市群城市间合作。构建区域间统筹机制,深化长三角城市经济协调在促进长三角城市群合作发展的作用,定期对产业竞争、污染治理、气候应对等重大问题协调各方利益,确保实现共赢;分工明确的产业协作体系,发挥城市间的互补性。统一规划与建设重大基础设施,各城市主动谋求区域全面合作,推动规划、建设、管理、政策及法规等配合,协调好重大基础设施项目的落实。加速推进要素一体化相关政策改革,实现区域间户籍制度优化,金融政策开放,建设信息共享网络平台和区域间技术专利产权交易市场,保证人才、资金、信息和技术等要素的自由流动。

## (二) 培育发展长江中游城市群

在全球经济放缓背景下,中国外向型经济受阻,长江中游城市群将成为中国扩大内需的主要地区,有成为经济增长极的巨大潜力。长江中游城市群可发展为引领中部地区崛起的核心增长极、全国重要综合交通枢纽和资源节约型、环境友好型社会示范区。

一是形成"武汉—长沙—南昌"的中三角辐射布局。增强武汉、长沙、南昌中心城市功能,培育壮大武汉城市圈、环长株潭城市群和环鄱阳湖城市群。武汉城市圈和环长株潭城市群拥有较好的经济基础和产业环境,可作为中部崛起的重要产业枢纽,环鄱阳湖城市群应注重生态保护与资源节约,发挥其国际生态合作平台的作用。

二是促进资源优势互补,产业分工协作。城市群各成员之间的比较优势,是区域合作得以建立、延续和发展的根本所在。长江中游城市群三大省份具有不同的比较优势,如湖北的钢铁、汽车制造,江西的光电光伏、大飞机及零部件,湖南的工程机械、文化产业、旅游产业等。应合理确定自己的主导产业,与其他城市错位发展、互补发展,互相激发积极要素,在区域内打造更有竞争力的企业、更具竞争力的产业链,在区域竞争格局中,形成长江中游城市群特有的优势。

三是加快产业融合,促进区域一体化发展。共同打造具有长江中游城市群特色的文化产业基地、区域金融中心和无障碍旅游区。以长沙为龙头,构建工程机械产业集群;以武汉东湖高新区为龙头,构建光电子信息产业集群。加快区域经济协调发展,要强调充分发挥专业化、市场化作用,发挥企业主体作用,培育跨区域发展的龙头企业及产业集团。推进金融自由、户籍限制、产权保护等制度的一体化改革,共同培育统一开放的大市场,使资本、人才、技术等要素更加畅通、有序地流动。

四是加强生态保护,注重资源节约。以"一江三湖"为重点,共同加强河流湖泊的治理,"一江三湖",即长江、洞庭湖、鄱阳湖和巢湖,长江中游城市群共同面临长江防洪大堤加固、水资源综合利用、农村安全饮水、湖泊治理等问题,需重点加强合作建设,加快生态环保建设,提高生态保障能力和流域生态安全水平,构建资源节约型、环境友好型社会示范区。

### (三)　推进成渝城市群发展一体化

成渝城市群是西部最有活力的城市群,处于长江流域经济带和丝绸之路经济带的交会处,是我国内陆开放的重要节点区域。应努力将成渝城市群建设成为西部地区重要的经济中心、促进长江经济带和丝绸之路经济带联动发展的战略纽带。

一是打造"重庆—成都"的双引擎驱动模式。提升重庆、成都中心城市的功能和国际化水平,推动两大城市组团资源整合与一体化发展,打造带动成渝经济区发展的双引擎和对外开放的门户城市。重点建设成渝主轴带和沿长江、成绵乐等次轴带,深化重庆两江新区开发开放,推动成都天府新区创新发展。

二是构建高层协调机制,统筹区域一体化发展。目前,成渝两地的产业布局趋于同质化,集中于电子信息、能源加工、装备制造等领域,成渝间的产业同质化竞争并不具备长期的可延续性。成渝两地应建立协调机制,每年定期召开联席会议,通过官方对话解决两地发展中的同质化竞争问题,并负责制定相关的规划和政策措施,指导经济区的发展,在市场发挥配置资源核心作用的前提下,政府发挥方向引导和基础建设工作。另外要完善川渝两地政府以及毗邻地区政府间的协调机制,加强区域合作与发展规划、政策等方面的衔接和协调。

三是培养主导产业,实现产业互补。成渝城市群支柱产业包括电子信息、汽车摩托车、装备制造、材料工业、航天工业等。此类产业上下游关联度高,带动力强,容易形成庞大的产业链,能够向西部其他地区进行产业辐射,增长极作用突出,应加强产业整合、协同发展,避免同质化竞争,形成相互支撑、相互配套、互为产业腹地的产业体系格局。利用产业基础,共同培育和建设国家重大装备制造业基地、高技术产业基地、清洁能源基地、国防科研产业基地、优势农产品生产加工基地。积极引导川渝两地企业兼并、重组,推动大型企业集团发展。

四是统筹城乡发展,推进城乡一体化。成都和重庆是我国统筹城乡综合配套改革试验区,在新一轮新型城镇化进程中,统筹城乡发展仍是关键环节,成渝城市群应借助试验区的基础,建设成为统筹城乡发展的示范区。加快发展现代农业,增强农业综合生产能力。协调推进城镇化和产业发展转型,合理利用当地资源,因地制宜发展相关产业,提高土地利用效率。建立完善城乡发展一体化的体制机制,深化投资、土地、财税、户籍、城市管理等体制改革,增强公共财政对城乡基本公共服务均等化的财力和政策支撑。

### (四) 加快区域性城市群发展

区域性城市群是长江流域的重要补充,加快区域性城市群的发展有利于更好地优化长江流域城市群结构,促进整体的协调发展。长江流域主要包括的区域性城市群有江淮城市群,黔中城市群和滇中城市群。

一是加快江淮城市群发展。江淮城市群应成为承东启西的先进制造业和商贸服务业的腹域城市群和连南贯北的科教研一体化以及自主创新发展的开发合作门户群。江淮城市群是沿海地区与内陆地区交会的重要平台，是长三角城市群向西的延伸群，对我国东中西部的合作与对接起着至关重要的作用。应提升合肥中心城市地位，重点建设皖江发展轴，推进合肥—淮南同城化、芜湖—马鞍山同城化和铜陵—池州一体化，深化与长江三角洲和长江中游城市群融合互动。

二是加快黔中城市群发展。黔中城市群以贵阳为中心，遵义、安顺、都匀、凯里等为支撑，地处全国"两横三纵"城市化战略格局中沿长江通道横轴和包昆通道纵轴交会地带，是西部地区重要增长极。努力提高贵阳的首位度，积极推动贵阳、安顺一体化发展，发挥黔中城市群在要素配置、产业集聚、技术创新等方面的重要作用。建设全国重要的能源深加工、特色轻工业和原生态民族文化旅游基地，打造西部地区经济增长极和生态文明建设先行区。

三是加快滇中城市群发展。滇中城市群是我国西部重要的增长极，是云南省实施"两强一堡"战略的重要载体。应提升昆明面向东南亚和南亚、服务广阔腹地的西南地区重要中心城市功能，重点建设曲靖—昆明—楚雄、玉溪—昆明—武定发展轴，推动滇中产业集聚区发展。建设区域性交通枢纽、文化旅游基地，打造我国向西南开放重要桥头堡和高原生态宜居城市群。

# 第三节　长江经济带城市群发展任务与对策

## 一、　推进长江经济带城市群建设的主要任务

### （一）　优化长江经济带城市群格局

优化城市布局是城市群发展的主要任务之一，全国主体功能区规划提出了"两横三纵"的城镇化战略格局，长江流域是其中关键的"一横"。长江

经济带城市群应以沿长江综合运输大通道为轴线,以长江三角洲、长江中游和成渝三大跨区域城市群为主体,同时以江淮、黔中和滇中三大区域性城市群为补充,以沿江大中小城市和小城镇为依托,优化沿江城镇化格局。

一是促进城市群之间、城市群内部的分工协作。城市群之间产业分工协作,按照已有产业基础和比较优势,调整优化产业结构,科学谋划产业布局。在城市群内选择国家级开发园区和具备一定基础和条件的省级开发园区,设立若干承接产业转移示范区,完善合作机制,积极探索承接产业转移新模式,积极完善投资环境,按照承接产业转移园区定位,明确产业承接发展方向,推动上下游产业配套发展。

城市群内部发挥区域中心城市的辐射带动作用,构建大中小城市和小城镇协同发展的现代城镇体系。特大城市和有条件的大城市要进一步增强高端要素集聚、科技创新、文化引领和综合服务功能,充分发挥规模效应和带动作用。其他大中城市要立足于既有条件,完善城市功能,增强经济实力,加强协作对接,实现联动发展、互补发展、特色发展和集约发展。

二是完善基础设施,推进一体化发展。加快城际间、城市群间综合交通运输通道建设,促进特大城市轨道交通系统建设,加强各种交通方式间相互对接。加强信息网络基础设施建设,推动信息服务均等化。统筹推进能源基础设施一体化,形成统一的能源输送体系。加快长江流域防洪、水利资源配置工程体系建设,提高水利保障能力,统筹规划城市防洪、城镇供排水、供气、供电、垃圾处理等重大基础设施建设。加强旅游基础设施一体化建设,整合城市群内旅游资源。整合现有口岸资源,推进区域通关一体化。加快科技基础设施一体化建设,统筹科技资源,实现科技资源整合与共享。

三是推动产城融合,促进人口集聚。优化城市群开发空间格局,促进产业向城镇集聚、人口向城镇集中,促进产业与城市融合发展,工业化与城镇化协调推进。支持开发区提升支撑能力,按照各自定位,进一步完善基础设施和其他公用配套设施,提高公共服务水平,加速产业和人口集聚,提升吸纳就业能力,鼓励有条件的开发区逐步向综合发展区域和城市新区转型。加强开发区与城镇基础设施共建共享,扩大城市服务功能辐射范围,有序推动城镇化进程。

### (二)　强化城市群交通网络建设

充分利用区域运输通道资源,重点加快城际轨道交通建设,形成与城市群布局相匹配的城际交通网络。通过交通网络建设实现生产要素等方面的自由流动,联动产业布局、公共服务,从而实现区域一体化,增强区域竞争力,推动产业结构调整升级。

一是完善长江三角洲城市群交通网络。建设以上海为中心,南京、杭州为副中心,由上海—南京—南通—上海、上海—南京—杭州—上海、上海—杭州—宁波—上海构成的"多三角"城际运输主通道,建设覆盖长江三角洲城市群内各城市的城际铁路。同时,根据"上海嘉定—昆山"的省际地铁模式,针对地域关系紧密的地区,逐步推进跨省地铁建设,打破原有交通模式,加强大型核心城市对周边城市的辐射效应,扩大同城效应,促进区域一体化发展。

二是扩大长江中游城市群交通网络。建设以武汉、长沙、南昌为中心的"三角形、放射状"城际交通网络,构建城市群内各中心城市之间"1 小时城际交通圈"。以铁路客运专线或高速铁路为依托,以城际轨道交通为接驳,构建环华中城市群快速铁路网,重点突破高速铁路和城际轨道交通网之间的无缝衔接问题,形成互联互通的循环体系,构建城市群内各中心城市之间"1 小时城际交通圈",更加紧密武汉、长沙、合肥、南昌等中心城市之间经济交通联系。实现武汉、长沙、南昌之间 2 小时通达目标;武汉、长沙、南昌与各自周边城市之间实现 1~2 小时通达目标。

三是构建成渝城市群交通网络。推进城市和城际轨道交通规划建设,构建城市快速交通通道,在有条件的地区开通城际公交,分层次建设"半小时""1 小时""2 小时"交通圈。建设成渝铁路客运专线,实现重庆、成都核心城市之间 2 小时通达目标。建设以重庆、成都为中心的放射状城际交通网络,实现核心城市与节点城市之间 1~2 小时通达目标。推进城市和城际轨道交通规划建设,构建城市快速交通通道,在有条件的地区开通城际公交,分层次建设"半小时""一小时"交通圈。

### (三)　创新城市群发展体制

长江经济带上中下游各城市群应根据综合承载力和发展潜力,创新发展体制,因地制宜制定产业规划和人口吸纳政策。

一是中上游地区城市群增强产业集聚能力。长江中上游地区是我国未来产业转移的重要地区,拥有一定的经济基础,具有较大的发展潜力。首先应着眼于构筑高层次的产业结构,加快重大项目建设,尽快形成支撑发展的龙头产业,不断增强产业集聚功能。抓好引进项目落地和在建项目建设,高标准规划、高水平建设,尽快规范管理体制,大力提升产业集聚区建设水平,打造产业承接平台。同时,根据主导产业发展需要,继续完善基础设施,抓好服务设施配套,着力推进建设服务向生产服务转变、项目配套向生活配套转变、发展保障向社会保障转变,为项目进驻和产业集聚发展创造更好条件。最后,进一步加大招商引资力度,抓住东部地区产业向中西部地区转移的机遇,充分发挥产业集聚区在政策、产业、资金、技术、基础设施等方面的综合优势。

二是中下游地区城市群增强对农业转移人口吸纳能力。长江中下游地区拥有较为发达的经济条件,是我国农业人口转移的集聚区,增强中下游地区对农业转移人口的吸纳能力是长江经济带城市群发展的重要内容。首先,增加农业转移人口的总收入,在不断完善和落实最低工资标准的同时,逐步探索制定农民工人数比重较大行业的最低工资标准,并通过建立健全工资支付监控、工资保证金等制度,着力构建农民工工资支付保障体系。其次,不断深化户籍制度改革、继续健全就业制度、全面完善社会保障制度。一方面,落实放宽中小城市和小城镇落户条件的政策,避免农业转移人口更多向特大城市和大城市过度集中。在放宽落户条件、降低落户门槛的同时,中小城市和小城镇必须着力增强产业发展、公共服务、吸纳就业、人口集聚等功能,加快提升经济承载能力和社会承载能力。另一方面,逐步破除户籍制度对社会福利分配的束缚,将农业转移人口纳入所在城镇的养老保险、医疗保险、最低生活保障和住房保障体系等社保覆盖范围,为农业转移人口的生存和发展提供坚实可靠的社会保障。

三是总结推广统筹城乡综合配套改革试点经验。健全城乡发展一体化体制机制,形成以工促农、以城带乡、工农互惠、城乡一体的新型工农城乡关系,是城市群发展的重要内容。由于城乡统筹建设面临着地区间不同资源、政策、市场的约束,因此需对成功的城乡综合配套改革试点经验进行总结,逐步推广。可借鉴的经验有:以市场为导向,把握投入产出规律,因地制宜,提升土地产出效益;明确产权归属,体现公平与效率原则、壮大集体经济;合理规划农村土地,深度开发农村集体建设用地;发挥大都市作用,利用外来人口繁荣本地市场。

## 二、　推进长江经济带城市群建设的对策

### （一）　进一步完善现有合作模式，形成国家和区域两个层面的协调机制框架和制度性安排

贯彻国家区域发展的总体战略,建立形成组织有序、保障有力、行动高效的长江流域区域合作协调体制与机制。具体来讲,国家层面,由国家牵头构建长三角城市群间协调联动体制机制,以长江流域三大城市群为主要平台,形成长江流域内多个城市群共管自治体制机制。区域层面,形成以决策层为核心,由决策层、协调层和执行层共同组成多层次合作机制体系,其中决策层是该机制的最高决策机构,负责领导协调层和执行层,协调层在决策

层的领导下直接指导执行层开展工作,执行层则由多个专业执行机构构成,接受协调层的指导和决策层的领导,是具体的操作部门。

## (二)　加强横向区域合作,统筹长江流域若干专题和规划

在规划衔接方面,充分发挥长江流域合作协调机制的作用,重点做好长江流域各级地方政府的国民经济和社会发展规划、各类专项发展规划与国家和长江流域发展规划的有效衔接:一是地方的重要调控目标要与区域性宏观调控目标进行有效衔接;二是地方的重要布局要与长江流域重大基础设施(如公路、港口、航运建设等)、重要资源开发(如水资源、海岸线开发、能源开发等)、突发公共事件应急资源(如应急救援物资、救援队伍、避难场所等)进行有效衔接;三是地方的区域功能定位要与长江流域总体功能布局进行有效衔接;四是地方的实施措施要与长江流域区域统一的政策框架进行有效衔接。

在专题合作方面,由国家引导、长江流域各城市群为主设立长江流域区域合作协调与发展基金,通过市场经济的办法,围绕主要领导座谈会确定的平台和专题,建立利益诉求协调机制,将跨区域合作专项基金用于解决区域合作的重大攻关和引导资金。并在区域合作中,以基金为抓手进行区域利益平衡和补偿,建立在区域合作中产生的区域利益分享和补偿机制。同时,强化区域性中介组织作用,特别是发展跨区域的行业中介组织,要充分发挥其增强协调合作,强化社会管理和提高市场活力的作用,为促进长江经济带合作建立新的平台。

## (三)　促进要素跨区流动,形成区域要素资源流动政策

在区域资金流动方面,一是建立公共财政框架。把促进城市群协调发展的资金支出纳入财政预算,为区域公共设施的优化配置创造良好条件。二是深化投融资体制改革。推进金融开放,重视引进外资,积极组建区域性

金融中心,打破行业垄断和地区封锁,鼓励城市群各类资本跨行业、跨地区流动。三是建立城市基础设施建设项目法人制度。实行特许权经营方式,吸收社会资本、私人资本和境外资本投资基础设施建设,加快城市群建设项目的市场化运作。

在区域人才流动方面,一是通过跨区办学、跨校联合培养等方式促进地区间优势互补,增强办学能力;采取院校合并、共享教育资源、产学研结合等措施,加强师资的综合实力。二是建立长江流域各城市群人才吸纳的协调机制,加强人才引进和继续教育,特别是优先引进对有利于高新技术成果转化、符合产业结构调整方向的专业技术人才和高级管理人员。三是建立长江流域区域人才自由流动机制,探索优化配置人力资源的市场化手段。加强专业技术职务任职资格互认、异地人才服务、项目合作、公务员互派交流等方式引导人才有序流动。

在区域土地利用方面,一是制定长江流域土地利用总体规划。防止土地利用过于分散,引导各城市群土地得以有效合理利用。二是控制土地开发面积总量。对各城市群的土地开发面积进行总量控制,根据经济社会发展需求、产业发展趋势、开发区潜力等决定开发量,对各城市科学合理地分配开发指标与面积。三是建立城市群土地市场。实行土地权公开招标、拍卖制度,同时加强城市群土地储备。

在区域信息建设方面,一是构建虚拟城市群一体化框架。运用互联网信息技术建立城市群网络系统和网站,形成城市信息化网络,实现信息资源交流和共享、资金项目统一招投标、人才技术流通等。二是开展电子政务。健全完善区域政府专网,整合政务信息资源,推动政府信息资源对社会的开放,带动发挥社会经济效益。三是健全信息化法规,统一技术规范。完善各城市群的《政府资源共享法》和《社会信息公开法》等,打造建设标准统一、功能完善、安全可靠的信息网络,构建信息交换共享的运行平台。

### （四） 建立健全协调工作机构，强化区域合作监督考核

工作机制方面,建议在长江流域各省发展改革委内分别设立长江流域协调发展联席会议办公室,作为长江流域合作与发展联席会议的日常事务机构。主要任务是贯彻执行长江流域主要领导座谈会和各城市群协调发展联席会议确定的重要事项,提出相应的工作措施与方案;授权代表各城市群协调发展联席会议,协调推进执行层中各专题组的重点工作,促进政府各有关部门工作相互衔接;编制城市群区域年度合作与协调发展工作计划,提出年度工作的预期目标;针对各城市群内部经济与社会运行中的重大问题及时提出政策措施建议;指导、协调和沟通城市群内政府、企业、社会中介组织以及城市经济协调会等不同形式的区域合作与协调工作;跟进并协调区域合作项目的进展,监督并检查相关政府部门的工作进展情况等。

监督考核方面,不断完善考核机制,改进考核方法,充分发挥考核的激励导向作用。一方面,在纵向考核的基础上建立横向区域经济合作的绩效考核,将行政区绩效考核与跨行政区区域绩效考核的关联度提高。另一方面,对于已确立的跨区域平台建设和合作专题,加强评估、激励与督促检查;对于专项规划中确定的主要目标任务实施监督评估,规划实施中期要对主要目标、重点任务和政策措施的实施情况开展中期评估。

# 第四章

"一带一路"与长江经济带
城市群贯通发展新态势

# 第一节 "一带一路"与长江经济带在
# 我国的总体战略布局

## 一、"一带一路"在我国的总体战略布局

根据国务院 2015 年 3 月发布的《推动共建丝绸之路经济带和 21 世纪海上丝绸之路的愿景与行动》对丝绸之路经济带和 21 世纪海上丝绸之路的界定——丝绸之路经济带：一是从我国西北、东北经中亚、俄罗斯到欧洲；二是从我国西北，经中亚、西亚至波斯湾、地中海；三是从我国西南经中南半岛到印度洋，经中亚五国、中南半岛。21 世纪海上丝绸之路：一是从我国沿海港口，过南海、马六甲经印度洋到欧洲；二是从我国沿海港口，过南海经印尼，到南太平洋，以东盟 10 国为重点。在国内"一带一路"的区域布局体现为"四廊一支点"。"四廊"主要为：新亚欧大陆桥经济走廊、中蒙俄经济走廊、中国—中亚—西亚经济走廊和中国—中南半岛经济走廊。"一支点"为海上战略支点：环渤海、长三角、珠三角、东南沿

海地区的海上战略支点。

## （一） 新亚欧大陆桥经济走廊

新亚欧大陆桥是指以横跨欧亚大陆的铁路运输系统为中间桥梁，把大陆两端的海洋连接起来，实现海陆联运的一种运输途径。新亚欧大陆桥，自我国江苏、山东沿海经哈萨克斯坦—俄罗斯—波罗的海沿岸，国内由陇海铁路和兰新铁路组成。大陆桥途经江苏、安徽、河南、山西、甘肃、青海、新疆7个省区65个地、市、州的430多个县、市，到中俄边界的阿拉山口出国境，包括主要城市连云港、青岛、日照、徐州、郑州、洛阳、西安、兰州、乌鲁木齐。

作为"一带一路"重要的组成部分，新亚欧大陆桥经济走廊的发展建设具有重要意义。新亚欧大陆桥的构建有利于区域经济合作，"一带一路"贯穿亚欧非大陆，连接了活跃的东亚经济圈和发达的欧洲经济圈。作为亚欧海陆运输最为便捷、最为经济的运输通道，为亚欧经济贸易往来提供了重要通道。伴随其运量不断提升，区域经济合作不断加深。新亚欧大陆桥的构建有利于我国东中西地区协调发展，促进我国各地区发挥比较优势，减小东中西发展差距；有利于完善我国对外开放战略，在东部地区开放的基础上，进一步加强向西开放战略，实现东西两向的开放战略；同时，新亚欧大陆桥也是我国重要的能源通道，是我国平稳发展的重要保障。

新亚欧大陆桥经济走廊建设具有自身特点与优势。一是区位条件优越。新亚欧大陆桥东起连云港、西至荷兰鹿特丹港，运输距离较短，运输时间较短，加之途经地区气候条件较好，经济效率比较优势明显。二是辐射范围较广。新亚欧大陆桥东部辐射东亚、东南亚地区，中部辐射中国内陆和中亚、西亚、南亚各国，西部连接欧洲地区，便于区域间要素有序自由流动、资源高效配置和市场深度融合。三是沿桥地区能源矿产资源丰富，为亚欧大陆桥提供了充足的能源。四是新亚欧大陆桥发展潜力巨大。随着交通工具的现代化，集装箱运输普及迅速，以铁路运输为主的陆桥运输得到较大提升,并呈现出巨大发展潜力。

## (二) 中蒙俄经济走廊

2014 年 9 月,国家主席习近平在与俄蒙两国元首会晤时提出,把丝绸之路经济带同俄罗斯跨欧亚大铁路、蒙古国草原之路对接,进而打造中蒙俄经济走廊。具体而言,中蒙俄经济走廊包括两个通道,一是从华北京津冀到呼和浩特,再到蒙古和俄罗斯;二是东北通道,即沿着老中东铁路从大连、沈阳、长春、哈尔滨到满洲里和俄罗斯赤塔,包括的主要城市有:北京、天津、大连、沈阳、长春、哈尔滨等。

### 1. 中蒙俄经济走廊建立的目的与意义

在国际经济方面,中蒙俄三方希望通过中蒙俄经济走廊的建设将三方的基础设施建设实现互联互通,开辟三方新的统一市场,形成资金提供,能源矿产的开发、销售等市场一体化的链条。建设中蒙俄经济走廊就是把中方倡议的"一带一路"同蒙方的"草原之路"倡议、俄方正在推进的跨欧亚大通道建设有机结合起来。穿过蒙古境内的路线是通过欧洲向亚洲的最短运输路线。中蒙俄的交通网一旦对接,经济走廊将会成为连接俄罗斯、蒙古和中国内地的重要通道,也成为亚洲与欧洲腹地相联通的重要节点,区位效应相当明显。中蒙俄经济走廊的建设有利于中蒙俄能源与资源合作开发,可以加快中蒙俄三方的人员、商品迅捷流动,实现沿边开发开放,对于扩大中蒙俄的规模经济的形成、推动区域内外资源与市场的发展具有巨大意义。同时,如开通俄罗斯贝加尔湖到我国的北水南调工程,对解决中国水资源短缺问题、改善三国的国民生活水平都具有积极作用。

在国内经济方面,构建中蒙俄经济走廊是中国扩大"一带一路"倡议规划范围、振兴东北经济发展的重大举措。东北振兴已进入第二个十年,东北地区经济滑坡需要建立提升经济内生动力的机制。将东北地区融入"一带一路"倡议将提升东北地区的对外开放程度和层次,与国家以开放促改革的转型模式契合。构建中蒙俄经济走廊,东北地区具有良好的基础,东北通道连接东三省,向东可以抵达符拉迪沃斯托克出海口,向西到俄罗斯赤塔进入亚欧大陆桥。现已开通"津满欧""苏满欧""粤满欧""沈满欧"等"中俄欧"铁路国际货物班列,并基本实现常态化运营。同时,它将东北地区实力最强的城市连接在一起,包括辽宁沈大经济带、吉林长吉图先导区和黑龙江哈大齐工业走廊。另外,随着京津冀地区北京功能向外疏解,辽西地区将通过该经济走廊承接要素资源转移,形成区域间的互补发展。

### 2. 中蒙俄经济走廊的基本特征及问题

中蒙俄三国的经济发展结构具有很强的互补性。三方不仅在能源输出、资金与技术支持等方面具有高度的利益需要,中蒙俄经济走廊也是基于三国经济发展战略衍生出的战略产物,体现了三方战略决策的高度契合。在这一框架下,整合中蒙俄三国"丝绸之路"规划,在地区安全、贸易往来与政治互动中,建立相互支持的友好合作关系,契合三方的战略诉求,同时,又站在重塑国际新格局的战略高度,通过打造具有发展潜力的经济走廊,促成一个新的发展区域的形成。

中蒙俄经济走廊存在经贸合作方面的制约。这些制约包括:俄蒙两国基础设施不发达,两国交接的口岸设施落后,缺少贸易口岸通关渠道的支持,仓储规模与能力严重不足,因特网使用与信息管理滞后等。蒙古与俄罗斯西伯利亚及其远东地区都存在人口稀少问题,导致劳动力不足,迫使中国企业从国内输入劳动力,增加了企业成本。除此之外,经贸合作还面临着关税、许可证管理、法律不健全等诸多瓶颈。上述原因可能会影响到中蒙俄经济走廊建设的进程。

将丝绸之路与俄罗斯欧亚铁路、蒙古国草原之路进行对接,将形成中俄蒙经济走廊。由于黑龙江的海陆丝绸之路经过内蒙古满洲里,内蒙古也将纳入"一带一路"的建设。同时,大连正好处于牵绕日韩、延伸腹地与国家

"一带一路"倡议东端的桥头堡位置,中蒙俄经济走廊建设将为其产业结构转型调整、港口物流能级提升带来重大战略机遇。

《推动共建丝绸之路经济带和21世纪海上丝绸之路的愿景与行动》提出利用内陆纵深广阔、人力资源丰富、产业基础较好优势,依托哈长城市群等重点区域,推动区域互动合作和产业集聚发展。中国—俄罗斯博览会将成为与博鳌亚洲论坛等论坛并列的重要国际交流平台。黑龙江省未来应以哈尔滨为中心,以经过哈尔滨的绥满铁路、哈尔滨至黑河铁路、哈尔滨至同江铁路,以及沿边铁路等四条铁路干线和俄罗斯西伯利亚、贝阿铁路为依托,以周边公路、水运、航空、管道运输及电网、光缆为辅助,以相关车站、港口、机场、边境口岸为节点,形成连接亚欧国际货物运输大通道,对内对外发挥辐射作用,使哈尔滨成为全省基础设施互联互通建设的中心。

### (三) 中国—中亚—西亚经济走廊

中国—中亚—西亚经济走廊,自我国新疆、乌鲁木齐经中亚五国到达地中海沿岸,途经乌鲁木齐、喀什、银川、西宁等城市。中国—中亚—西亚经济走廊将以中巴经济走廊为引领,充分利用喀什"五口通八国"的区位优势,打通要素资源走廊,打通丝绸之路经济带和21世纪海上丝绸之路,在最大程度上形成对国家战略的支撑。

#### 1. 中国—中亚—西亚经济走廊建立的目的与意义

中国—中亚—西亚经济走廊是连接丝绸之路经济带和21世纪海上丝绸之路的唯一通道,经中国—中亚—西亚经济走廊的原油将比从海上运输缩短30天以上的时间。因此,中国—中亚—西亚经济走廊的推进将促进"一带一路"环路的形成,要素资源流动将更加顺畅,将形成我国重要的能源大通道。习近平总书记2015年4月访问巴基斯坦时,提出将中巴经济走廊打造成丝绸之路经济带和21世纪海上丝绸之路倡议的重大项目,确定了以中巴经济走廊为引领,以瓜达尔港、能源、交通基础设施和产业合作为重点,形成"1+4"经济合作布局。

### 2. 中国—中亚—西亚经济走廊的基本特征

中国—中亚—西亚经济走廊的基本特征可以概括为"区位优势得天独厚、不确定因素众多",具体来说,具有四个方面的特征:一是地缘区位优势独特。中国—中亚—西亚经济走廊是连接丝绸之路经济带和 21 世纪海上丝绸之路的唯一通道,其对外节点城市喀什地处中亚、南亚的地理中心,是古丝绸之路南道和中道交会点,更是新丝绸之路极具战略意义的南通道上的重要节点城市。喀什周边与巴基斯坦、塔吉克斯坦、吉尔吉斯斯坦、印度、阿富汗等八国接壤和毗邻,到新德里、伊斯兰堡、杜尚别、比什凯克等周边国家首都,公路运输距离比到乌鲁木齐还近,航空均在一个半小时以内,"五口通八国,一路连欧亚"的独特地缘优势在国内罕见。二是中亚、西亚各国政局不稳定。中亚、西亚各国一直政局不稳定,政权更替较为频繁,也导致政策导向变化较快,对中国—中亚—西亚经济走廊的建设带来较大影响。三是经济基础薄弱。中国—中亚—西亚经济走廊的四个国内城市均为西部城市,5 个国家级经济开发区中有 2 个是新建开发区,经济社会发展基础较为薄弱。四是民族问题突出。中国—中亚—西亚经济走廊的四个国内城市均处于少数民族聚居区,特别是新疆民族问题突出,处理不好很容易对经济发展带来不利影响。中国—中亚—西亚经济走廊国内城市主要包括:乌鲁木齐、喀什,银川、西宁等。

### (四) 中国—中南半岛经济走廊

中国—中南半岛经济走廊是中国与中南半岛连接的主通道,是长江经济带国家战略与"一带一路"倡议的重要组成部分,也是中国—东盟自由贸易区和泛北部湾经济合作的重要内容。中国—中南半岛经济走廊自我国云南昆明和广西南宁到东盟 16 国,主要沿线城市包括昆明、南宁、贵阳、重庆、成都、广州、深圳。

中国—中南半岛经济走廊是连接中国与东南亚大陆最便捷的陆路交通线路,也是中国与东盟经济走向融合的经济大通道。携手共建中国—中南半岛经济走廊,有利于共建 21 世纪海上丝绸之路和中国—东盟命运共同体,有利于共同打造中国—东盟自由贸易区升级版,有利于中南半岛共同繁荣发展和增进沿线各国人民的福祉。

中国—中南半岛经济走廊沿线公路、铁路、港口等基础设施缺乏,联通不畅造成经济发展障碍。因此要深化中国同中南半岛五国关系,以黄金水道、铁路公路和航空为载体和纽带,共同规划建设全方位交通运输网络和产业合作项目,构建沿线优势产业集群、城镇体系、口岸体系以及边境经济合作区,发挥劳动力、农矿资源优势,促进各类要素跨区、跨国流动,打造融资合作的新模式,形成优势互补、区域分工、联动开发、共同发展的跨国经济走廊。

## (五) 海上战略支点

海上战略支点主要包括环渤海、长三角、珠三角、东南沿海地区。利用长三角、珠三角、海峡西岸、环渤海等经济区开放程度高、经济实力强、辐射带动作用大的优势,加快推进中国(上海)自由贸易试验区建设,支持福建建设 21 世纪海上丝绸之路核心区。充分发挥深圳前海、广州南沙、珠海横琴、福建平潭等开放合作区作用,深化与港澳台合作,打造粤港澳大湾区。推进浙江海洋经济发展示范区、福建海峡蓝色经济试验区和舟山群岛新区建设,加大海南国际旅游岛开发开放力度。加强上海、天津、宁波—舟山、广州、深圳、湛江、汕头、青岛、烟台、大连、福州、厦门、泉州、海口、三亚等沿海城市港口建设,强化上海、广州等国际枢纽机场功能。以扩大开放倒逼深层次改革,创新开放型经济体制机制,加大科技创新力度,形成参与和引领国际合作竞争新优势,成为"一带一路"特别是 21 世纪海上丝绸之路建设的排头兵和主力军。发挥海外侨胞以及香港、澳门特别行政区独特优势作用,积极参与和助力"一带一路"建设,为台湾地区参与"一带一路"建设作出妥善安排。

海上战略支点具有重要的目的与意义,它既是我国内陆地区向海洋的重要输出窗口,又是国际贸易进入中国的重要门户。一方面,它可以促进内陆地区与沿海港口城市的联动发展,通过发展港口促进港口城市的经济繁荣,形成"以港兴市"乃至"以港兴省"的新局面。在优势互补、互惠互利的原则上促进内陆地区与沿海港口的资源优化配置,实现联动发展的动态平衡。沿海地区凭借先发优势集聚了先进的产业集群,同时也需要进一步的开放,不断开拓腹地市场。而内陆地区也需要接受沿海港口的产业、技术、资金等资源要素的辐射,最终形成联动发展局面。另一方面,海上战略支点可以实现"走出去"的战略,在"一带一路"重点港口城市的积极推进下形成海铁联运、江海联运的重要交通运输通道,充分发挥国际航运功能,从而在海外投资的带动下实施港口"走出去"的战略。通过劳动分工、国际贸易与海外基础设施建设投资,努力获取国外港口的长期特许经营权与股权,推动中国企业多形式、多渠道地"走出去"。

海上战略支点具有以下基本特征:一是经济发展基础好。与国内其他地区相比较,沿海港口城市积累了改革开放以来形成的产业、技术、资金等资源优势,具有较高的投入产出效益。二是外向型经济逐渐深化。我国从贸易大国向贸易强国的转变,海上战略支点起了主要作用,随着"一带一路"资本带动商品出口,将给港口经济带来巨大的贸易增量。三是区位条件优越。长三角港口群:新亚欧大陆桥经济带直接出海口,长江经济带龙头;海峡西岸经济区:台湾海峡通道的主要产业、人口聚集地,具有重要的对台优势;珠三角港口群:对接中南半岛经济走廊,毗邻马六甲海峡。

## 二、 长江经济带城市群总体战略布局

### （一） 长三角城市群

#### 1. 基本情况

长三角城市群是中国城市化程度最高、城镇分布最密集、经济发展水平最高的地区。自然地理角度的长江三角洲是江苏镇江以东、通扬运河以南、浙江杭州湾以北，由长江和钱塘江冲积而成的面积近 5 万平方公里的河口三角洲，是我国最大的河口三角洲冲积平原。行政区域角度的长江三角洲是以上海为中心，南京、杭州为副中心。长三角包括上海市、江苏省、浙江省和安徽省。

改革开放以来，长三角城市群第一产业呈明显下降趋势，第二产业在保持稳定的基础上，比重持续缓慢下降，第三产业比重具有小幅度提升。从当前经济发展的阶段来看，上海处于长三角城市群的最高经济梯度，已进入了工业化的高级阶段，处于第二经济梯度的南京、苏州、杭州、无锡、宁波等中心城市已进入工业化的中高级阶段。随着全球经济一体化的不断深入发展，长三角城市群通过承接世界制造业的产业转移，逐步被纳入世界产业分工体系，融入全球产业链。长三角地区的劳动密集型的轻纺产品和加工组装型的家电及电子通信产品等在世界市场上占有较大的份额。长三角地区企业大多以零部件生产和加工装配为主，主要承担制造业外包和代工业务的生产中心功能。

#### 2. 功能定位

长三角城市群总体定位是具有较强国际竞争力的世界级城市群。主要表现在：具有雄厚的经济实力。长三角的经济总量已占到全国的 1/4 以上，承担着全国经济中心的功能。长三角城市群已形成全球重要的先进制造业和现代服务业基地，具有对其他区域较强的集聚和辐射效应；通过构建高层次的产业结构，提升对国内外高端要素的控制力和优化配置能力，对世

界经济的发展产生重要的控制力、影响力和协调力。

核心城市——上海应成为综合性、多功能的国际大都市。上海国际大都市的地位决定了其应具有国际经济中心、金融中心、贸易中心和航运中心等多重功能,吸纳更多的跨国公司总部和国际组织总部,成为全球生产运营活动的决策、控制和管理中心;具有较高的国际化水平,对全球的经济、科技、文化交流活动和国际事务的处理具有重要的世界影响力。

完备的城镇规模体系。长三角城市群既要有数量众多并在空间上呈密集分布的大中小城市,也要在特大城市与大城市、中小城市和小城镇之间形成合理的城镇等级体系,成为一个覆盖较大空间范围的城市区域,以充分发挥城市群经济的规模经济和集聚经济效应。

城市之间分工明确、一体化程度高。长三角城市群内同等级别的城市之间、不同级别的城市之间利用各自的优势条件,形成以产业链和价值链为主导的产业分工格局和竞争互补的城市功能定位,经济、社会、技术、文化等联系得到显著增强,区域一体化达到较高水平。

发达的基础设施网络。长三角城市群的信息化程度高,信息设备、通信网络完善,保证信息流、资金流在国内和国际顺畅流通,为在全球配置资源提供了必要条件。长三角拥有高速公路、高速铁路、国际贸易中转大港、国际航空港、信息港等现代化交通设施组成的高效快捷、相互贯通的交通网络,为城市群内外的经济社会联系提供支撑。

### 3. 空间布局

长三角城市群空间格局仍是以上海市为中心的空间辐射圈层,与南京、杭州、苏州、宁波、无锡城市组团联系不断加强,这种趋势将不断扩大,形成单中心、一核两翼的空间格局。具体表现在:第一,形成以上海为核心并辐射次中心城市的长三角城市群国际化圈层战略,即初步构建形成长三角、沪苏锡、沪宁杭、沪甬四个城市群的全方位、一体化、开放式总体框架。以带动长三角城市群城市国际化总体提升,该圈层的外围可以外溢到苏北的盐城、淮安和连云港,浙江的金华、衢州和丽水。第二,形成以杭州、苏—锡、南京、宁波为次中心的城市国际化圈层战略。从空间格局上看,长三角城市群空间体系已经基本形成,但其内部格局还有待继续进一步调整和优化。应形成以杭州带动湖州、嘉兴、绍兴、金华为主体的杭—嘉—湖—绍—金的次核心圈层;以苏州和无锡带动常州、南通为主体的苏—锡—常—通的次核心圈层;以南京带动扬州、镇江和泰州为主体的宁—镇—扬—泰次级核心圈层;以宁波带动舟山、台州为主体的波—舟—台次级核心圈层。第三,形成以昆山、江阴、义乌、绍兴等 15 个 2010 年全国百强县前 20 名为代表的长三角城市群中小城市的空间节点提升战略。长三角城市群空间格局的顺利实现和提升,不仅仅是大都市空间格局的形成,更是诸多中小城市空间格局的形成。可以充分利用江苏和浙江两省全国百强县市前 20 名作为长三角城市群的重要空间节点,具体包括江苏省的江阴市、昆山市、张家港市、常熟市、宜兴市和太仓市,浙江省的慈溪市、绍兴市、余姚市、义乌市、诸暨市、温岭市和乐清市。

## (二) 长江中游城市群

### 1. 基本概况

长江中游城市群由武汉城市圈、长株潭城市群、环鄱阳湖生态经济区 33 个城市组成,人口约 1.15 亿,面积 30.6 万平方公里,位于长江经济带中部,湘鄂赣三省交接地带,依托长江黄金水道,纵横东西南北的铁路主干线,四通八达的高速公路交通网,北接华北、南挽岭南、西连成渝滇、东贯长三角,在全国经济发展格局中具有举足轻重的枢纽地位。

第一产业:长江中游城市群是我国粮食主产区,是我国农副产品生产和供应基地之一,但也是一个传统农业占主导的地区,江汉平原商品粮生产基地、鄱阳湖商品粮生产基地、洞庭湖商品粮生产基地和长江中游棉花生产基地、水产品生产基地、油菜生产基地,构筑沿江沿湖平原农业产业带。

第二产业：长江中游城市群分布着大量的高等学校和科研单位，是中国智力最为密集的地区之一。拥有以武汉、南昌、长沙为中心，宜昌、九江和岳阳为支撑的高新技术产业化基地，例如：武汉光电子信息产业基地。产业发展的重点在于光电子通信、激光、计算机、软件、网络以及自动化、传感技术等现代信息技术产业。

长江中游城市群依托资源优势和区位优势，大力发展重化工业，是我国现代制造业基地。当前中国正处于从轻工业发展阶段向重化工业发展阶段转变的重要时期，长江中游城市群具有明显的水资源、能源和航运优势，具备发展钢铁、汽车、石化等大工业，特别是现代制造业和装备业的条件和基础，因此为中国重化工业布局的重点地区。

第三产业：长江中游城市群发展大市场，整合商贸、金融、物流、信息和旅游等服务业和国际商务、现代物流业等组成的新型服务业，提高服务业质量和水平，实现传统服务业向现代服务业的转变。

### 2. 功能定位

长江中游城市群总体定位是建成带动中部地区崛起的国家级城市群。长江中游城市群作为我国加快工业化和城镇化的国家级重点开发区域，其健康发展对长江中游地区的城镇化和探索中国特色的健康城镇化道路具有十分重要而深远的战略意义。未来重点建设武（汉）—长（沙）、武（汉）—南（昌）主轴线和长（沙）—南（昌）次轴线，建成全国重要的综合交通枢纽，科技创新、先进制造和现代服务业基地，建设全国资源节约型和环境友好型的生态城市群，形成引领中部地区崛起的核心增长区。同时构建长江中下游水生态安全保障区，为全国大江大湖综合整治和"两型"社会建设提供示范，为保障国家粮食和生态安全提供战略支撑。

### 3. 空间布局

区域布局方面，长江中游城市群位于长江黄金水道腰部、京广线中段、全国区位居中，水陆空铁内联外通，交通与物流优势明显。长江中游城市群的崛起,是长江经济带发展战略的重要支撑,是我国实施"一带一路"倡议、环太平洋自由贸易区战略的重要连接性战略支点。它处于当今世界经济增长中心的核心位置,具有较强的增长活力。是多个国家战略的覆盖区,是全国投资、消费驱动的中心点。

中心城市空间布局方面,武汉作为长江中游城市群中最大的中心城市和唯一的超大城市,有基础有实力率先成长起来,成为长江中游城市群网络空间结构中的极核,主动与其他城市群板块沟通协作,构成动态联系的城市群体系。为此,武汉着眼于国家发展战略,制定出清晰的区域战略框架,依托长江中游城市群的建设,进一步明确中心城市的功能定位。

武汉应该在交通网络体系的构建中体现核心地位,完善和强化对外辐射通道,在长江中游城市群国际化、全球化总体进程中,起到对接外部市场的枢纽功能和门户作用。武汉应成为长江中游航运中心、全国铁路主枢纽、中部国际航空运输枢纽、面向全球的综合交通门户,这需要实现由"十字形"向全方位升级。

## (三) 成渝城市群

### 1. 基本概况

成渝城市群北接陕甘,南连云贵,西通青藏,东邻湘鄂,横跨四川省和重庆市,以成渝两市为双核,范围包括重庆市的渝中、万州、黔江、涪陵、大渡口、江北、沙坪坝、九龙坡、南岸、北碚、綦江、大足、渝北、巴南、长寿、江津、合川、永川、南川、潼南、铜梁、荣昌、璧山、梁平、丰都、垫江、忠县 27 个区(县)以及开县、云阳的部分地区,四川省的成都、自贡、泸州、德阳、绵阳(除北川县、平武县)、遂宁、内江、乐山、南充、眉山、宜宾、广安、达州(除万源市)、雅安(除天全县、宝兴县)、资阳 15 个市,总面积 18.5 万平方公里,人口已将近 1 亿人。

成渝城市群农业开发历史悠久,是我国粮食主产区之一,粮油、畜禽、水产、果蔬、茶叶、蚕桑、道地药材、经济林竹等特色农林产品在全国占有重要地位。工业门类齐全,配套能力强,形成了以装备制造、汽车摩托车、电子信息、生物医药、能源化工、冶金建材、轻纺食品、航空航天等为主导的工业体系。第三产业发展较快,市场辐射力强,是西部地区重要的物流、商贸、金融中心和全国重要的旅游目的地。经过多年建设已发展成为我国重要的产业、科技、城镇、人口集聚区域,是引领西部加快发展、增强国家发展动力、实现区域协调发展总体战略的重要支撑。

**2. 功能定位**

西部地区重要的经济中心。坚持城镇化发展战略,强化基础设施对经济发展的支撑能力,提升科技创新对经济增长的贡献率,增强要素集聚功能和辐射带动作用,提高对外开放水平,成为全国重要的经济增长极。全国重要的现代产业基地。抓住新一轮产业转移机遇,积极承接国内外产业转移,加快产业结构优化升级,增强产业市场竞争力,打造国家重要的现代农业基地,形成若干规模和水平居全国前列的先进制造和高技术产业集群,建设功能完善、体系健全、辐射西部的现代服务业高地。

深化内陆开放的试验区。改善内陆开放环境,构建内陆开放平台,畅通南向、东向、西北向对外大通道,加强与周边国家和地区经济技术的交流与合作,探索内陆地区对外开放合作新思路。

统筹城乡发展的示范区。深入推进重庆、成都全国统筹城乡综合配套改革试验区建设,推动基本公共服务均等化,建立以城带乡、以工促农的长效机制,形成统筹城乡发展的制度体系和城乡经济社会发展一体化的新格局,为全国城乡统筹发展提供示范。

长江上游生态安全的保障区。统筹生态建设、环境保护、资源利用与经济社会发展,加大生态网络建设力度,加强重点流域和地区环境综合整治,大力发展循环经济,提高资源节约集约利用水平,推动绿色发展,构建生态屏障,保障长江上游生态安全。

### 3. 空间布局

根据自身发展基础,成渝城市群统筹区域发展空间布局,依托中心城市和长江黄金水道、主要陆路交通干线,形成以重庆、成都为核心,沿江、沿线为发展带的"双核五带"空间格局,推动城市群协调发展。

"双核"指重庆、成都两座城市群核心城市。两者充分发挥引领区域发展的核心作用,加强城市之间的资源整合,优化城市功能,实现错位发展,打造带动成渝经济区发展的双引擎和对外开放的门户城市。

重庆发展核心,包括渝中、大渡口、江北、沙坪坝、九龙坡、南岸、北碚、渝北、巴南主城九区。重庆利用直辖市体制优势和辐射集聚作用,推进国家统筹城乡综合配套改革试验,高起点建设两江新区,强化交通、金融、商贸、物流等城市综合服务功能,推进创新型城市建设,重点发展先进制造业、高技术产业、现代服务业,提高对外开放水平,大力发展总部经济,建设宜居、畅通、森林、健康、平安重庆,打造经济繁荣、社会和谐、环境优美的国际大都市。

成都发展核心,包括锦江、青羊、武侯、金牛、成华五城区和龙泉驿、青白江、新都、温江、双流、郫都、都江堰、彭州、邛崃、崇州、金堂、大邑、蒲江、新津县(市、区)。成都借助国家统筹城乡综合配套改革试验,重点发展现代服务业、高技术产业、先进制造业及特色农业,提升交通、通信、金融、商贸物流等城市综合服务功能,加快发展总部经济,推进创新型城市建设,优化人居环境,建设城乡一体化、全面现代化、充分国际化的大都市。

"五带"主要包括沿长江发展带、成绵乐发展带、成内渝发展带、成南(遂)渝发展带、渝广达发展带。

沿长江发展带,主要包括乐山、宜宾、泸州、江津、重庆主城区、綦江、万盛、南川、长寿、涪陵、丰都、忠县、石柱、云阳、万州。沿长江发展带以重庆主城区为中心,长江黄金水道和沿江高速公路、铁路为纽带,推进岸线开发和港口建设,集聚冶金化工、装备制造、新材料、清洁能源、轻纺食品、商贸物流等产业。该发展带重点加快城镇发展,加强环境保护和生态建设,努力建成长江上游重要的产业和城镇集聚带。

成绵乐发展带。包括绵阳、德阳、成都、眉山、雅安、乐山。其以成都为中心,以成绵乐城际客运专线、宝成—成昆铁路和成绵、成乐、成雅高速公路及大件运输通道为纽带,主要发展装备制造、电子信息、生物医药、科技服务、商贸物流和特色农业,该发展带重点优化城市功能,改善环境质量,建成具有国际竞争力的产业和城市集聚带。

成内渝发展带。包括成都、资阳、内江、自贡、荣昌、大足、双桥、永川、璧山、重庆主城区。成内渝发展带以成渝铁路和成渝高速公路为纽带,重点发展电子信息、精细化工、新型建材、轻纺食品、装备制造、商贸物流等支柱产业。该发展带重点引导产业与人口集聚,建成连接双核的重要经济带。

成南(遂)渝发展带。包括成都、遂宁、南充、潼南、铜梁、合川、重庆主城区。以兰渝、渝遂铁路,成南、渝遂、渝南高速公路,嘉陵江为纽带,主要发展机械制造、轻纺食品、油气和精细化工产业。该发展带重点发展商贸物流,积极发展特色农业,培育连接双核的新兴经济带。

渝广达发展带。包括重庆主城区、广安、垫江、梁平、达州、开县、万州。以襄渝、达万铁路和渝达、渝宜高速公路为纽带,主要发展天然气及盐化工、机械制造、冶金建材、轻纺食品产业,该发展带重点发展商贸物流和特色农业,加强跨区域分工协作,建成东北部重要的经济增长带。

## (四) 滇中城市群

### 1. 基本概况

滇中城市群,位于云南省中部,主要包括昆明市、曲靖市、玉溪市、楚雄彝族自治州行政辖区范围,总面积 9.6 万平方公里。滇中城市群是云南省最重要、最具发展活力的区域,也是我国面向南亚、东南亚增长最快,竞争力影响力较强的地区之一。经过改革开放四十多年来的快速发展,滇中四州市经济社会发展取得显著成就,城镇区域不断扩展,城镇集聚正在显现,正在从城市经济圈萌芽阶段向快速发展阶段过渡,成为全省发展基础最好、发展水平最高、发展前景最广阔的区域。

区域交通、通信、供电等设施较好,已基本建成门类齐全的产业体系,在烟草、冶金、化工、机械、装备制造、电子信息、休闲旅游、商贸物流和生物资源开发创新等产业方面具有较强的市场竞争优势,有全国最大的烟草基地、磷化工基地和国家生物产业基地。

### 2. 功能定位

滇中城市群是带动云南省发展的增长区域,是中国西部特色鲜明、竞争力较强的门户城市群,是中国面向西南开放桥头堡的核心区域。其功能定位为:

带动云南省全面发展的战略核心区域。滇中具有云南省重要的区位优势、资源优势、产业结构优势、基础条件优势、城市规模优势和人力资源优势等因素;社会、经济发展潜力巨大。通过城市合理分工协作,形成以昆明特大城市组合体和曲靖大城市为龙头,具有用地少、就业多、要素集聚能力强、人口合理聚集特点的新城市群,促进滇中城市群又好又快发展,进一步强化滇中在云南的中心和带动作用。

中国西部具有较大竞争力和影响力的特色城市群。充分发挥滇中在交通枢纽方面的优势与特色,通过推进滇中城市群区域一体化建设,实现综合竞争力的快速有效提升,将滇中建设成为我国对外物资集散的陆路、航运枢纽和我国西部区域协调发展的典范城市群。同时发挥滇中多样的自然景观和人文景观优势,将滇中城市群建设成为全国一流的环境友好型城市群。

中国面向西南的桥头堡,中国、东南亚、南亚结合地带的区域中心。充分发挥昆明的地理区位优势、良好的商业金融基础优势、气候优势、旅游资源优势,依托航空、铁路、公路交通条件和优越的区位条件,将滇中建成面向西南的交通枢纽、物资集散中心和旅游集散中心,成为辐射力强大的服务中心和流通中心,在更大范围、更宽领域、更高层次参与国内外竞争。

### 3. 空间布局

为了优化提升昆明城市发展定位,构建曲靖、玉溪、楚雄协力共同发展的格局,滇中城市群规划建设"一核三极两环两轴"的空间结构,形成要素集聚能力强、人口分布合理的新城市群。

"一核",指昆明城区及其周边紧密发展的昆明都市区,是滇中发展的核心区域。主要发展"核心"作用,聚合区域高端职能,提升城市高端综合服务功能,培育工业结构的高新化和扩散能力,建设国家级和区域性空港、铁路、公路交通枢纽,强化昆明的区域主中心地位。

"三极",指以曲靖、玉溪和楚雄中心城市及其周边紧密发展的三城市都市区范围作为滇中次级中心重点发展。曲靖是辐射川、滇、黔、桂交界区域的重要节点,打造我国面向西南开放的重要新型工业基地,滇中城市群次中心。玉溪是亚洲最大的烟草产业基地,现代生态宜居城市,滇中城市群次中心,主要发展旅游、教育、高新产业等绿色环保型产业。楚雄是彝族特色鲜明,以生物制药、绿色食品加工及文化产业为主的滇中城市群次中心,作为滇中城市群中相对弱的一个州,其产业重视错位发展,重点发展农副产品加工和民族文化产业。

"两环",指连接滇中主要城市的内、外环高速路。配合滇中核心圈层放射的空间结构,构建以昆明市为核心、联系昆明半小时经济圈和一小时经济圈的双环交通。内环包括安宁、嵩明、宜良、澄江、晋宁等昆明都市区范围内主要城市,外环加强区域内昆—曲、昆—玉、昆—楚及其他城市间联系,促进沿放射状对外联系通道布局的城镇间取得紧密联系。

"两轴",是滇中区域产业、城镇密集发展的带状走廊。一为"中国—东南亚"发展轴,是东连我国中部、东部经济发达地区,南接东南亚各国的发展主轴;一为"亚欧"发展轴,是滇中出滇入海的重要轴线,向东直通我国东南沿海港口,向西接南亚并接通欧洲。

### （五）黔中城市群

#### 1. 基本概况

黔中城市群地处西南地区腹心地带,贵州省中部地区,范围包括:贵阳市、贵安新区,遵义市红花岗区、汇川区、播州区、绥阳县、仁怀市,安顺市西秀区、平坝区、普定县、镇宁县,毕节市七星关区、大方县、黔西县、金沙县、织金县,黔东南州凯里市、麻江县,黔南州都匀市、福泉市、贵定县、瓮安县、长顺县、龙里县、惠水县等,共计33个县(市、区),总面积5.38万平方公里。

黔中城市群地区属于喀斯特低丘缓坡地貌,气候类型多样,立体特征明显,区内矿产资源分布相对集中,煤炭查明储量占西南地区的36%,磷矿资源查明储量占西南地区的42%,苗、布依、侗、彝等少数民族文化,原生态文化厚重深远。区域国土面积53 802平方公里,包括贵阳、遵义、安顺、都匀、凯里等中心城市和地区,占贵州省的31%;2011年常住人口1 571万,占贵州省的45%,区域综合实力较强,2014年地区生产总值突破4 000亿元,占贵州省的60%;固定资产投资占贵州省的50%。以能源资源深加工、装备制造、食品等轻工业为主的特色优势产业初具规模,交通、水利、电力等基础设施保障能力显著增强,基本具备实现率先跨越发展的基础条件。

#### 2. 功能定位

西部地区新的经济增长极。发挥工业企业基础较好优势,重点发展煤、磷、有色等资源深加工业,食品、民族医药等特色轻工业,航空航天、能矿机械等装备制造业,生物、新材料等战略性新兴产业,培育特色优势产业集群,建成国家重要能源资源深加工、特色轻工业基地和西部地区装备制造业、战略性新兴产业基地。

西南地区重要的陆路交通枢纽。黔中城市群区位优势突出,是全国"两横三纵"城市化战略格局中沿长江通道横轴和包昆通道纵轴交会地带,形成了连接南北、沟通东西的交通网络格局,拥有贵广铁路、贵广高速公路、长昆客运专线、渝黔铁路等交通大动脉,在西南地区生产力布局中居重要战略地位。

全国山地新型城镇化试验区。利用自然环境和喀斯特地形特点，推进新型城镇化建设，创新农村土地利用制度，探索山地型城镇化发展的新路径、新模式，打造土地节约利用、经济文化繁荣、生态环境优美、人与自然和谐的山水田园城镇。

东西联动合作示范区。依托区位特点，构建向东向西对外开放平台，以开发区和产业园区为主要载体，推进与珠三角、成渝城市群等区域的合作与交流，形成产业转移的重要承接区和出口商品加工基地，打造富有活力和竞争力的内陆开放新高地。

### 3. 空间布局

黔中城市群呈现以贵阳为核心，遵义、安顺、都匀、毕节、凯里等中心城市为支撑，贵阳—遵义、贵阳—安顺、贵阳—都匀和凯里三大城市带为骨架，一批重要县城为节点，快速交通通道为主轴的"一核三带多中心"的空间开发格局，辐射带动周边区域发展。

贵阳—安顺经济带。建设贵安新区，加快发展清镇市、平坝县城、平坝马场镇和普定县城，打造大贵阳经济圈，重点发展装备制造、电子信息、生物制药、特色食品等优势产业和战略性新兴产业，打造以航空、汽车及零部件为重点的装备制造业基地和绿色轻工业基地。围绕建设商贸物流中心、生态旅游城市和区域科技、金融服务中心，加快发展商贸物流、会展、金融等现代服务业和文化旅游产业，形成支撑贵州、引领黔中的都市核心区。

贵阳—遵义经济带。沿贵遵高速公路、渝黔铁路等交通干线，重点发展资源深加工、装备制造、汽车及零部件、新材料、电子信息、新能源、优质烟酒、生物制药等产业。发挥遵义连接成渝和黔中经济区的枢纽作用，打造遵义特大城市，加快发展修文扎佐镇、修文县城、开阳县城、息烽县城、息烽小寨坝镇和遵义乌江镇、三合镇。

贵阳—都匀、凯里经济带。沿贵广铁路、贵广高速公路、长昆客运专线等交通干线，重点发展磷化工、特色轻工和民族文化、旅游等产业。壮大都匀、凯里中心城市人口和经济规模,推进都匀—麻江—凯里城市组团发展,加快发展龙里县城、贵定昌明镇、贵定县城和福泉市,形成链珠状城市绵延带。

贵阳:发展打造区域性特大城市。加快陆路交通枢纽建设,调整优化城市核心区发展布局,推进老城区、金阳新区、三桥马王庙区域、小河区域、东部新城、白云区域、新天片区七大主城区建设,积极向周边和延伸区域拓展,重点建设龙洞堡东部新城、百花湖生态新城、修文工业新城。

遵义:发展打造特大城市,构建由汇川区、红花岗区、新蒲新区、南白城区组成的中心城区,推进中心城区与周边城镇一体化发展,开发高坪组团—高桥、忠庄—乌江、南关—深溪片区,把桐梓、绥阳、湄潭等县城培育发展成为卫星城市。

安顺:加快形成"两片三轴五心"的中心城区空间格局,推进平坝、普定与安顺中心城区同城化发展,促进向西南带动镇宁发展,向东北与贵阳百花湖生态新城对接,向东与花溪溪南新城融合发展,加快贵阳—安顺一体化进程。

都匀、凯里:推进凯里—都匀城市组团发展。都匀市大力推进都匀经济开发区和甘塘产业聚集区建设。凯里市加快老城区、开发区、开怀片区等主城区建设,推动凯里、麻江城市空间融合,构建"一主多片"的城市空间格局。

# 第二节 "一带一路"与长江经济带城市群贯通发展思路

## 一、"一带一路"与长江经济带城市群贯通发展的基本思路

### (一) 基本思路

#### 1. 实施网络化、全覆盖的中国区域战略布局

将中国经济的区域战略,从东、中、西的"横向中国"布局,通过"一带一

路"与长江经济带贯通战略的实施,转变为南、北"纵向中国"布局战略,目的是在我国区域落实"一带一路"倡议与长江经济带战略中,达到网络化、全覆盖的区域战略布局。将通过"一带一路"在中国区域的"四廊、一点"与长江经济带的"五个城市群(三大、二小城市群)"对接联动,融合发展。"一带一路"与长江经济带贯通的实施路径是,梳理"一带一路"中国区域布局走向——三横、二纵:东陇海线(横向)、中巴经济走廊(横向)、中蒙俄经济走廊(横向),中南半岛经济走廊(纵向)、海上战略支点(纵向)。中国过去的战略布局为 π 形,即两条横向线路东陇海线和长江经济带与一条纵向线路沿海线向左旋转 90 度后形成,总体呈横向布局。为实现中国经济向高质量发展,应将中国经济的区域战略从东、中、西的"横向中国"布局转变为南、北"纵向中国"布局的战略。

**2. 实施战略构想**

在原有 π 形布局的基础上,将"一带一路"在中国区域的四廊一点与长江经济带实施贯通,形成节点,最终呈现网格化、全覆盖的区域战略布局。实施路径是,通过"一带一路"在中国区域的"四廊、一点"与长江经济带的"五个城市群(三大、二小城市群)"对接联动,融合发展。通过梳理"一带一路"中国区域布局"三横、二纵"的走向:东陇海线(横向)、中巴经济走廊(横向)、中蒙俄经济走廊(横向)、中南半岛经济走廊(纵向)、海上战略支点(纵向),探究"一带一路"中国区域布局走向与长江经济带城市群的联动融合的发展关系。

## (二)"一带一路"与长江经济带城市群贯通方式

### 1. 新亚欧大陆桥的东陇海线与长江经济带对接

(1)新亚欧大陆桥与长三角、连云港纵向对接。

东陇海线途经江苏、河南、山东、安徽、陕西、山西、甘肃、宁夏、青海、新疆等 11 个省,与长三角进行纵向对接的主要对接点是江苏省北部(连云港),对接的主要内容是资源联动和产业联动。长三角具有劳动力、资本和技术等社会资源优势。而东陇海线具有矿产、能源、水等自然资源优势。资源优势互补有助于提高资源配置效率,实现区域经济协同发展。

东陇海线与长三角地区的产业结构差异较大。长三角地区产业结构正呈现由"二三一"向"三二一"转变的趋势,而东陇海经济区的产业结构当前及在今后相当长的一段时间内将仍处于"二三一"的完成和巩固阶段。长三角需要把低技术含量、低附加值及超过当地环境承载力的产业转移出去,使东陇海经济区发展产业链低端的一些工业行业或关联度大的加工配套协作工业成为可能。通过区域间的产业联动,促进产业结构优化升级,大幅度提高劳动生产率,相互提升整体竞争力。

(2)新亚欧大陆桥的中原城市群与长江中游城市群纵向对接。

中原城市群位于中国河南省中部,是以郑州为中心,洛阳、开封为副中心,许昌、新乡、焦作、平顶山、漯河、济源等9座地级市为核心层所构成的城市群,是中原经济区的核心。

长江中游城市群由湖北武汉的"1+8"城市群、湖南的长(沙)、株(洲)、(湘)潭城市群和江西的南昌、鄱阳湖城市群等所组成。

中原城市群与长江中游城市群的纵向对接就是河南省与武汉、长沙、南昌的联动。联动的是基础建设。长江中游城市群已经形成以公路为基础、铁路为骨干、航空和水运为补充的综合交通系统,城镇化程度高于中原城市群,对接后可缓解中原城市群的人口密度。中原城市群拥有丰富的矿产资源,但总体来说发展竞争力比较弱,对接长江中游城市群将提高中原城市群的经济外向度。

(3)新亚欧大陆桥及中巴经济走廊与成渝城市群纵向对接。

中巴经济走廊起点是中国的新疆乌鲁木齐,经喀什最后到瓜达尔港。而新亚欧大陆桥东陇海线的起点是江苏的连云港,终点是新疆的乌鲁木齐。所以东陇海线和中巴经济走廊其实是一条线。成渝城市群由成都部分区域和重庆所构成。新亚欧大陆桥及中巴经济走廊与成渝城市群纵向对接的对接点是新疆乌鲁木齐、成都和重庆。

成渝城市群是我国东西结合、南北交会的节点和走廊,而新疆作为我国沟通中亚、西亚的重要节点,两者实施对接将促进成渝城市群在更大空间范围上配置资源要素和开拓市场。成渝城市群有较深厚的工业产业基础,其中,重庆在批零、交运仓储、住宿和餐饮、租赁和商务服务业等生产性服务业领域具有比较优势,成都在信息传输软件和信息技术服务业领域具有比较优势。对在这些领域发展较慢的新疆地区具有辐射带动作用。但成都和重庆的人口密度较大,同时由于各自都在构建自身的产业体系,同构现象明显。与新疆对接,将对优化城市布局、促进产业转型升级有一定辅助作用。

(4)新亚欧大陆桥及中巴经济走廊与渝新欧、蓉新欧纵向对接。

"渝新欧"国际铁路联运大通道,从重庆出发,经西安、兰州、乌鲁木齐,向西过北疆铁路,到达边境口岸阿拉山口,进入哈萨克斯坦,再经俄罗斯、白俄罗斯、波兰,至德国的杜伊斯堡。"渝"指重庆,"新"指新疆阿拉山口,"欧"指欧洲,合称"渝新欧"。

"蓉新欧"国际铁路联运大通道,自成都青白江集装箱中心站出发,经宝鸡、兰州到新疆阿拉山口出境,途经哈萨克斯坦、俄罗斯、白俄罗斯等国直达波兰罗兹站。"蓉"指成都,"新"指新疆阿拉山口,"欧"指欧洲,合称"蓉新欧"。

新亚欧大陆桥及中巴经济走廊与渝新欧、蓉新欧纵向对接的对接点是新疆与重庆、四川。贯通方式同上述新亚欧大陆桥及中巴经济走廊与成渝城市群纵向对接。

**2. 中蒙俄经济走廊与长江经济带的长三角与京津冀联动融合发展对接**

中蒙俄经济走廊分为两条线路:一是从华北京津冀到呼和浩特,再到蒙古和俄罗斯;二是东北地区从大连、沈阳、长春、哈尔滨到满洲里和俄罗斯的赤塔。主要以京津冀和长三角为对接点,实施纵向布局。

在创新研发、高端人才、现代技术等方面,京津冀具有显著优势。长江经济带在制造技术的研发和运用方面较成熟。对接后将实现优势互补,共同提升产业竞争力。其次,在交通运输方面,京津冀铁路公路等陆路运输方式有相对优势,长三角依托黄金水道在水路运输方面有相对优势,通过对接,实现水陆运输无缝对接,降低运输成本,提升交通效率。

**3. 成渝城市群与北部湾城市群对接互动,联动中南半岛经济走廊实施纵向对接**

北部湾城市群是以广西的南宁为核心,以北海、钦州、防城三大沿海城市为支撑的环北部湾沿海地区。中南半岛经济走廊以云南的昆明、广西的南宁为起点,经东盟十国,以新加坡为终点。国内向北延伸到贵州贵阳、重庆、四川成都。中南半岛经济走廊实质上是北部湾城市群的延伸。

成渝城市群与北部湾城市群的对接互动,对接点是成都、重庆和广西南宁。北部湾城市群的优势产业集中在港口物流、石化工业等产业,依托西南沿海的区位优势,经济外向度高,通过广西这一出海通道,将进一步深化内陆省份与东盟的交流合作,同时有利于成渝城市群加快建成多层次的综合运输体系。产业结构方面,第二产业一直是拉动成渝城市群经济增长的主要力量,而北部湾城市群第三产业占比较高,第二产业较为薄弱,通过联动互补促进产业结构优化。

# 二、"一带一路"与长江经济带城市群贯通发展的战略构想

## (一) 新亚欧大陆桥(中巴经济走廊)与长江经济带贯通思路

新亚欧大陆桥从太平洋西岸的中国东部港口群,向西绵延至大西洋东岸的港口群,以铁路为主,兼顾其他陆路交通干线为主要纽带,连接亚洲和欧洲的综合交通运输通道。本书涉及的新亚欧大陆桥范围东起江苏省连云

港,经河南郑州、陕西西安、甘肃兰州、新疆乌鲁木齐从阿拉山口出境,西行穿越哈萨克斯坦、塔吉克斯坦等中亚国家,经俄罗斯、乌克兰、波兰、德国等国家,西抵鹿特丹港的线路。重点研究新亚欧大陆桥中国段,特别是西安以东陇海兰新线以及宁西铁路贯通后南干线,分析新亚欧大陆桥与长江交会后的联动发展问题。

**1. 新亚欧大陆桥经济带发展现状和存在的问题**

新亚欧大陆桥在中国境内长达 4 131 公里,横贯中国东中西部的江苏、安徽、河南、陕西、甘肃、新疆 6 个省(区),直接辐射到山东、山西、宁夏、青海、湖北、四川、内蒙古等省(区)。新亚欧大陆桥沿线省区的面积和人口分别占到全国的 25.5% 和 18.5%,逐步成为沿海、沿江经济带之外的具有全国战略意义的经济发展轴线。

(1) 沿桥经济带的发展现状。

新亚欧大陆桥中国段沿线经济发展落差较大,在要素资源、经济发展条件等方面各有优势。东部的江苏、安徽等省在产业、人才、资金技术、信息、管理等方面处于相对优势,而中西部地区拥有丰富的自然资源优势,为区域经济的互补合作奠定了基础。

一是区域经济发展速度加快,但仍低于全国水平。随着西部大开发战略的深入实施,中西部沿桥地带经济进入快速增长期。但由于历史、体制、政策、自然条件等原因,沿桥经济带的经济总量与人均水平仍然偏低。通过对沿桥经济带 28 个市地州的数据资料分析表明,近 80% 的市地州人均GDP、人均财政收入等主要经济指标低于全国平均水平。

二是区域产业结构不断提高,但产业链培育不够。沿桥中西部地区曾是中国 156 个重点工程及三线军工、重大企业集中布局区域,煤炭、石油、机械、航空、化工、电力、冶金、纺织等产业颇具规模,以金矿、煤矿、炼油等能源、原材料等初级产品为主的工业体系逐步形成。但由于历史、体制、机制等因素的制约,区域产业分工不合理,技术水平不高,粗放经营现象和规模不经济等问题比较普遍,小而全、小而散等问题比较突出,产业链较短,关联性和互补性不强,重复建设和恶性竞争严重,产业同构性导致区域经济一体化动力不足,也影响了沿桥区域经贸合作的开展。

三是区域资源要素比较充裕,但集成开发需要加强。沿桥经济带的能源、矿产资源蕴藏量巨大,旅游资源类型全、品位高,丝绸之路著称于世,是中国经济发展的"金腰带",开发潜力巨大。但由于新亚欧大陆桥中国段的跨度太大,资源相对比较分散,交通网络支撑不足,运输成本偏高,统一的协调规划难度大,在区域发展上,由于区域协调机制的缺失,各地政府往往以地方本位为指导不仅降低区域的开发能级和层次,而且削弱了区域的集聚效应和产品竞争力,也减弱了沿桥经济带的整体竞争力。

四是大陆桥对区域经济发展的促进作用显现,但现阶段的辐射带动能力较弱。新亚欧大陆桥贯通以后,沿桥东部地区发挥港口、技术、人才和市场开拓的优势,带动了东西部双向开放,增强了东中西部的经济技术交流和合作,带动沿桥地区外向型经济的发展,不仅陆桥东段的连云港和日照港的货物吞吐量稳步上升,而且西段的阿拉山口口岸过境货物量和贸易额均位居全国内陆口岸第一,但受到多种因素的制约,现阶段新亚欧大陆桥的辐射带动作用还比较薄弱,沿桥东部与中西部地区多渠道、多形式、多层次地经济技术合作还没有完全展开,大陆桥这条经济发展"金腰带"功能还有待进一步拓展。

(2)新亚欧大陆桥沿线开发中存在的主要问题。

目前,新亚欧大陆桥沿线经济带在发展中受到以下一些经济因素的制约,交通动脉的功能未能充分发挥。

一是新亚欧大陆桥东段缺乏高能级经济中心城市的辐射带动,制约了新亚欧大陆桥的功能发挥。经济中心城市在区域经济发展中的集聚和辐射作用十分明显。新亚欧大陆桥沿线经济带虽然贯穿了西安、郑州、兰州、连云港、乌鲁木齐等大中型城市,但途经区域多为相对滞后的区域,经济外向度和外商投资比重低于全国平均水平,更缺乏像上海、北京、香港、深圳、广州、武汉、重庆等区域经济中心城市的高能级辐射带动,特别是出海口连云港在能级和规模上与国内主要港口城市存在较大差距。因此,由于缺乏对资源和要素进行集聚和辐射的节点,整个大陆桥的流量支撑不够,也就影响到整个沿线经济带的经济发展。

二是新亚欧大陆桥西段至欧洲路线通而不畅,国际经贸物流的拉动功能受到抑制。作为新亚欧大陆桥主干的铁路穿过多个国家,政出多国,在政策效率、运费、基础设施、运输时间等方面与西伯利亚陆桥和海运存在较大差距,这造成了新亚欧大陆桥客户流失严重,过境运输业务近年来一直处于徘徊状态。尽管韩国、日本、中国走新亚欧大陆桥比走西伯利亚大陆桥要近3 000多公里,但韩国92%、日本72%的货物仍选择走西伯利亚大陆桥。因此,新亚欧大陆桥目前还只是一个连通中亚地区的小陆桥通道,还没有从"路桥"变成"商桥",国际经贸物流活动对大陆桥经济带的拉动作用有限,不利于陆桥经济带的功能发育。

三是沿线综合交通基础设施发展不平衡,对新亚欧大陆桥经济带的制约作用日益明显。大陆桥沿线的交通运输发生较大的变化,但仍存在着许多问题。一是运输网络的地区发展不平衡,特别是西部地区运输网的密度与质量与东部差距较大,形成自东向西越来越窄的交通网络结构,造成物流、人流和信息流的阻塞。二是铁路运输运力紧张问题突出。近年来,由于客货运量的大幅增长,主要干线运输能力全面紧张,陇海线区间通过能力利用率在80%以上,部分区段超过100%导致运输设备维修和保养时间缺乏,运输组织机动性差,三是运输技术装备水平与运输质量不高。铁路复线和电气化率不高,机车车辆通讯信号与世界先进水平差距大,客运高速和运营管理自动化等尚处于起步阶段,集装箱和冷藏等现代化运输装备不足,加上运输中转衔接不协调以及客货代理机制不健全等因素,降低了大陆桥服务质量。

四是沿线区域物流业的协同发展机制不健全,制约了区域物流运输业的发展与合作。沿桥区域物流成本占 GDP 比重高于同期全国平均水平,物流运输整体运作效率有待进一步提高,究其原因,沿桥区域在现代物流业发展中缺乏统一协调和整体发展战略,没有形成中央与地方政府之间、政府与企业之间以及企业与企业之间的协调发展和合作机制,各自为政的物流发展规划造成了物流资源浪费、重复定位等问题。同时,协同机制的缺乏不仅导致通用信息平台的缺乏、信息共享程度差以及物流企业信息化程度低等问题,而且无法形成合力来建立规范、有序的市场竞争环境和争取有力的扶持性政策,以促进新亚欧大陆桥物流运输业的快速发展。

### 2. 新亚欧大陆桥与长江黄金水道联动发展的重要意义

长江"黄金水道"和新亚欧大陆桥这两条交通大动脉的交会,将为区域经济的发展带来新的发展动力和合力,将改变我国区域经济的发展格局,具有关系全国发展前景的国家战略意义。

一是推动区域协调发展、解决地区发展差距的重要命题。

我国区域经济发展的战略方针之一就是"坚持区域经济协调发展,逐步缩小地区差距",而铁路干线和内河运输等交通通道是实现域经济发展的重要轴线。新亚欧大陆桥和长江水道经济带辐射了我国约 2/3 的国土面积,把我国东中西部地区有机联系在一起。但由于交通运输、技术落后以及人才匮乏等原因,中西部与东部沿海地区经济发展落差很大。通过"桥—道"联动发展,可以更好地促进我国东中西部地区的联动发展。一是有利于改善西部地区的投资环境,交通运输条件的改善,西部地区的资源优势和劳动力成本优势才能真正转化为产业和经济优势,特别是将新亚欧大陆桥沿线与长江三角洲的连接,明显的经济势能可真正促进东中西部地区之间的资金、技术、人才管理等资源的跨区域流动。二是有利于中部崛起战略的实现。中部地区在全国具有承东启西、接南进北、吸引四面、辐射八方的作用,通过"桥—道"的联动可以培育长江中游航运网和铁路运输体系,促进水运、铁路、公路以及航空等运输方式组成的综合运输通道的形成,有利于培育和强化合肥、西安、芜湖等区域节点枢纽性城市,以点带面,增强对区域经济的集聚和辐射效应,成为带动中部地区经济发展的新增长点,加快推动中部地区的城市化进程。三是有利于东部长三角地区加快实现率先发展,增强服务全国的能力。一方面,作为我国经济最活跃、最具国际竞争力和发展潜力的地区之一,长三角地区面临着腹地狭小、资源不足和市场有限等问题,而"桥—道"联通后的广大中西部地区将为长三角提供资源、市场和经济腹地,为实现可持续发展提供重要支撑。另一方面,长三角地区也需要通过产业梯度转移,为中西部地区的经济发展提供技术、资本和人才的支持,进一步增强整个区域的经济辐射力,提高服务全国的能力。

二是我国深入推进西部大开发的关键性战略步骤。

实施西部大开发战略,直接关系到我国最终能否全面建成小康社会的战略任务。西部地区的开发,除了加大基础设施建设力度和国家财政转移支付政策的支持外,关键是要改善投资环境,吸引东部产业转移和外商投资,推动经济发展。新亚欧大陆桥、长江水道是贯通整个中西部地区的交通动脉,是广大中西部地区对外联系的主要途径,也是西部大开发能否取得突破的关键之一,国家要求"依托亚欧大陆桥、长江水道、西南出海通道等交通干线,发挥中心城市作用,以线串点,以点带面,有重点地推进西部大开发"。因此,推进新亚欧大陆桥和长江黄金水道的联动发展,将极大地改善东、中、西部地区的物流条件,降低运输成本,改善中西部地区的投资环境,进一步促进作为我国最具综合实力和带动能力的长三角地区与广大中西部地区的经济联系,在纵深上推动广大中西部区域的经济发展,成为推进国家西部大开发战略实施的具体体现。

三是落实我国国家和地区能源、资源战略的具体体现。

能源资源问题已经成为当今世界可持续发展和人类社会生存的核心问题。目前,我国石油依存度接近40%,经济社会发展中资源和能源约束的问题严重,而作为世界先进制造业中心的长三角地区,能源储备和能源安全显得尤为重要。而大陆桥沿线自然资源丰富,仅在 4 131 公里长的 200 公里宽度范围内,就查明矿种 76 个,矿床 1 211 个,其中煤、石油、天然气等能源矿以及金银铜等金属矿均为全国优越矿种,而新亚欧大陆桥西延伸段的中亚地区是国际能源、资源重要储备区,里海石油储量达 800 多亿吨,堪称"波斯湾"第二。哈萨克斯坦矿产资源充裕,钨储量世界第一,镉和磷矿石世界第二,铜、铅、锌储量亚洲第一,煤、石油、天然气储量相当丰富。土库曼斯坦石油总储量超过 70 亿吨,天然气储量 28 亿立方米。乌兹别克斯坦黄金储量超过 4 000 吨,人均产金量世界第一。吉尔吉斯斯坦已探明黄金储量达千吨仅黄金产值就占 GDP 的 14%。因此,通过新亚欧大陆桥与长江黄金水道的联动开发,将在推进我国能源资源的保护性开发的同时,有利于我国发挥上海合作组织这一组织体制,加强与中亚良好政治经贸关系,进行国际性能源资源的"开源",促进经济社会的可持续发展。

四是长三角都市群实现率先发展和参与国际竞争的重要依托。

长三角提出了"提升、融合、率先、带动"的新要求,增强综合实力、创新能力、可持续发展能力和国际竞争力,而"桥—道"联动将为长三角提升综合经济实力提供坚强的后盾:一是增强长三角的可持续发展能力。新亚欧大陆桥是我国通向中亚和欧洲的战略通道,是我国能源、资源、原材料运输的经济命脉,将有利于长三角打破未来的发展瓶颈,成为先进技术、知识、制造能力与国内初级能源、资源和原材料的交会之地,形成我国"先进制造+能源资源"的转换中心和基地,为代表中国参与国际竞争打下坚实基础。二是为长三角地区产业结构调整和优化提供了空间。随着商务成本的提升,长三角地区正在进行产业结构的调整和优化,部分价值链低端产业和部分高能耗的产业正逐步向外转移,特别是近年来许多台资和日资企业呈现出向外转移的趋势,而"桥—道"联通使得广大中西部地区的投资环境和运输成本大大降低,这为长三角有序引导产业向广大中西部地区进行梯度转移创造了条件,三是促进长三角地区港口功能布局进一步优化和完善。长江黄金水道建设将促进长江沿线形成以主要港口为中心、地区重要港口为补充的布局合理、结构优化、层次分明、功能完善的长江干线港口布局。而新亚欧大陆桥的连通和西安内陆港建设为长江和沿海港口群提供更为广阔的腹地支撑和集装箱箱源,为发展多式联运创造了条件,为长江港口群建设和规模化经营奠定了基础。

**3. 新亚欧大陆桥与长江黄金水道联动发展的条件分析**

宁西铁路的贯通促使新亚欧大陆桥在西安以东形成了双陆桥:一支是陇海兰新线,即北陆桥;另一支是宁西线,即南陆桥。其中,南陆桥的建设和贯通,逐步扭转了长江黄金水道和陇海兰新经济带孤立发展的格局,为推进"桥—道"联动发展提供了可能。

(1)陇海兰新至连云港的基础设施建设和战略区位已经基本奠定了北陆桥经济带的发展基础。

北陆桥指西安以东部分的陇海铁路线,从西安东进,横贯洛阳、郑州、开封、商丘、徐州、连云港等城市,以连云港为桥头堡,全长 1 067 公里。随着国家对北陆桥基础设施投资不断加大,北陆桥运输能力不断增强,以其为轴线的北陆桥经济带发展较快,空间结构优势已经显现。目前,铁路已直通东桥头堡连云港的码头区,通过能力超过 4 500 万吨,推动了北陆桥沿线经济带的快速发展,奠定了以连云港为大陆桥桥头堡的重要战略地位。

但是,北陆桥经济带还存在以下一些问题:一是位于东桥头堡的连云港经济能级不高,不仅无法和上海、深圳等港口城市相比,而且低于西安、郑州、徐州等沿线城市,缺乏强大的内聚力和吸引力,集聚的远东与中亚以及欧洲之间的货物流有限,暂时不具备东方大港的地位。二是北陆桥经济带经济发展水平不高,对中西部地区的拉动作用不强。北陆桥经过江苏北部和山东南部,恰是两省欠发达地区,沿线经济中心城市西安、郑州、徐州、连云港呈现经济能级"西高东低"的特点,沿桥经济不能形成向西的辐射带动,无法实现产业从东向西的梯度转移。三是北陆桥经济带产业结构雷同,相互之间的产业关联度和贸易依存度薄弱。北陆桥沿线大多为资源开放型经济,徐连经济带是盐化工、煤炭工业基地,郑州经济带是煤炭、石油、有色金属基地,西安和兰州经济带主要为石油化工、能源、有色金属等工业基地,乌鲁木齐经济带是石油、煤炭、建材等优势产业。各地虽然发展起部分轻纺、食品、机械、电子等加工业,但能级和规模不够,区域消费的电子、信息等产品大多是从江浙、广东等地流入,区域内部无法产生大量的贸易货运需求。

(2)宁西线建设使得南陆桥具备了与长江"黄金水道"联动发展的空间结构与区位特征。

宁西铁路全长1 149公里,是我国重点建设项目、西部大开发十大重点工程之一,并与京沪铁路沪宁段相连接形成了南陆桥构架。该线路从西安出发,连接商洛、南阳、信阳、六安、合肥、南京、镇江、常州、无锡、苏州、上海等城市,全长1 452公里。与北陆桥相比,南陆桥贯通长三角高能级城市群,改变大陆桥沿线缺乏高能级经济城市的局面,为大陆桥经济注入前所未有的发展活力。

一是南陆桥沿线城市经济实力雄厚、源头能量充沛。长三角城市群是我国经济实力最强、对外开放度最高、产业规模最大的地区,以全国1%的土地和6%的人口创造了全国19%的GDP和20%以上的财政收入,其经济动能远远高于北陆桥依托的淮海经济圈。

二是南陆桥区位优势独特,集聚能力强大。作为长三角龙头的上海位于长江黄金水道的入海口,区位条件优越,是世界第一大集装枢纽港,具有密集的国际航线和航班,并形成沿河港口体系和南北两翼沿海港口群。长三角地区高速铁路、高速公路、内河航线串接了主要城市,区域外向型经济发展迅速,产业结构逐步向高度化演进。因此,长三角城市群正好与新亚欧大陆桥西段的阿姆斯特丹、鹿特丹等组成欧洲城市群,形成两个具有强大集聚和辐射能力的桥头堡。

　　三是南陆桥沿线产业优势互补,辐射作用明显。南陆桥沿线城市经济发展和产业结构落差大,具有较强的互补性。长三角城市群矿资源稀缺,但综合性制造加工能力强、服务业相对发达,具有资金、人才、技术、信息等方面的优势,在产业结构上与中西部沿桥城市的资源开发型经济具有较高的关联度和互补性。东部地区先进制造业可以把中西部地区作为资源、能源和原材料基地,并通过资本、设备和技术等移师中西部,利用当地劳动力优势,优化资源配置,带动东中西部之间人流、物流、资金流、信息流和技术流。

　　(3)长三角经济一体化对加快推进"桥—道"联动发展提出了客观需求。

　　长三角的核心城市包括:上海、杭州、无锡、嘉兴、舟山、宁波、泰州、常州、扬州、南京、镇江、湖州、南通、绍兴、台州等城市,并迅速崛起为世界六大城市群之一。长三角一体化规划要求长三角实现率先发展,主要体现在以下几个方面:首先,长三角要成为率先促进增长方式转变和经济结构调整,实现又好又快发展的示范区域。其次,长三角要在原有区域点状发展中心的基础上实现区域经济社会协调联动,注入新的动力源,获取区域整合的"发展红利",成为创造持续的内在增长动力的引领区域。第三,长三角要以区域综合竞争优势,成为充当企业参与全球市场竞争的地域平台,逐渐演化为连接国内与国际经济实现双向互动的全球城市区域。第四,长三角要成为代表国家综合实力和战略意愿,积极参与国际竞争与合作的核心区域,率先在国际经济分工体系中由垂直型的下游位置向中游及水平型分工转变,提高其在新一轮国际经济合作中的地位及竞争力。

　　因此,长三角一体化推进对"桥—道"联动提出了内在的需求:一是产业调整和优化的空间需求,长三角经济结构调整和优势产业的发展需要在有限的土地资源上向长江流域和中西部地区拓展发展空间,进行产业调整、转移和升级。二是区域要素和资源流动的需求,长三角要打造资源优化配置平台,关键是形成高流量和高能级的资源要素汇集,这不仅取决于国际资源的流入能级,而且取决于对长江流域以及广大中西部地区资源要素的集聚和辐射能力。三是对能源、资源和市场的需求,长三角要建立代表国家综合实力的产业体系,必须拥有相应的资源和能源的战略储备和供给,而贯通中西部、连接中亚国家的新亚欧大陆桥则提供了市场空间和资源保障。四是长三角区域自身合作范围不断深化的需求,以上海为中心的200~300公里半径范围的长三角城市群是仅从生产力布局方面来考虑的范围,未来国家层面的长三角规划是以上海为中心400公里左右的半径范围,包含了江苏、浙江两省以及安徽的马、芜、铜地区,而外围辐射影响层则涵盖了"桥—道"联动的广大区域。

(4)上海培育以服务经济为主的产业结构为"桥—道"联动发展注入了新的动力。

上海明确提出了加快形成以服务经济为主的产业结构,充分发挥长三角首位城市的龙头作用,更好地服务长三角乃至"桥—道"联动区域。具体来说,上海要立足国家战略,站在全局高度,重点形成以下综合服务体系:一是国际航运服务体系,在建设以洋山深水港和长三角港口群为主体的国际港口服务枢纽的基础上构建以大吞吐和高效率为特征的国际物流服务网络,为我国中西部地区参与国际经济活动提供良好口岸服务。二是国际金融服务体系,加快建设以资本市场为重点的国际资金配置中心和以金融控股集团为核心的跨国金融机构体系,形成国际化、市场化、信息化、法治化的金融发展环境,为长三角乃至全国企业和经济发展提供融资平台。三是国际商务服务体系,重点是建设国际性的采购与订单、交易与中介、会议与展示平台,为长三角以及"桥—道"联动区域企业引进先进技术和走向国际市场提供良好商务环境。四是高端制造业服务体系,积极鼓励和有序引导部分制造业向长三角和广大中西部转移,推进生产性服务业发展和先进制造业服务化进程,为长三角乃至全国提供产品设计研发、制造系统整体解决方案以及系统设备升级改造、远程检测、维护与故障诊断、系统培训等制造业ASP平台服务,促使"上海制造"转向"上海服务",推进"桥—道"联动发展。五是国际创新服务体系,建立国际化的科技创新服务平台,培育现代化的制度创新保障环境,为长三角和"桥—道"区域创新提供健全的资金、人才和体制等服务。六是国际社会文化服务环境,重点是建立国际化的教育、医疗服务高地,建设国际性的文化、体育市场和交易中心,为广大中西部地区旅游文化资源宣传提供良好的渠道。

**4. 新亚欧大陆桥与长江黄金水道联动发展的战略思路**

在促进"桥—道"联动发展上,要结合基础设施建设和区域经济发展需求等因素的变化,要根据比较优势、产业关联、市场导向等原则,来明确"桥—道"联动发展战略、目标和思路。

(1)"桥—道"联动发展的主体战略。

总体发展战略:以长三角城市群体系作为联动发展的东桥头堡进一步推进长江黄金水道的建设,加大宁西铁路建设和提升运输能级,通过西安、合肥、芜湖、南京、上海等串珠型节点枢纽型城市的功能提升,带动沿长江和新亚欧大陆桥的发展轴线,促进中西部地区资源能源与长三角城市群先进制造业的有机结合和高效转换,形成联动开发的叠加效应,进而带动整个区域的经济增长,促进双陆桥成为继沿海、沿江经济带之外的具有全国战略意义的重要发展轴。

北陆桥以陇海兰新线这一相对成熟线路为主干,充分利用已有的物流发展基础,推动陇海兰新经济带快速发展。南陆桥重点要利用上海综合服务优势,拉近中西部地区与长三角城市群的运输距离,加强区域间物流、人流、信息流、资金流和技术流的要素合作。具体有以下几个方面的推进抓手:一是整合区域物流资源,重点是在西安、兰州等沿桥地区外贸物资集聚的城市开辟国际陆港,形成以宁西铁路和东陇海线为主、公路运输为辅的货运线直通长三角沿海港口,降低广大中西部地区的物流成本。二是推进区域产业整合,以区域整体经济发展为核心,通过政府引导和市场选择相结合,有序引导东部产业向中西部的转移,形成良好的产业分工体系。三是企业产权和战略整合,以互利协作为理念,推进区域资源型和粗加工型企业与东部先进制造企业进行产权结构和组织战略方面的整合,尤其是通过区域核心国有企业的试点,以点带面推进整个区域的经济发展。四是加强区域组织机制整合,充分利用和整合"桥—道"现有的促进机制,统一各地政府机构的思想认识,发挥中介组织和大企业集团的作用,形成良好的"桥—道"联动发展工作机制。五是加快区域旅游等资源整合,将长江中下游及东部沿海旺盛的旅游、商贸需求和新亚欧大陆桥沿线独特的旅游文化资源(如古都、丝绸之路、黄河文化、宗教等)有机结合起来。最后,推进区域教育、文化、商贸等领域的全面合作,促进资金、人才、信息、技术的自由流动,实现区域经济的联动发展。

(2)"桥—道"联动的战略目标。

南陆桥重点要实现宁西线经济带联动发展。具体来说,宁西线铁路运能大大提高,铁路物流货运能力大大提升,客流量稳步增长。与长江商贸走廊相呼应,陇海兰新经济带甚至中亚国家与长江中下游区域的贸易往来快速增长,并逐步成为长江中下游区域工业品、农副产品、原材料、能源、矿产的主要供应地,以及沿海港口的集装箱箱源生成地之一。长江中下游发达地区的产业、技术、管理等高等级要素有序向陇海兰新经济带梯度转移,主要城市之间的产业分工趋于合理,雁阵式的城市体系与产业体系初步形成,区域经贸合作迈上一个新的台阶,长三角城市群成为长江流域和新亚欧大陆桥沿线联系国际的资源配置平台,成为中西部地区引进要素和走向国际的桥头堡。

北陆桥重点要在现有基础上完善铁路和公路交通体系,降低物流运输成本,加快陇海兰新经济带一体化步伐,提高其对新亚欧大陆桥沿线的集聚和辐射能力,推动沿桥区域经济的快速发展。

　　最后,"双陆桥"经济带的集聚和辐射力大大提高。要发挥"双陆桥"和长江开发的叠加效应,重点要形成若干高能级的串珠状枢纽城市节点,通过"点—线—面"的有序传递机制,带动区域经济的发展,使西安成为中西部经济发展的桥头堡和重要门户,"辐射西部和联动东部",构建区域经济增长的"新丝绸之路"。合肥和芜湖成为联动发展中的核心和焦点地位,加快推进中部地区经济快速增长。南京和连云港相互呼应,推进"沿江、沿东陇海线、沿海"三沿战略的融合,促进苏北这片经济"洼地"的快速发展。

　　(3) 联动发展的战略思路。

　　在总体思路上,根据国家西部大开发战略的部署,贯彻落实中央关于东中西部统筹协调发展的要求,以区域协调合作机制创新为突破口,以推进交通基础设施建设为抓手,加强区域经贸物流运输合作,切实推进新亚欧大陆桥和长江黄金水道经济带的联动发展,提升区域整体竞争力。

　　在区域联动机制上,应在"国务院新亚欧大陆桥协调机制"和长江黄金水道协调机构的基础上,建立"桥—道"联动发展推进机构制定长江黄金水道、新亚欧大陆桥的联动发展统一规划,在中央与地方政府之间、地方政府之间、政府与企业之间、企业之间形成良性的互利共赢机制,为"桥—道"联动发展提供组织保障。

　　在联动原则上,坚持统筹兼顾、优势互补、互利共赢、点线面结合的原则,既要发挥政府的指导作用,又要充分发挥市场机制的主导作用,处理好长远与当前、局部与全部的关系,走可持续发展道路,促进经济效益、生态效益和社会效益协调统一。

　　在产业合作上,要整合区域生产要素,有序推进区域产业梯度转移。东部发达地区要加强开发区品牌和管理输出,引导部分产业向中西部地区进行转移,形成合理的区域产业分工体系,带动当地经济的发展。同时,加快陇海兰新线旅游资源的开发和营销,带动大陆桥沿线旅游业、农产品加工业、工业以及相关现代服务业的发展。

在物流运输上,要以完善和提高宁西线与陇海兰新线铁路运输能力为重点,进一步完善铁路和公路网,突破区域经济发展中的交通"瓶颈"。在长江黄金水道信息化建设中,要实现与新亚欧大陆桥的对接,通过物流信息化建设的加强,提高整个区域的交通基础设施状况,推动区域物流运输产业的快速发展,拉动区域经济的快速增长。

在市场机制上,要努力构筑一体化的市场体系,打造现代商业网络与物流体系。要消除区域的各种政策壁垒,推动生产要素在区域内的自由流动,扩大区域间商贸往来,加强连锁经营、物流配送、电子商务等跨省经营,形成区域间统一、开放、规范的市场环境。

在其他方面,要拓宽领域,发挥各自的比较优势,远近结合,有序推进,促进"桥—道"经济带在科技信息、旅游文化、投资贸易、环境保护、港口建设等多方面、多层次的联动发展。

(4) 上海的地位和作用。

在"桥—道"联动发展东桥头堡的长三角城市群中,上海要发挥首位城市的龙头作用,立足国家战略,站在全局高度,结合自身优势和区域需求,充分发挥经济中心城市综合服务功能。

一是推进跨区域的产业合作。确立"支持兄弟省区发展经济与确保上海资源、能源安全,推进上海产业实现梯度转移"的"三位一体"发展思路,参与中西部开发、东北振兴、对口协作和长三角协作,加强以资源、要素联动为纽带的经济合作,有计划、有步骤地将一部分有市场前景、有效益、适合当地发展的传统产业(轻纺、服装、商贸和部分传统工业产业等)、支柱产业乃至高新技术产业的价值链前端向外扩散,逐步以资产为纽带,以钢铁、汽车、石化、机械、电子、建材为重点,采取联合投资、收购、兼并、参股、控股等多种形式,开展跨地区资产经营活动,促进行业重组,在"桥—道"沿线形成一批跨地区,产业资本和金融资本、贸易资本融合的现代企业集团。

二是鼓励本土企业集团"走出去"。把握人民币升值的有利机遇,依托现有国资基础平台,利用资本市场,实施整体改革,围绕获取矿产资源、科技资源、市场渠道、国际资本四大目的,进一步实施"走出去"战略,加强对"桥—道"沿线的中西部地区的投资。在汽车装备、平板显示等产业领域,着力打造若干掌控重要战略资源、市场网络、核心技术、专业人才的本土跨国企业,加快确立上海在全球部分产品供应链体系中的节点地位,为中西部产业提供技术服务。

三是推动制造业内部服务的产业化运作。摆脱部门、行业分割,从"硬件(生产)"为中心的框架跳出来,向以"软件(服务)"为中心的、具有综合工程能力(产品+服务)模式转变,结合非核心业务的剥离,运用"集成"思维方式,以经营者持股等方式,发挥企业家群体的主观能动作用,鼓励制造企业将散落于各企业内部的融资、商贸、教育等功能剥离出来,引入外部资本进行整合改造,通过企业组织形式和运作方式的创新,将成熟的管理、技术和渠道数字化、产品化、社会化,衍生出服务性新产品,实现内部服务的市场化和产业化,形成面向广大市场用户的第三方服务业,为"桥—道"区域提供新工艺、新装备订制服务,成为面向全国和世界的制造业应用服务提供基地。

四是提高生产性服务业的服务能力。有序引导部分制造业向"桥—道"区域进行转移,并深刻把握生产性服务业与消费服务业发展规律上的差异,区别对待金融、物流、航运、商务、专业服务等不同生产性服务业领域布局特点,鼓励现有企业向价值生产"微笑曲线"的研发、设计等上游环节以及与市场营销、技术服务等下游环节演进,为长三角和"桥—道"区域提供良好的制造业服务。

五是扩大上海金融中心对"桥—道"区域的辐射范围。目前长三角和新亚欧大陆桥沿线地区都对上海国际金融中心提高辐射和服务能力抱有很大期望,都希望上海的金融企业能够在长三角辐射、提供各类服务。对此,应该深入研究阻碍上海国际金融中心辐射"桥—道"区域的有关问题,扩大辐射范围的操作性措施,不断深化区域间在金融领域的合作交流,真正提高上海金融中心对长三角乃至全国的辐射和服务能力,并就此为上海国际金融中心辐射全国提供一个成功的范本。

六是实现上海成熟开发区发展模式的向外复制。从促进长三角以及"桥—道"区域合作的战略高度,在国内统一以"上海工业区"为品牌,实施品牌化连锁经营,通过管理输出、联合开发、直营、合作、兼并和托管等多种形式,建立上海产业转移园区。同时,有关部门应加强协调,推动上海各个工业区中必须外移、退出的产业与企业腾笼换鸟,以缓解上海土地资源日益紧缺的问题。

七是加强社会服务领域的资源辐射。借助上海的人才和高校教育资源,以合作办学、远程教育、合作攻关等形式,促进上海与"桥—道"沿线区域在职业教育、技工培训、成人教育、科技研究等领域的广泛合作,改变当地的劳动力素质。同时,围绕各地改善民生、关注健康的发展动向,以制度化的形式,打通上海优质医疗、文化资源,成为"桥—道"区域乃至全国共用的通道。

### 5. "桥—道"联动发展的相关对策措施

要实现新亚欧大陆桥和长江黄金水道的联动发展,需加强组织体制、政策支持、市场推广等方面的工作,以真正将"桥—道"联动发展落到实处,提高区域经济的整体竞争力,创新"桥—道"联动发展的协调推进机制。

"桥—道"联动发展涉及许多行政区划,存在着不同的利益诉求。因此,要建立区域行政协调机制,切实推进"桥—道"联动发展战略的推进:一是从国家战略高度认识"桥—道"联动发展的重要性,提升国务院新亚欧大陆桥协调组的规格,建议由国务院牵头,国家有关部委、沿江沿桥省区领导和中心城市市长组成的长江黄金水道与新亚欧大陆桥联动发展的协调机构,下设办公室负责日常性工作,对"桥—道"联动发展进行统一规划协调,负责新亚欧大陆桥运输的国际协调研究。二是"桥—道"沿线城市要立足于自身,继续发挥长江开发促进会、陇海兰新经济促进会、长三角市长联席会议制度、新亚欧大陆桥市长联谊会、淮海经济区市长联谊会等组织形式和民间社团的作用,并扩大规模和层次。三是要建立区域内互利合作共赢机制,使各自利益显性化和利益诉求明确化,建立起"桥—道"联动的利益架构。四是构建区域产业协调发展机制,组建和完善区域产业联合会机制,扩大长三角产业发展基金的范围,在更大范围内推进"桥—道"经济带之间进行产业的调整、转移和升级。

## (二)　中蒙俄经济走廊与长江经济带的贯通思路

### 1. 中蒙俄经济走廊与长江经济带的贯通目的与意义

(1) 贯通的意义。

中蒙俄经济走廊与长江经济带贯通实质上是中蒙俄经济走廊的中国段(主要为华北京津冀地区和东北地区)与长江经济带的贯通。互联互通战略是中国向西开放以打造东西互动、对外开放格局的宏观经济背景下提出的,旨在强化丝绸之路经济带沿线国家和地区的经济联系,促进中国与中亚、西亚、南亚等国家和地区的协调发展。然而,从中国境内区域发展现状看,互联互通战略同样适用,国内各地强化合作交流,不仅能以较低的交易成本为中国与其他国家互联互通提供方法借鉴,也是中国提升参与国际经济发展能力的基础,因此,中蒙俄经济走廊上的京津冀协同区、东北地区和长江经济带互联互通极为必要。

(2) 贯通的目的。

对于长江经济带来说,第一,中蒙俄经济走廊与长江经济带互联互通旨在引进能源要素。长江经济带的未来发展对能源提出更高要求。东北矿产生物资源十分丰富,又是重要粮食生产基地。长江经济带呈东西走向,中蒙俄经济走廊大致呈南北走向,贯通后纵横联动,为国内经济发展提供新的运输网络,以实现资源要素更快的流动。第二,在创新研发、高端人才、现代技术等方面,京津冀协同区具有显著优势。借助前期廉价劳动力的成本优势,长江经济带在制造业领域具有坚实的基础,制造技术的研发和运用成熟。在制造业领域,京津冀协同区利用其技术创新优势为长江经济带制造业提供突破自身技术改进约束的便利,以第三方视角为长江经济带提供现有产业对接国际市场需求的应用技术,使其将有限的生产要素更好地用于新技术应用,加快长江经济带产业升级。

对于东北和华北地区来说,中蒙俄经济走廊和长江经济带的贯通可让华北京津冀地区和东北地区更多地分享长江经济带经济发展的红利,统筹中国区域差距。第一,华北京津冀地区和东北地区发展起步较晚,城市治理经验相对贫乏,城市布局相对不完善。而长江经济带起步较早,尤其是长三角区域内,基本形成了以城市群为主体的空间布局结构,呈现了许多经典的成功布局模式。借助长江经济带与中蒙俄经济走廊贯通,长江经济带可以推广城市布局的发展经验,助力京津冀地区和东北地区建立先进的城市群。第二,东北地区面临一定转型压力,需要外生冲击促使内生变化。长三角在市场培育、民营经济和企业国际化、服务业发展等方面领先较多。在金融领域及现代服务业领域,长三角地区优势明显,贯通将对华北和东北地区产生辐射效应,优化其产业结构。

**2. 贯通的基础条件、现状与问题**

(1) 贯通的基础条件。

一是中蒙俄经济走廊与长江经济带的区域规划存在着诸多相近之处,已经为各经济区强化联系、规划区间发展提供了可能性。例如,中蒙俄经济走廊与长江经济带均有提高基础设施水平的规划,故各区域可通过加强交流了解各自的目标和方案,以宏观视角对需要联合建设的项目在设计期就融入顶层设计之中,对辐射效应已经波及或其他经济区已经列入规划的项目,各区域可以避免重复建设,为区间协作互利创造条件。

二是交通、通信、基础设施建设是打造协同发展的硬件基础条件。现今贯通中蒙俄经济走廊与长江经济带的交通工具大部分为铁路,如京沪、京九、京广、皖赣、焦柳等南北铁路干线。相比海运的耗时极长、航运的成本极高,铁路运输准确性和连续性强,具有速度快,不易受气候影响、安全程度高,可以有规律地定时、准确将货物运送到指定地点的特点,且运输量大运输成本低,对于内陆国家、地区尤为重要。

(2)贯通的现状与问题。

在贯通的现状方面,中蒙俄经济走廊与长江经济带上的重点城市积极展开交流合作项目,旨在找到更多科技创新与经济发展的对接点,实现双赢。

2017年9月3日,上海市与辽宁省举行上海大连对口合作座谈会,会后,两地共签署对口合作项目57个,协议金额达1704亿元。建立沪连对口合作机制,有利于两地优势互补,提高大连战略性新兴产业规模,促进产业结构优化升级。其辐射效应将不局限于两个合作地区,长三角及长江经济带发展能级也有望获提升。

2016年,华中科技大学与滨海新区开展战略合作。双方决定在科技合作、成果转化及产业服务、人才合作、科技决策咨询四个方面开展深度合作,共建华中科技大学滨海产业技术综合研究院,围绕智能制造、生物医药、光电信息、新能源新材料等领域,以平台为载体,坚持市场导向,把科技创新聚集优势与滨海新区的区位、产业、政策等优势结合起来,加快创新驱动发展,促进科技成果产业化,推动新区转型升级。华工科技产业股份有限公司半导体芯片项目也同时落户滨海新区。该项目作为天津大力发展国家战略性、基础性电子信息产业的重要组成部分,将投资建设半导体芯片的生产、研发及展示中心,项目建成投产后,年产值将达10亿元以上。

在贯通存在的问题方面,一方面中蒙俄经济走廊与长江经济带定位明晰,所辖区域均以巩固和强化所在经济区的功能定位为主导布局产业,对于贯通的区域,以服务于何种定位为准绳规划经济结构,以哪个地区为主,谁带谁,这是一个问题。另一方面自国家提出振兴东北、京津冀地区一体化和长江经济带发展构想以来,各经济区均制定了完善自身基础设施的规划,但关于跨经济区的软硬件合作建设较少。综观国内外已有发展经验,跨经济区基础设施的完善对降低发展成本、促进经济发展具有显著的正效应。

### 3. 贯通发展思路与总体目标

（1）贯通的总体目标。

使中蒙俄经济走廊与长江经济带形成利益复合体,统筹差距,共同发展。利益是合作产生的动因,是合作存续的纽带。市场经济条件下,京津冀协同区、东北地区和长江经济带贯通的持续必须依附经济利益可持续获得的预期。首先,提高生产要素的跨区域流动性。生产要素是生产经营活动顺利开展的重要基础,在中国宏观经济发展战略已经全面由要素投入驱动型转向创新型驱动的当下,改善生产要素的作用途径是顺应宏观经济战略转变的重大创新。立足要素的逐利性,中蒙俄经济走廊与长江经济带应当在明确自身资源优势的基础上,以优化投入产出比为准绳,在资源、人才等方面广泛合作。例如,借助京津冀协同区的技术创新优势提升产品性能、拓展生产要素用途,借助长江经济带应用型技术和人才优势提高生产效率、增加产品附加值、延伸价值链,借助东北的资源优势降低生产成本。为开创共赢局面,中蒙俄经济走廊与长江经济带应依托政府的权威性,出台降低或消除生产要素流通壁垒的政策措施。

其次,以产业链提升中蒙俄经济走廊与长江经济带互联互通效益。为防止生产要素自由流动产生过度集聚效应而进一步拉大区域差距,中蒙俄经济走廊与长江经济带应突破区划限制,以节省成本为约束条件,选址产业链每一环节应布局的区位。在具体实践中,对涉及中蒙俄经济走廊与长江经济带资源、技术、人才等要素且具有较强竞争力的产业,则可以立足国内外需求形成产业链。

再次,保障产品价值实现。资源有效利用、产业价值链构建等经济行为的发生、持续、改进,均需要产品产值的合理实现来维系,在产品丰富的当下,至少需要保证品质和通道。为此,中蒙俄经济走廊与长江经济带应当以展现比较优势和满足市场需求为原则确立主导产业,依据不同消费群体的需求,构建动态开放的产业链,及时健全完善产品系统,以多维视角剖析产品质量的内涵。另一方面,中蒙俄经济走廊与长江经济带合力完善交通网络系统,消除交通设施对产业发展的制约。同时,在生产技术、产品标准等方面保持顺畅交流,使跨经济区的产业链在相对一致的软环境中开展生产经营活动,消除因政策、标准等差异对经济活动形成的障碍。

(2)贯通发展思路。

东北与长江经济带的贯通。东北南部的大连港、丹东港、营口港、盘锦港、锦州港、葫芦岛港可以直接跟上海、宁波航线往来,通过上海可以与长江经济带对接。同时落实辽宁与江苏、吉林与浙江、黑龙江与广东之间的省际对口合作。

华北京津冀地区与长江经济带的贯通。在产业转移方面,当前,北京正在以疏解非首都功能为导向调整经济结构,大批驻京产业面临转移,如一般性制造业、物流基地、批发市场等,国家主张将产业向天津、河北转移,除此之外,应当拓宽北京产业转移承接地的选择范围,如延展至长江经济带等。一方面有助于产业选择占优的承接地;另一方面有助于打破经济区边界,真正以利益纽带建立各地区之间的经济联系,借助各地区资源禀赋和发展水平差异,延长产业生命周期;同时,使产业迁出地提升腾笼换鸟的经济效率。

长江经济带发挥好城市群的引领性作用。长江经济带拥有长三角、中部和成渝三大城市群,能够有效带动“双向”开放。一是强化城市群之间的沟通协作。建议以长三角城市群为核心,联合成渝城市群、中游城市群等区域,建立起城市群之间的合作机制,强化长江经济带对华北、东北的辐射能级。二是以城市合作为重点,注重发挥关键节点城市的作用。以重要节点城市为突破口,做大做强上海、南京、合肥、武汉、重庆等重要节点城市,提升城市影响力,强化要素集聚能力,先由重点城市作为贯通试点,再带动其他城市融入。

**4. 对策与建议**

第一,推动政策有效联通。长江经济带与中蒙俄经济走廊的贯通融合,首要在于形成共建共享的区域利益协调的合作机制。要加快构建长江经济带与中蒙俄经济走廊中国段的协调推进机制。在国家层面加强协调,制定贯通融合的具体实施举措,形成以战略沟通为重点、以项目合作为载体的长效政策沟通机制和平台,共同探索区域发展新模式。

第二,促进基础设施互联互通。首先,构建跨区域路网系统。为便捷经济合作,将中国产品顺畅地输向国际市场,别国产品低成本进入中国,在构建自身路网系统的同时,还需及时建设跨经济区的路网系统,因此,应在制定公路(包括高速公路)、高速铁路等建设规划时多交流,力争一项建设工程辐射更多区域。其次,强化航空物流合作。尽管有铁路的现实条件,航空物流是短期提升通达水平的占优选择。中蒙俄经济走廊与长江经济带应突破经济区界限,尽可能开通城市间直航,以物流效率优势为区域产业发展拓展市场空间。应完善水、铁、公、空多种运输方式,综合发展多式联运,尤其要聚焦关键通道、关键城市、关键项目,联结陆上公路、铁路道路网络和海上港口网络,建设综合立体交通走廊。

第三,贯通离不开人才的培养与利用。可以建立多层次的社会民间合作交流平台。依托上海、杭州、南京、合肥、武汉、重庆、成都等长江经济带上的沿江主要城市的影响力,开展相关高端论坛、研讨、商务洽谈等活动,支持新闻媒体互访,全面展示各自社情民意、人文风情、产业动向等。

## （三）　中南半岛经济走廊与长江经济带的贯通思路

### 1. 中南半岛经济走廊与长江经济带贯通的战略意义

党中央、国务院高度重视中南半岛经济走廊的发展，重点是广西北部湾区域发展。2008 年 1 月 16 日，国务院批复了广西北部湾规划，将广西北部湾正式列入国家发展战略，拉开了我国沿海发展战略的大幕。广西北部湾区域规划的实施，对我国沿海发展战略有着重要作用。广西北部湾区域的发展，加快了我国南海区域的发展，珠江三角洲、海峡西岸区域都有了长足的发展。我国东海区域的发展，加快了长江经济带战略规划的实施。我国黄海区域的发展，促进了江苏沿海大开发战略的实施。我国环渤海区域的发展，推动了山东半岛蓝色战略的实施和天津滨海新区的发展，形成了我国沿海发展战略的新格局。

在我国沿海发展战略与布局规划中，广西北部湾与国内沿海区域联动，特别是与长江经济带发展联动，具有重要的意义。重点体现在以下两个方面。

一是从国际区域合作发展上，广西北部湾与长江经济带区域合作，可以东盟自由区合作为支点，形成"一轴二翼"的布局战略的新格局。"一轴"是指南宁至新加坡的经济走廊。通过广西北部湾的南宁、钦州、防城港、北海等，以及南海联动东盟七国，形成发达的经济走廊。"二翼"是指大湄公河次合作区域和泛北部湾区域。大湄公河次合作区域要形成"5+2"区域的战略格局。"5"是指东盟区域的五国，如越南等，"2"是指云南和广西。泛北部湾区域超越了单纯的地理概念，从合作区域来看，已经涵盖了海上东盟国家。广西北部湾与长江经济带区域合作可以拓展长江经济带及长三角不仅在大湄公河次合作区域的陆上经济合作格局，还可以拓展与泛北部湾区域东盟国家的海上经济合作。泛北部湾区域的海上合作前景广阔，包括菲律宾海峡、马六甲海峡和台湾海峡。泛北部湾区域有几十个国际海港，由于是战略要冲，是兵家必争之地，广西北部湾与长江经济带合作，共同发展泛北部湾区域,可以使泛北部湾区域从战争湾转变成和平湾、发展湾。

二是从国内区域合作发展上,广西北部湾与长江经济带区域合作,可以使长江经济带更好地服务"三南"地区。通过区域合作,可以推动西南、中南和华南地区的重大基础实施规划和建设。重点建设港口、机场、新干线和高速公路。"三南"地区的重大基础实施将对广西北部湾的建设起到重要的作用。通过基础设施建设,可以进一步带动南宁、贵阳和昆明城市群的发展,对我国西部大开发起到重要的作用。

广西是我国少数民族人口最多的省(区),广西北部湾与长江经济带区域合作,可以增强我国边疆的经济实力,提高少数民族地区的生活水平,对稳定边疆、国泰民安有着重要作用。

**2. 中南半岛经济走廊的城市功能定位和战略重点**

党中央、国务院高度重视中南半岛经济走廊的北部湾经济区发展,将其功能定位为:立足北部湾,服务"三南"(西南、华南和中南),沟通东中西,面向东南亚,充分发挥连接多区域的重要通道、交流桥梁和合作平台作用,以开放合作促进开发建设,努力建成中国—东盟开放合作的物流基地、商贸基地、加工制造基地和信息交流中心,成为带动、支撑西部大开发的战略高地和开放度高、辐射力强、经济繁荣、社会和谐、生态良好的重要国际区域经济合作区。

北部湾经济区发展的战略重点是:优化国土开发,形成开放合作的空间优势。完善产业布局,形成开放合作的产业优势。提升国际大通道能力,构建开放合作的支撑体系,深化国际国内合作,拓展开放合作的新空间。加强社会建设,营造开放合作的和谐环境。着力推进改革,创新开放合作的体制机制。

归纳国家对北部湾经济区功能定位和战略重点,北部湾核心功能是合作开放。面向国际是东南亚。定位目标是"三个基地,一个中心"。服务区域是我国"三南"地区。战略重点是:优化国土空间,优化产业布局,优化国际通道能力,优化国际合作,优化社会环境,优化体制机制。

### 3. 广西北部湾与长江经济带区域合作的重点与方式

从国内的区域合作模式来看,总体上有两种:一种是以要素合作为主体的合作方式;另一种是以制度合作为主体的合作方式。所谓要素合作方式是指合作区域内,在市场经济的制度框架下,按市场配置资源的运行规律,推动合作区域的各类生产要素自由流动。重点是推动人流、物流、资金流、信息流和技术流的无障碍流动。应该说,在我国区域合作发展中,大部分地区都是要素合作方式。比如,广西北部湾与形成的东盟自由贸易区"一轴二翼"的战略格局,就是推动区域的生产要素自由流动。在珠江三角洲的深港大都会合作,海峡两岸区域合作,包括环渤海的中、日、韩区域合作等,都是以要素合作为主体方式。

所谓制度合作方式是指在区域经济高速发展的态势下,由于行政区划和地方利益的原因,造成了许多不利于要素流动的瓶颈,为了加快区域一体化发展,区域的政府间在政策和制度层面加强合作,合作的主体是政府,是要素合作基础上更高一个层次的合作方式。比如,长江经济带的区域合作就是从要素合作层面上形成的制度合作的新格局。

为此,广西北部湾与长江经济带区域深度合作的战略布局,总体上应是要素合作与制度合作并重。在国内区域合作上,要以制度合作为主体,加强广西北部湾与长江经济带区域地方政府的合作,提高政府间制度合作的政策层级。可以参照长三角区域制度框架体系,比如"三级运作,统分结合"的模式。这个模式的泛化内涵的意义就是,广西北部湾与长江经济带区域共同建立重大决策机制,建立具有权威性的协调机构,落实区域合作发展的执行体制。在运作中,要通过决策层决定重大合作事项,建立合作平台。要通过专项、专题落实到部门和责任人。要有计划、有落实、有检查和有考核。

在国际区域合作范围上,广西北部湾与长江经济带区域要充分利用国家给予长三角和广西北部湾区域的政策叠加效应,按国际惯例,与世界接轨,创新国际合作体制,共同开拓东盟和国际大市场。

# 第三节 "一带一路"与长江经济带城市群贯通发展对策任务

## 一、 提高"一带一路"与长江经济带贯通的战略认识

要从落实国家战略高度,提高"一带一路"与长江经济带贯通发展的战略认识,构建贯通发展的战略协同、产业协同、布局协同。

### (一) 促进长江经济带与"一带一路"的战略协同

一是坚持以国家战略为指导,明确长江经济带与"一带一路"的空间布局和发展方向。重点要体现:跨重要区域的调控目标、需要统一布局的区域性重大基础设施、重要资源开发、经济社会发展功能区划、政策措施的统一性等内容。二是建立长江经济带与"一带一路"贯通对接的协调机制。建议国家发改委等主管部门积极协调国家战略与倡议在贯通对接中的关键矛盾和问题,尤其是突破跨区域合作中的体制机制障碍,增进区域间在推进国家战略与倡议的贯通对接中的合作。

### (二) 促进长江经济带与"一带一路"的产业协同

推动区域产业转型升级,建立区域协调发展新体系。"一带一路"和长江经济带同时联系起东、中、西三个不同发展区域,在经济发展水平上也呈现出高、中、低三种不同阶段。在产业分工上,长江经济带各地区呈现梯度化差异,丝绸之路经济带大部分地区同样面临着产业结构单一的问题。加强国家战略与倡议的互联互通,将形成跨区域产业链,推动区域间产业结构

的调整和升级,在中西部地区培育出一批新的区域经济增长极,有助于实现沿海地区与内陆地区的协调发展。同时,"一带一路"在能源、技术、资金、人才等方面具有资源优势和市场优势,而长江经济带在基础设施、产业转移、生态环境等方面具有区域合作经验,战略与倡议可以优势互补、互促共进。

### (三) 促进长江经济带与"一带一路"的布局协同

促进深化改革与对外开放的联动发展,以开放促改革。长江经济带和"一带一路"在空间上横跨了我国的东中西部,"一带一路"更是向周边国家纵深,我国进入新常态之后以出口导向和重工业化为主的发展模式都亟待转型,战略与倡议的贯通对接不仅能够促进长江经济带经济结构的优化,在改革中推动发展,同时也可以实现对碎片化区域发展方案的整合,充分发挥长江上游、中游、下游地区各自优势,统筹东、中、西部地区的发展,形成沿海、沿边与内陆开放的有效衔接与互动,构建全面对外开放并且是双向开放的新格局。

## 二、 加快国家大通道建设,贯通长江经济带与"一带一路"通道

### (一) 总体规划长江经济带立体交通走廊与"一带一路"大通道互联互通

建设若干个中欧班列物流枢纽,支持将"渝新欧"国际铁路建设成为中欧铁路主通道,推动中南半岛、孟中印缅经济走廊、第三亚欧大陆桥、大湄公河次区域等国际经济廊道建设,打通面向印度洋的战略出海口。依托澜沧江—湄公河黄金水道、昆明—曼谷国际大通道、泛亚铁路中线,总体规划中国与南亚互联互通合作,研究确定合作的重点领域和优先项目。建议将建设第三亚欧大陆桥列入国家战略。

## （二） 建立"新亚欧大通道"，加强"一带一路"与长江经济带贯通

长江经济带战略与"一带一路"倡议的任务既有不同，又有一定关联性。长江经济带战略统筹长江流域九省二市之间的协调发展，自古以来一直是中国经济发展的支撑带，是"一带一路"国家重要的制造与贸易腹地。"一带一路"倡议承担对外开放发展重任，服务企业双向投资贸易，建立全球配置资源能力。两者在发展目标、空间布局、交通网络、产业发展，以及信息和文化交流上可以进行充分的互动契合，并需要有足够的重视。建议建立"新亚欧大通道"，使长江经济带成为连接丝绸之路经济带与 21 世纪海上丝绸之路的交通走廊与经济走廊。目前长江经济带沿线城市开出"渝新欧""汉新欧""苏新欧""义新欧"等形成"X 新欧"的通道模式，其实质上已经成为长江经济带连接"一带一路"的重要表现，并逐渐超越原有的"亚欧大陆桥"，成为带状的"新亚欧大通道"，由于通道走廊与经济走廊相重合，更具有发展空间与战略意义。

## （三） 以依托"兰州新区"建设，建立西向国际通道的对接枢纽

进一步打通长江经济带立体交通走廊与"一带一路"国际大通道之间的链接。打通中巴伊国际运输通道，破除长江经济带向西开放障碍。适时推进泛亚铁路建设，有助于通过云南实现长江经济带中国—中南半岛、孟中印缅经济走廊的高效联通。其中，目前迫切需考虑实施的是：以兰州为中心的国际港务区和铁路枢纽定位为向西开放的国别班列重新编组中心。甘肃是中欧班列必经之道，能否充分利用兰州、武威、天水三个国际陆港基地，对列车实施重新编组，编为国别班列，一列发至一个国家，既提高运行速度，也降低运行费用。具体建议：

第一，将兰州新区西部物流枢纽建设提升为国家战略。兰州新区作为

国家级新区应体现国家战略意义,而非一般意义的地方开发区。为推动"一带一路"国际物流通道高质量发展,建议以兰州新区为核心载体,打造西部特别是西北地区的综合交通枢纽和物流组织平台,推动中欧班列高质量发展,并成为引领带动西北乃至整个西部新一轮开放的战略引擎和支撑平台。另外,鉴于兰州市级可调度资源与协调层次限制,建议提升兰州新区的管理层次,由甘肃省成立领导小组,从省级层面统筹调度、管理。

第二,提升兰州综合保税区枢纽平台的功能和能级。综合保税区是兰州新区最核心、最高端的战略平台,将兰州新区建设成为西部物流枢纽,关键是加快完善和提升综合保税区的功能。兰州综合保税区紧贴四条铁路线,临近兰州机场,具备建设物流枢纽的有利条件。建议从国家战略层面,鼓励和支持兰州新区用好用足综合保税区这一枢纽平台,打造"一带一路"国际物流枢纽,并适时在兰州综合保税区基础上,设立自由贸易试验区,以更高水平的开放平台带动西北和西部地区高质量发展。

第三,加强铁路与地方政府间的统筹管理。为提升中欧班列的经济成效,确保班列长远发展,应进一步加强铁路部门与地方政府间的统筹协调,统一对当前中欧班列线路进行规划,共同负责班列货物的分拨、集拼、运输等组织管理,实现中欧班列运输效率的提升。此外,应加强对新开班列的管控,按照"控制总量、优化结构"的原则,重点向远离海洋港口的中西部地区倾斜,控制东部沿海地区尤其是航运业发达的长三角、珠三角地区盲目跟风。

第四,全国统一中欧班列的地方补贴额度与时间表。建议由国家财政部出台地方扶持指导价,统一中欧班列的地方补贴标准,以限制地方间的无序竞争。成立"中欧国际班列基金",由中国铁路总公司管理,由沿线城市或始发城市共同筹资,将地方政府补贴转变为资金注入,以此规范各地班列补贴,逐渐实现归口管理。推行对各地班列的绩效考核,对长期亏损线路加以取缔或淘汰。另外,制定全国统一的中欧班列路线图和运行时间表,进一步规范班列运行。

## （四）　在长三角一体化中打造"长三角组合港"，成为海上丝路的国际枢纽港

长三角城市群拥有"外通大洋，内联深广腹地"的优越自然区位和"水陆并举、四通八达"的便捷交通条件，是我国"一带一路"的交会点，也是贯通战略中的支撑点。整合上海、浙江、江苏境内沿江沿海港口资源，超前规划，形成港口间的分工与联动；推进港口间基础设施的互联互通，建设区域性航运枢纽；完善组织和管理模式，实施跨省市港口群利益的有效协调，参照纽约港模式，打造世界第一组合港。具体建议：

第一，明确战略定位，建设具有全球影响力的世界级港口群。长三角港口群要顺应世界航运发展新趋势，呼应新时代改革开放再出发新指向，策应高质量发展与交通强国新要求，进一步明确与长三角世界级城市群地位相匹配的世界级港口群的战略目标定位。加快从城市港口、省市港口建设竞争为主的规模增长阶段，向城市群港口协同合作为主的高质量发展阶段转变，打造长三角高质量一体化发展和长三角改革开放再出发的港航新高地，实现世界级港口群与世界级城市群联动建设，彰显"一带一路"与长江经济带重要交会地带的独特优势，巩固亚太地区重要的国际门户和西太平洋的东亚航线要冲地位，提升全球重要的现代服务业和先进制造业中心作用。

第二，统筹功能布局，加快启动编制《长三角世界级港口群规划》。强化长三角港口群顶层设计、高点站位、统筹布局、抱团发展。加快启动编制《长三角世界级港口群规划》，按照《全国沿海港口布局规划》及相关法规、政策，确定长期、中期和近期发展目标，尽快明确各港的定位和基本服务功能，逐步形成上海以集装箱中转为主、浙江以大宗散货为主、江苏以江海转运为主、安徽水运深度连接的长三角港口群分工格局。围绕建设具有全球影响力的世界级港口群目标，"十三五"规划中后期要凝聚共识、通力合作，

争取从"十四五"规划开始按照形成的统一目标和实施路径,协同建设长三角港口群。

第三,深化体制改革,建立统一化管理体制。长三角港口群进入高质量发展阶段,亟须深化港口管理体制改革,由各省市分别管理港口体制,转变为统一管理长三角港口群港口的体制。主要体现在两方面:一方面,加强跨区域港口协调,设立长三角港口管理局(或长三角港口管理委员会),做实上海组合港功能。长三角港口管理局代表国家(交通部)发挥统一的规划、协调、管理职能,加强港口群跨区域协调管理,加强港口管理机构和地方政府之间的联系和协调,改变行政体制分割、多头管理的模式。积极主动衔接国家有关部委规范港口行业的发展,对各港口制订相同的服务标准、统一的资费标准,通过具有较强宏观控制和协调职权的区域港口综合行政协调机构,有效推进区域港口密切合作、协调发展。另一方面,加强港口部门间协调,相应调整合并海事、海关、海运、航道整治、统计、税收等管理机构,建立与长三角港口群发展相适应的集中统一的管理架构,改变各管一段、各管一块分而治之的状况。

第四,联动自贸区,打造港航领域改革开放新高地。深化自由贸易试验区改革开放,鼓励和支持上海自贸试验区、浙江自贸试验区制度创新的经验在长三角港口群更大范围内可复制、可推广,特别是在港航领域实现联动推进。抓紧研究制订长三角港口群自由贸易试验区改革创新专项行动计划。探索形成具有最高开放度和重大标志意义的制度体系、监管体系、政策体系、管理体系,加快实施通关便捷化、贸易便利化、港航业务国际化突破性和针对性的新举措,发挥长三角港口群港航领域自贸区制度创新试验和深化改革开放新高地作用。有效破除内外贸水水中转、税收协调、口岸监管等一体化的制度障碍,聚焦港航内外开放联通、集疏运体系建设重点领域和关键环节,利用上海、浙江两个自贸试验区推进制度创新的重大机遇,按照最高标准、最好水平要求加快改革创新步伐,为长三角港口群参与国际航运资源的配置提供更多机遇,进一步提高长三角港口群在国际竞争中的竞争能力和话语权。

第五,整合资源要素,推动港口群市场化运作坚持以政府引导、市场主导为原则,积极发挥政府在规范标准、政策支持、资金配套等方面的引导作用,营造营商环境和法制环境。立足提高城市群发展质量,提升港口群综合国际竞争力,强化市场配置资源的决定性作用,突出企业的市场主体地位,坚持以资本为纽带,通过资产重组、互相参股、交叉持股等多种方式,着力推进长三角地区港口资源省内整合、跨行政区整合。建立市场化、开放性的平台和机制,促进江浙沪皖港航企业多种方式的合作和联盟,加强协同和互动,整合海港、空港、公路、铁路、长江水运和内河水网运输,着力推进多式联运,促进物流运输降本增效。

第六,升级港航产业,完善港口群集疏运体系。目前长三角港口群集疏运方式以公路为主,以铁路、水路为辅,以港口为枢纽的集装箱铁水联运体系尚处于起步阶段,多式联运发展滞后,集装箱铁水联运比重不足2%。为此,长三角港航产业亟需转型升级,建立与长三角世界级产业集群相匹配的港口产业体系和物流体系。完善长三角港口集疏运规划、体系,推动跨区域、跨部门、跨行业的多式联运通道建设。推动江海联运、海铁联运、海空联运的发展,打造海陆空立体化的多式联运通道,提供"一站式"和全方位运输服务。按照"到2020年重要港口铁路进港率将提升到60%左右"的目标要求,重点推进大宗干散货港区和规模化集装箱港区铁路集疏运通道及场站建设,推进"港站一体化",实现铁路货运场站与港区无缝衔接。大力发展铁水联运,使集装箱铁水联运规模和在港口集装箱集疏运中的比重显著提高。大力发挥长江南京以下12.5米深水航道作用,高质量发展长江航运。加快多式联运领域价格形成机制,加大对港口集疏运系统建设的政策、资金扶持,为港口物流匹配创造有利条件。

第七,建设智慧港,搭建长三角港口群信息化平台。适应新一代信息技术发展,加快推进长三角港口群智慧港建设。尽快出台发展长三角智慧港口群的措施和意见。发挥政府投资的导向作用,建立健全政府与企业等多方参与的投资融资机制,引导社会资金投入智慧港的建设,运用物联网、大数据、云计算、区块链等高新科技手段,优化提升港口的基础设施和管理模式,提升港口客户管理、生产管理、运营服务、口岸管理、交通管理、物流管理、安防管理、数据中心系统等方面智能化和智慧化水平。搭建长三角沿岸港口信息平台,提高集装箱和船舶的信息管理水平。完善国际贸易单一窗口,实现相关信息共享。

## 三、 发挥长三角一体化引领作用,打造"一带一路"与长江经济带的贯通枢纽

长三角地区地处"一带一路"与长江经济带交会处,肩负着对内带动中西部地区发展和对外参与全球竞争的双重任务。长三角一体化已上升为国家战略,必须有效突破,助力长江经济带与"一带一路"的发展。

### (一) 加快多式联运体系建设,建成综合化、立体化的交通网络枢纽

以区域内轨道交通、城际铁路、高速公路等快速干道建设为契机,加快城市通道的配套与衔接,共同完善交通、物流网络,不断提高运输能力和服务水平,形成长三角城市群一小时通勤圈。加强上海港、宁波—舟山港、南京港等枢纽港口建设,完善海铁联运、江海联运、陆海联运等多式联运方式,形成以上海国际航运中心为核心,北翼南京区域性航运物流中心、南翼舟山江海联运服务中心以及宁波海铁联运国际枢纽,西翼合肥区域性水运港、航空港,共同组成长三角地区综合化、功能型、网络化的多式联运体系,成为贯通对接长江经济带与"一带一路"的核心枢纽。要扩大长三角的空港设施能力,优化航空运输网络,建设具有全球影响力的国际航空枢纽。

## （二） 发挥长三角制度合作的引领作用，加强与长三角、长江经济带、"一带一路"等国家战略或倡议的对接，推动区域一体

加快长三角江海联运服务中心建设，引导长江经济带的船舶标准化、航道标准化、港口泊位标准化、航运管理与服务标准化四个标准化，充分发挥长江经济带"黄金水道"功能。发挥上海及长三角的国际航运中心优势，推动航运港口企业参与21世纪海上丝绸之路支点港口建设，加快推进港口服务标准化建设，推动港口运营、临港工业园区等全产业链布局。发挥中国极地研究中心及拥有"雪龙"号科学考察船等优势，积极参与北极开发利用，在共建经北冰洋连接欧洲的蓝色经济通道上发挥重要作用。以上海建设"全球海洋中心城市"为抓手，推动长三角海洋经济合作，积极落实海洋强国战略。

## （三） 长三角要充分发挥沿海对外开放优势，借助自由贸易港、自贸区建设契机，花大力气建设服务"一带一路"的桥头堡

一方面，扎实推进增设上海自由贸易试验区新片区工作，分类分区域深化自由贸易试验区改革开放。第一，将上海自贸区服务业开放等部分政策，率先在临港周边陆地地区复制和推广，就地消化上海自贸区政策。第二，在大、小洋山港探索自由港政策。第三，在上海自贸区核心区探索不可复制、不可推广的政策，进一步推动自贸区金融开放，深度融入全球城市网络体系。另一方面，上海、浙江、江苏要加强中国（上海）自由贸易试验区与中国（浙江）自由贸易试验区、中国（江苏）自由贸易试验区的沟通协作，提升自贸区开放程度、便利化水平。积极探索自由贸易港建设。发挥长三角自贸区网络优势，将可复制、可推广经验不断推向长三角全区域，打造统筹沿海、沿边、沿江和沿陆开放，促进对内对外开放联动的协调发展示范区。

### （四） 完善长三角区域一体化体制机制

目前,长三角区域一体化已上升为国家战略,并设立了长三角生态绿色一体化发展示范区。在新时代下,长三角区域需要探索协调新机制,加快区域一体化进程。具体建议:

第一,完善区域"三级运作"机制。在长三角区域"三个层次、四个座谈会"的区域合作机制框架内,以重大项目工程为抓手,建立区域协同推进机制,可由省市分管领导牵头,明确跨区域重大工程及各地区责任分工。充分发挥长三角区域合作办公室功能。目前长三角区域合作办公室已组建,人员已到位。建立有效与"三级运作"的协调机制,切实起到承上启下作用,在规划对接、重大项目落实等方面探索常态化长效机制,推动长三角区域进入深层次合作。

第二,发挥长三角区域合作基金作用。目前,在长三角区域合作办公室已筹措建立长三角区域合作基金。建立长三角区域合作基金良性筹措、管理、运作机制,积极发挥引导作用。基金要围绕主要领导联席会确定的重大议题,用于长三角跨区域合作重大攻关和引导资金,并在区域合作中,以基金为抓手调动各方积极性,推动跨区域重大工程项目推进。以基金进行区域利益平衡和补偿,以建立在区域合作中产生的区域利益分享和补偿机制,实现区域深层次合作。

第三,建立长三角区域共享和补偿机制。长三角区域协作的关键点是互惠互利,在利益共享制度的基础上,出台各类相应的补偿机制。建立区域性建设项目的利益共享机制,尽快研究跨区域的产业转移、利税分成、土地指标、水环境治理、节能减排等方面的收益分配和协调机制,尽快建立重大项目责任共担机制,建立区域生态补偿机制和财政转移支付方式,形成生态保护的长效机制。

第四,建立咨询委员会,形成多方利益诉求表达机制。由三省一市相关领域专家、国务院有关部委、学者、企业和行业协会负责人以及其他特邀人员等组成长三角区域合作咨询委员会,为长三角区域合作提供重大决策咨询,并对区域合作重大问题提出可行性建议和利益评估,形成科学合理、多方利益诉求表达机制。

第五,建立监督和约束机制。建议长三角区域各城市承诺提供区域内所有成员以"市民"待遇,合作方有权对合作项目全过程中任何有地方利益倾向的行为进行监督、质疑。将跨区域考核纳入各地区行政考核。规范和完善区域合作法律、法规,禁止企业在区域内的恶意垄断行为。

第六,建立仲裁机制。建议成立"长三角区域合作协调仲裁专业委员会",负责对区域合作中任何地区、专业、行业的部门和机构不履行或者破坏协议的行为进行仲裁。应制定《长三角区域合作争议仲裁条例》。经长三角区域合作协调仲裁专业委员会仲裁审定,区域内各级政府有权对任何不履行或者破坏协议行为方实行措施限制。

## 四、 借助枢纽与节点城市打造战略性贯通综合枢纽

### （一） 充分发挥枢纽城市和节点城市在贯通对接中的功能和作用

上海、重庆、成都、武汉、长沙、南昌和合肥等枢纽城市和节点城市在资源、产业、科技、人才、信息等方面具有优势,应以其为突破口,通过这些城市集聚人口,吸引各类经济要素,为各类经济活动提供支撑平台,强化其交通运输功能、科技创新功能、产业辐射功能,通过示范引领和辐射带动,推动其他区域融入"一带一路"。

### （二） 聚焦丝路沿线的主要节点城市，加强支点城市与节点城市的互动合作

"一带一路"沿线城市众多,不同城市发展水平差异很大,相互合作的基础和风险也参差不齐。因此发挥好战略支点城市的功能,首先必须集中

这些城市的优势资源,精心选择产业基础好、合作意愿强、地理位置佳、政治影响大、安全系数高的重要丝路节点城市作为合作伙伴和服务重点。战略支点城市对接"一带一路"建设,首先应服务好引领好重要丝路节点城市的发展,加强对主要丝路节点城市的服务支撑与对接合作,并发挥"以点带面"和"从线到片"的带动作用,辐射带动丝路节点周边区域的整体发展。应高度关注战略支点城市与沿线重要港口节点之间的建设和交流,共同打造"一带一路"的服务便利化功能和支持经贸发展的交通网络体系,使不同城市的集聚效应、极化效应、辐射效应和联动效应达到最大化。

### (三) 以重要战略支点城市为依托,为丝路沿线城市提供"全链条"式的城市综合服务供给

在服务支撑丝路节点城市的策略方式上,战略支点城市要充分发挥综合服务枢纽作用,积极担当丝路城市的"综合服务供给者",为丝路城市提供从城市规划到城市建设再到城市管理等一揽子、全链条的综合服务,把城市发展的成熟经验科学复制应用到丝路沿线城市,由此带动丝路沿线城市的工业化、城市化、现代化进程。城市综合服务供给可采用下三种不同模式:① 地产开发商主导型,依托地产企业在土地成片开发、综合设施配套、大型住宅区建设、物业管理、成本管控等方面的成熟经验,在丝路沿线提供港口、城市综合体、城市土地成片开发、新城等开发和建设;② 大型厂商主导型,依托企业在基础设施、制造业等领域的生产、技术等优势,推动丝路沿线产业园、开发区、产能合作区、重大基础设施建设;③ 友城结好共建型,通过国际友城结好,促进路城市的互联互通。

### (四) 以产业园区建设为主要抓手,创新"一带一路"沿线地区城市化开发和发展模式

"点—线—面—带"是"一带一路"的重要架构,开发区和产业园区模式

是"一带一路"扩点为面的有效模式。发挥上海、香港、新加坡、汉堡等战略支点城市的平台功能,以产业园区和经贸合作区建设为抓手,在主要丝路节点加快建设一批产业园区和经贸合作区,带动丝路节点城市经济发展。跨境园区建设一方面可采取"硬输出"模式,由战略支点城市大企业联合牵头投资开发建设,形成主导产业后再带动上下游或关联产业共同走出去。另一方面,推进园区的"软输出",利用先发国家高科技园区建设管理经验和综合人才优势,推进园区发展理念和模式向丝路节点城市的复制与输出,加强与丝路节点城市在技术、建园理念、思路、方案、设计、园区招商及建成后运营管理等方面的合作。在产业园区与经贸合作区发展的基础上,推进丝路节点城市间联合建设经济特区和双边自贸区。

## 五、 以利益为纽带,建立长江经济带多式联运体系

长江经济带高质量发展的共同利益增量可来自五个方面:一是充分利用黄金水道,降低物流成本。二是船型标准化红利。长江近 13 万艘船舶标准化更新改造将有助于沿江造船业的转型发展。三是三大城市群建设将形成四个立体交通枢纽,带来发展的枢纽红利。四是多式联运的发展,促进沿江港口城市成为区域中心城市,真正贯通长江经济带与"一带一路"互动发展。五是上述四个方面整体提升长江经济带产业竞争力,形成共享发展格局。具体包括:

### (一) 实施黄金水道"桥—坝—航道—船"的系统建设工程,全力推进黄金水道标准化

长江黄金水道的物流运输功能发挥不足,主要是没有建立降低长江经济带的物流成本的供给侧改革机制,当前首要全力推进的是黄金水道标准化和船型标准化。长江黄金水道承担了我国 55% 的内河航运总量。长江航道水深不一、支流航道等级较低、三峡船闸拥堵,限制了内河航运发展。

目前,各项工作分头开展,如果出现一个环节的"短板",整体上就会事倍功半。标准化船型要与桥梁的高度、水深配套。建设三峡以上水坝综合翻坝转运体系,尽快提高三峡船闸通过能力和翻坝转运能力。对于上游在建大坝,要防止有关企业为节省成本而缩减船闸与生态设施工程项目的现象。全面推进长江干线航道系统化治理,加强长江干线航道的信息智能化管理,提高航运发展水平。重点推动长江支流航道建设。加快汉江、赣江、资水等长江支流航道的升级改造和港口建设,打造长江千吨级支流航道网。提高跨越长江的公路、铁路南北与通道的运输能力。在长江经济带建设以空港与支线、通用机场群组合的航空运输体系。

### (二) 充分发挥船型标准化带来的沿江造船业发展

充分发挥船型标准化带来的沿江造船业发展,成为政府、企业、产业的共同发展红利。要进一步落实推进长江航运船型标准化、绿色化。用五至十年时间,实现船舶更新改造,具有降成本、抓保护与船舶产业振兴三大好处。

### (三) 合理港口布局,以组合港、合作参股模式建立港口利益共同体,提升港口辐射带动能力

进行港口再组合,避免港口重复投资,优化港口产业结构。下游地区港口群,配合上海国际航运中心和东部沿海港口建设,形成以上海港为龙头,江苏沿江沿海港口和浙江沿海港口为两翼,以港口集团为主体,市场化配置港口群布局。在集疏运体系建设上,加强航运中心政策与制度建设,促进沿江港航联动发展,加强信息化建设实现多种运输方式的有效衔接,加快航运中心集疏运一体化服务系统建设,推动江海联运船舶研发应用,明确区域性港口定位。启运港退税试点等政策有待进一步扩大,退税效率还需进一步提高,将洋山港打造成具有国际竞争力的枢纽港。

## （四）　发展以多式联运为目标的综合立体交通走廊体系

降低物流成本，加大长江利益共同体的交通统筹协调能力。要抓住长三角这个龙头，构建以黄金水道为主的多式联运体系，突破江海联运功能不强、沿海铁路建设薄弱、港口集疏运靠收费高速公路、铁水联运比重不足2%等造成的高物流成本瓶颈。构建长江经济带立体交通走廊，支撑亚欧铁路网的建设，形成欧亚之间的大运量通道，使长江经济带向西高效联通丝绸之路经济带。重点推动建设上海、南京、武汉、重庆4个复合型国家综合交通枢纽，再选择建设一批条件成熟、规模合适、代表性强的铁路、航道、码头和物流园区。开展多式联运、综合开发等改革试点示范工程，支持重点港区实现"铁水""公水"无缝衔接。抓住与陆港衔接的关键节点和重点工程，优先打通缺失路段，畅通瓶颈路段，提升国际运输通道的基础设施保障能力。加大区际交通统筹协调能力。抓住与陆港衔接的关键节点和重点工程，尽快打通长江上游有关瓶颈，优化结构、提升能力，彰显高速公路快速通达的特性。优化客、货运枢纽，建设长江经济带综合交通枢纽，全面实现联程联运格局，实现枢纽与运输网络的一体化、单体枢纽间的一体化、枢纽内部换乘一体化、枢纽服务一体化。协调跨省（市、区）铁路项目建设进度，确保各省境内路段同期建设。

## （五）　超前布局应用磁悬浮交通网络

未来交通网络必须有超前的布局。建议在长江经济带城市群交通网络建设中，结合国家科技部最新的磁悬浮轨道国家战略项目，研究论证建设高速与中速磁悬浮交通的可行性。磁悬浮轨道能满足未来500公里时速以上的高速交通需要，并克服长江经济带山地地区的爬坡等技术难题。通过高速磁悬浮实现五大城市群之间的城际交通网络；中低速磁悬浮实现城市群内中心城市之间、中心城市与周边城市之间的快速通达。

**（六）　以物流信息系统的整合来推进长江经济带多式联运体系的建设，加强长江经济带与"一带一路"贯通对接的信息系统建设**

长江经济带多式联运受到的限制较多，比如基础设施之间缺乏有效衔接、缺乏多式联运集成服务商群体、缺乏信息化对接以及缺乏统一的标准化等。多式联运不仅仅是公、铁、水、空等多种运输方式的简单组合，更是各种运输方式的复杂系统之间的高效衔接。在长江经济带贯通对接"一带一路"的过程中，要依托跨区域的联通重要枢纽和节点城市，整合各地航运、铁路、空运、水运的政府部门、货运部门的信息系统，形成政府和企业两套大数据信息系统，作为助力多式联运交通枢纽、提高物流运输效率的重要抓手。

## 六、　以开放促进长江经济带与"一带一路"互联互通

在对外开放方面，长江经济带面临国家战略部署与项目、资金安排力度较弱，大通关衔接不足，自贸区带动作用有限等问题。因此要以开放发展为途径，推动长江经济带高质量发展，促进与"一带一路"贯通发展。

### （一）　以自贸区、自由港为载体推动东西双向开放

长江经济带对外开放总体上仍然存在比较明显的不均衡问题，各口岸之间没有通过国际贸易单一窗口相联结，海关特殊监管区之间形成封闭运作体系，制约市场一体化。目前，全国 11 家自贸区中，长江经济带流域分布有上海、浙江、湖北、重庆和四川 5 家，分别处于长江经济带的上游、中游和下游，为解决长江经济带协同开放问题创造条件。建议：① 建立长江经济带口岸国际贸易单一窗口，促进贸易便利化。国际贸易单一窗口建设不仅是一国贸易便利化的重大基础设施，而且是推动政府职能转换的抓手。上海自贸试验区国际贸易单一窗口已在平台资源整合、系统模式选择和数据元标准化等方面取得了突破性进展，可以跨区复制推广。② 推进长江经济带区港一体化与跨区海关监管一体化。区港一体化是指海关特殊监管区和

港区(航空港、海港或者内陆港)之间的一体化监管体制,在中间产品贸易不断进出的条件下,对企业提高进出口效率有重要作用,但目前存在的主要问题是各监管部门的数据不共享,海关监管内部存在着制度障碍。③ 建立长江经济带自贸试验区海关特殊监管区的主分区制度。修改或者暂停相关海关特殊监管区的法律,打破海关特殊监管区域和非保税区域之间的割裂状态,适应各片区对保税的要求,形成联动效应,全面建立长江经济带自贸试验区货物状态分类监管制度。④ 在上海、舟山设自由港,开展境内关外的集装箱以及散货转口贸易业务,提升国际中转率,使长江口世界最大港口成为真正意义上的国际航运中心。

## (二) 加强长江流域国际运输及合作的能力建设

建立中欧通道铁路运输岸通关协调机制,打造"中欧班列"品牌,加强长江内陆口岸与沿海、沿边口岸一体化通关与协作。优化海关特殊监管区域布局,对符合条件地区增设内陆口岸。创新加工贸易模式,扩大跨境贸易电子商务服务试点省市。

## (三) 加强对外开放平台与国际战略通道建设

加强国家重点开发开放实验区、边(跨)境合作区、综合保税区等开放平台建设,支持边境贸易、边境经济合作、边贸口岸发展。加快推进孟中印缅等重要国际经济走廊建设,实施"境内关外"模式,由单纯边境贸易向贸易投资、经济技术合作、产业链联动同步发展转变,最终形成通道口岸—开放城市—纵深腹地的沿边区域开发开放经济带。

## (四) 以贵州老挝合作为突破口,共建老挝(贵州)产业园区

老挝是社会主义国家,中老之间具有更稳定的双边关系与互补可能。作为中南半岛内陆"陆锁国"的老挝,与贵州之间在地理位势、资源条件等

方面有相近之处,两个"内陆经济体"有互补共鉴的实际需求。"贵老合作"的最好途径是以园区带动两地的产业与项目深度合作,实现企业与产业、经济与城市的融合协调发展,与兄弟省市分工协作,聚力推动发展,将老挝打造成为"一带一路"后发赶超的样板国家。具体建议:

第一,互利共赢的"走出去"目标。"贵老合作"不是贵州为"走出去"而走出去的项目,而是打造成为两地互利共赢的项目。对于贵州而言,要打造成为带动贵州与老挝、东盟及海外市场扩大双边贸易的重要载体和战略平台、贵州制造业升级开拓的选择项、贵州本土中小企业"抱团出海"的"实训基地"。老挝区位条件决定了该园区的市场辐射范围不可能太远,只能是贵州先期沿着"一带一路"走出去的示范性项目,并不是贵州为降低物流成本而走向国际大市场的"中转站"。

第二,成为产业互补合作的典范。基于贵州产业比较优势,结合老挝资源禀赋及其国内需求,以及鼓励具有潜力和前景的中老产业合作领域,重点考虑发展以下三大产业:一是能矿资源型原材料加工产业。可发挥贵州在基础原材料产业领域保持的传统优势,以园区的形式聚集发展基础原材料产业。二是综合类加工制造业。发挥贵州在装备制造业、大数据等领域的相对优势,发展矿山机械设备、山地农机设备,汽摩、家电、机电产品行业,以及以大数据为"品牌"的通信设备、智能终端制造等电子信息产业,以老挝国内及周边国家为市场,组织推动一批制造业企业抱团在老挝以园区的形式聚集发展、相互配套,形成与中国国内发展的互动互补,提升贵州制造业整体水平和国际竞争力。三是农(林)产品加工业。依托贵州特色食品加工、茶产业、中药材、食用菌、养殖业"五张名片",以"种植(养殖)基地+产业化龙头企业"的生产加工技术和经验,组织农(林)产品加工领域的中小企业抱团走出去,在老挝(贵州)产业园聚集发展;利用老挝气候温热、土地资源丰富等农业条件,带动发展境外种植(养殖)基地并就地加工,一方面供应老挝国内市场及出口周边国家,一方面满足我国原材料需求。

　　第三,差异化、高质量的园区建设方案。园区建设不搞重复竞争。结合有关专家的实地调研考察和当地商务部门推荐,对于老挝(贵州)产业园选址问题,根据条件可选择独立或合作建园方案:一是在万象省首府孟蓬洪建设新园区。孟蓬洪距首都万象市北面约70公里,园区距离孟蓬洪城区南面15公里左右,与赛色塔综合开发区分属万象市和万象省两个行政区域,避免了同一行政区域内的重复布局。由于位于中寮万象平原,基础设施配套条件优于其他边远地区,有望发展成为孟蓬洪新城区。二是在首都万象市新工业区建设"园中园"。该工业区规划面积15.6平方公里,条件优越,可与周边园区形成集聚效应。万象市工贸厅非常欢迎在其工业区建设"园中园"。

　　第四,多渠道引入合作方,市场化推进。根据我国在"一带一路"沿线国家合作建设海外园区的四种模式经验,老挝(贵州)产业园建设的组织实施,可按照政府推动、企业主导、市场化运作原则。支持鼓励贵州产投集团、西南能矿集团、水电九局、七冶建设、盘江集团等有实力、有走出去经验的大型国企,或独立牵头或联手与贵阳高新区、贵阳经开区、大龙开发区等联合组建"贵州省海外合作投资有限公司",可以邀请中铝集团等大型央企、有实力的民营企业参与建设产业园。与此同时,推动设立贵州驻老挝商务代表处,引导企业"联合出海",设立老挝(贵州)产业园区风险基金,以此为契机构建起贵州对外开放"走出去"的平台框架与服务体系。

# 附录　世界都市圈发展的经验与启示

## 一、 东京都市圈

　　日本在 20 世纪 50 年代就开始了对都市圈的研究,在 60 年代则开始着手都市圈的规划与建设,经过几十年的治理发展,积累了非常丰富的经验,东京都市圈就是其代表之作。东京都市圈主要包括一都三县,一都为东京都,三县则分别为埼玉县、千叶县和神奈川县,都拥有优良的深水港湾,其中最为著名的就是东京湾。沿东京湾一带有著名的京叶工业地带,集聚了日本许多重要的能源、化工、钢铁、电子、机械等工业企业,而埼玉县则是东京北部最重要的工业加工区,亦是东京湾区最重要的交通中心,连接着东西南北交通。东京都市圈发展的秘诀是其以政府为主导的治理机制和集约化、圈域经济的发展模式,这也是其在经济和社会起伏波动中始终保持国际竞争力的重要因素(与欧美都市圈有所不同)。

　　**以圈域经济为主体、以中心城市为核心的发展结构。**由于日本国土面积狭小、地形狭长曲折,资源较少,使得日本可利用的土地和资源非常紧张,因此,人口和经济不得不高度集中于某一区域。故日本采用了"圈域经济和中心城市 + 卫星城"的发展模式,以圈域经济模式进行产业分配,中心城市负责对都市圈进行统一管理,在综合方面吸引卫星城,卫星城则在产业结构和发展特色上承担不同的职能,与中心城市管理相协调。东京都市圈的第一圈层是东京,是圈域经济的核心,亦是都市圈的中心城市,承担中枢管理、生产和居住的职能，集多种综合功能于一身，发挥政治、行政、金融、信息、经济、交通和科技文化的中枢职能，着重发展都市型的第三产业；第二圈层则是围绕东京的环状地区，主要发展第二产业，如神奈川、千叶作为卫星城市，发展的产业与中心城市的管理相协调，千叶地区拥有东京成田国际机场，便于物流和国际交流，以国际空港、国际物流和临空产业作为主要产业，而神奈川地区因拥有横滨等优良港口，主要发展对外贸易和物流产业；第三圈层则是包裹在第二圈层外的各县市，主要产业为第一产业，如栃木县、茨城县、山梨县，由于其拥有较多的平原面积，因此以农业为主，产品销往东京市场。

　　**政府与市场双管齐下，协调配合。**东京都市圈的发展机制是政府负责管理，市场负责协调。首先，因其狭小的国土面积和蜿蜒曲折的地形，日本政府必须合理利用国土才能实现发展最优化，故日本政府非常重视国土规划，将国土规划作为制定国家社会经济法律政策的重要参考依据，通过政府主导的国土规划，帮助都市圈内部进行合理的土地产业配置。在 1949 年，日本就提出了《国土计划规定纲要》，之后陆续制定了《国土计划基本方针》《国土复兴计划纲要》和《国土综合开发法》，奠定了日本国土规划的基本格局，之后又先后多次实施了全国综合开发规划、大经济区综合开发规划、都市府县和市町村完整的规划体系，最终形成广域都市圈、多层次网状式的国土结构。此外，还制定了严格的规划层级关系，下一级的规划必须严格遵从上一级的规划和指导，并且必须向上一级报备得到批准才可实施。正是在这种相对集权的机制下，东京都市圈的国土规划得以高效实施，实现错落有致、分工合理的国土布局。其次，政府通过立法保证地方政府的自主权。中央政府对都市圈的发展实行积极干预，提出发展方向和战略意图，明确发展目标，引导和规范市场行为，但是又通过立法的形式给予地方政府自主权，从而让地方政府可以因地制宜，根据当地的实际经济文化习俗、资源情况和历史背景制定发展策略，实行最适合本地的发展模式，再通过市场机制，发挥各地的比较优势,引导城市功能差异化发展。此外,为了确保都市圈中城市利益和战略的一致性,政府对区域进行整体规划,推行的政策适用于都市圈中的所有城市,并建立交通、环境和信息共享平台和城市群协调机构,前者提高城市之间的信息沟通能力,便于相互间的协作交流,后者则作为政府与企业之间沟通的桥梁,反映企业需求和传达政府政策,从而实现整体战略规划。最后,通过财政手段引导和支持都市圈的发展。一方面,通过财政倾斜,对落后地区进行财政补贴,帮扶产业发展,缩小与发达地区的差距;另一方面,通过税收优惠、贷款支持等手段,促进新兴产业和高科技产业的发展,帮助产业升级和转型,并通过价格机制来协调发展平衡,进行资源的优化配置,解决产业结构调整的潜在问题,如随着产业升级,重污染的低端产业在价格机制的引导下,迁移至郊区或周围区域,中心区域则留给金融、商业等附加值高的第三产业。

**构建区域交通网络**。在 1889 年修建的东海道铁路干线,连接了关西和关东,极大地促进了人员往来和城市交流,为东京都市圈的交通网络打下了基础。在 1964 年和 1969 年,相继又开通了东海道新干线和东海道高速公路;到 20 世纪 80 年代,东京都与其周边城市的交通网络已经基本构建起来。目前,高速公路和电车轨道交通将东京都市圈的核心城市与卫星城市紧密相连,44 条轨道穿插其间,纵横分布,形成环形的都市圈交通网络,奠定了圈域经济的格局。此外,东京都市圈还拥有发达的港口和空港交通网络,进一步提高了交通的便捷程度和多样性,大大提高了工业产业的集约化和专业化。日本构建发达的区域交通网络主要有两大原因:一方面是为了缓解东京过密的人口,疏解东京非核心功能,作为国际大都市和核心城市,东京具有极高的人口吸引力,大量的人口流动到东京都,800 多万人口聚集在东京这片 20 公里的区域,是全球人口密度最高的地区,通过完善的交通网络,扩大通勤距离,将人口引向远郊以及周围城市居住,并将部分产业移到周围,从而降低人口密度。另一方面,是为了加强都市圈中城市之间的联系,促进产业合理分工,发挥城市的比较优势,承担不同的职能分工,形成产业分工连锁关系,避免产业结构趋同和城市之间的同质竞争,并将都市圈的城市利益一致化,加强圈中城市的合作,提高都市圈的竞争力。

## 二、 伦敦都市圈

　　伦敦都市圈占地约为 4.5 万平方公里,人口 3 650 万,聚集了英国 60%的城市人口,以伦敦到利物浦为轴线,包括了伦敦、伯明翰、谢菲尔德、曼彻斯特、利物浦等数个大城市和众多中小城镇,是依托产业革命后英国主要生产基地和经济核心区而形成的,经济总量占整个英国的 80% 左右,由伦敦城和其他 32 个行政区共同组成的大伦敦是这个都市圈的核心。伦敦都市圈在空间结构上包括四个圈层:第一个圈层是内伦敦,包括伦敦金融城及内城区的 12 个区,是都市圈的核心区,面积达 310 平方公里;第二个圈层是伦敦市,包括内伦敦和外伦敦的 20 个市辖区,构成标准的伦敦市统计区,占地面积为 1 580 平方公里;第三个圈层是伦敦大都市区,包括伦敦市及附近郊区的 11 个郡,属于伦敦都市圈的内圈,总面积达 11 427 平方公里;第四个圈层是伦敦都市圈,即包括上述的邻近大城市在内的都市圈,属于伦敦都市圈的外圈。伦敦都市圈历经五十余年的发展,目前体系已相当完善与成熟。

　　**不断探索伦敦都市圈发展模式。**从 20 世纪 50 年代以来,伦敦都市圈经历了从集中、疏散到再集中的过程,在这一阶段中,政府通过法律手段予以了极大的支持。1940 年,巴罗委员会提出"巴罗报告"以解决伦敦人口过于密集问题,其认为这是由于工业所引起的,故应该疏散伦敦中心区工业和人口。从 1942 年到 1944 年,英国政府陆续出台了对大伦敦的规划报告,其中阿伯克隆比的大伦敦规划奠定了伦敦都市圈的基本格局。其采用"组合城市"的思想理念,将伦敦周围较大的区域也划入整体规划的范围内,将伦敦区域从内到外划分为四层地域圈,即内圈、近郊圈、绿带圈与乡村外圈,采用放射路和同心环路把各个圈层联系起来,形成单中心同心圆封闭式系统。

该规划总体上是成功的,有效控制了伦敦无序发展,舒缓了伦敦压力。但是该规划也存在一些问题,如人口疏散效果没有那么明显、外围卫星城镇功能欠缺、对人口缺乏吸引力、通勤时间过长、交通负荷过大等。对此,英国政府又出台了《新城法》,掀起了新城建设运动。1950 年末,在离伦敦市中心 50公里的区域内建立起了 8 个卫星城市,以解决伦敦人口集中、住房条件恶化、工业发展用地紧张等问题。1960 年,试图改变同心圆封闭布局模式,使伦敦沿着三条主要快速交通干线向外扩展,形成三条长廊地带,在长廊终端则分别建设三座具有"反磁力吸引中心"作用的城市,配备完善的公共设施,引进工业,向居民提供岗位,以进一步解决伦敦人口压力问题,使得伦敦周围地区的人口和城市合理均衡发展。1978 年起,英国政府开始注重旧城改建和保护,进行细化调整改革。经过这一系列的措施改革,奠定了大伦敦都市圈的基本格局。1992 年,英国政府出台了《伦敦战略规划白皮书》,再次进行细微调整,该白皮书非常重视经济的重新振兴和环境经济以及社会的可持续发展能力,并强化了交通与开发方向的关联性。2004 年又出台了《大伦敦空间发展战略》,提出了伦敦的五大分区和五大现代服务业功能区,进一步将一些具体区域界定为机遇区域、强化区域和重建区域,完善区域布局。

**产业定位准确,城市规划科学,形成多中心产业网络格局。**随着伦敦地区城市规划的完善,产业格局亦一同进行调整优化,完善的交通网络将各地区紧密相连,最终形成了多中心的产业网络格局。伦敦都市圈有五大核心城市,分别是伦敦、伯明翰、谢菲尔德、利物浦和曼彻斯特。伦敦市是整个都市圈的龙头,一个多元化的城市,身兼多重职责,作为英国的首都,担任着政治中心职能,又是世界金融和贸易中心、欧洲第一大港、世界最大的国际港口和航运市场之一,同时还是世界历史文化名城。伦敦的产业结构经历过大变革:在雾都时代,伦敦是以工业为中心;在 20 世纪 70 年代末和 80 年代初,伦敦以金融业和制造业支援服务取代了传统工业;此后 30 年中,以法律服务、会计服务和商业咨询为主的商业服务业在伦敦异军突起,成为主导产业;在过去的 10 年,随着金融服务业发展缓慢,创意产业开始为伦敦注入新的发动力,在整个大伦敦地区,创意产业每年创收 210 亿英镑,实现新的产业升级。伯明翰是英国第二大城市,英国主要制造业中心之一,并且是现代冶金和机器制造工业的创始地,还是全国主要铁路、公路干线和运河网的交会点,产业定位为制造业。谢菲尔德位于英国的中心,是英国的第四大城市,曾经是钢铁城市,但是现在通过产业改革,拥有了多元文化,体育产业完善,同时还是世界著名的创意产业城市,主要从事音乐、电影、电视、电台节目制作、新媒体、设计、摄影、表演艺术及传统工艺创作活动。利物浦是著名港口城市,还是英国知名的商业中心,第二大商港,对外贸易占全国的四分之一。曼彻斯特同样也是一个国际化大都市,是国际重要的交通枢纽和英国商业、金融、旅游、工业、文化中心,市区总人口在英国排名第二。五个核心城市各具特色,以伦敦为中心,其余四个城市则各有所长,承担不同的职能分工,形成副中心,使得伦敦都市圈具有产业协作和区域综合发展的优势,有效引导人口和产业进行合理集聚,提高资源配置效率。

**注重环保,建立宜居城市。**环境污染是工业时代留下的遗产,伦敦一度被浓雾笼罩,被称为雾都,为了改善居民的居住环境,伦敦政府加强对城市环境的保护,采取了一系列措施。首先是在 1980 年,伦敦政府加大公共交通建设,并对交通堵塞收费,以减少汽车的使用;其次,伦敦开始大力发展新能源交通,降低汽车污染,并将具有重污染的工厂迁出,提高工厂净化能力。在政府和居民双重努力下,伦敦终于重现蓝天,被评为最适宜居住的城市之一。通过改善居住环境,提高居民的幸福指数,增加伦敦的魅力,为伦敦发展高端服务产业打造了良好的环境。

## 三、 纽约都市圈

纽约都市圈位于美国经济发达、地势平坦的东北部大西洋沿岸平原,从南到北依次包含波士顿、纽约、费城和华盛顿四大城市群,构成长达 160 公里的带状都市圈。都市圈以纽约、波士顿、费城、华盛顿和巴尔的摩 5 个大城市为核心城市,50 多个 10 万人以上的中小城市作为卫星城市,占地面积约为 13.8 万平方公里,居住人口达 6 500 万,占美国总人口的 20%,其中纽约市人口达 853 万。2016 年都市圈的 GDP 为 16 574.57 亿美元,城市化水平超过 90%,拥有 2 个全球机场。纽约都市圈的发展大致经历了四个阶段:第一阶段是 1870 年之前,这时候的城市发展孤立分散,城市之间联系薄弱,地区空间结构松散,城市以农业为主要产业,但是出现了第一、二、三产业的分布格局。第二阶段是 1870 年到 1920 年,形成了单中心的城市群结构体系,这一阶段主要以钢铁、煤炭等第二产业为主,城市的产业布局为二、三、一,随着产业结构调整和规模增加,以及纵横分布的铁路网络建成,城市联系开始变得紧密,城市化水平得以显著提高,以纽约、费城两座特大城市为核心的区域发展轴线逐渐形成。第三阶段是 1929 年至 1950 年,多中心大都市形成雏形。这一时段,美国已经进入了工业化后期,二、三产值占比不断提高,被解放的生产力让城市规模不断扩大,开始向周边郊区和周边城市扩展,逐渐形成多个中心的都市圈。第四阶段是在 1950 年以后,信息时代的来临进一步解放了生产力,带来了交通和通讯革命,产业结构得到优化升级,第三产业的比重越来越大,并且城市规模进一步扩大,以纽约和费城为中心的发展轴线向四周蔓延,与波士顿、华盛顿城市群连接,最终形成以纽约为核心的纽约大都市圈。纽约都市圈在空间结构上可以分为四层,第一层是核心圈,即曼哈顿地区,纽约的金融商务活动和高档功能中心,是都市圈的经济心脏;第二层是纽约市城区的五个自治区:曼哈顿、斯塔腾岛、布朗克斯、皇后和布鲁克林;第三层是纽约市区和其周边经济联系紧密的郊区;第四层则是纽约大都市圈,即包含五大城市群。

**市场机制为主,政府管理为辅。**在都市圈的发展中,市场机制与政府管理起到了决定性作用,市场机制是都市圈空间演变的主要动力,政府管理则是辅助动力。纽约都市圈整体上还是遵循市场规律,在近乎 200 年的时间中,通过价格这只"看不见的手",自主自发地形成产业分工、市场细化和产业升级。政府把主导地位让给市场,自己只负责协调与管理,形成与东京都市圈完全不同风格的行政管理体系,该体系松散且不具有权威,只负责解决都市圈的利益冲突和区域冲突等问题。在城市管理中,纽约都市圈采用了城市土地利用审批程序(ULURP 治理机制),通过法律手段来明确公众、社区与政府之间如何进行协调,从而减少城市利益相关者与管理者之间的矛盾,并建立了"纽约区域规划协会",负责纽约的都市规划,对都市圈的空间资源作出最优化的综合安排。纽约政府对城市内部功能优化和产业引导也做出了贡献,如在解决曼哈顿产业不平衡问题上,纽约政府采用了调控手段改善投资环境,在西部新建办公楼进一步扩展纽约商务中心的地位。

**城市之间明确的职能分工。**一个都市圈各区域的职能与其政治、经济、地理、历史等因素密切相关,在这四大因素的共同作用下,形成了以五个特大城市为核心的都市圈结构体系,五大核心城市各具职能,产业结构错位互补。纽约是全面发展和重点突出,集金融、文化、科研、制造、港口等多种产业于一身,重点是金融类附加值高的产业。纽约是全球金融中心之一,像纽约证券交易所、摩根银行、各大投资银行、各大保险公司等都坐落于此;纽约还拥有众多博物馆、美术馆以及科学机构,三大广播电视台和美国知名通讯社都设立于此;另外,纽约的工业发达,服装、印刷、化妆品等产业占美国首位,还拥有军工产业、石油加工等产业;而三大机场以及优良的港口则让纽约成为国际贸易中心,成为美国对外贸易的中心。华盛顿则更偏向政治产业,作为美国的首都,承担了更多的政治功能,服务国家机构如联邦政府、食品药物管理局、国家健康署等,具有总部经济优势,各种国际组织的总部都坐落在此,如世界银行、国际货币银行等。波士顿则以高科技产业和教育产业为主,拥有与硅谷齐名的波士顿 128 公路,在生物医药等领域处于世界领先地位,因为有 100 多所大学和其特殊的历史文化,像世界顶尖高校哈佛大学、麻省理工学院、波士顿大学等都坐落于此,被称为"美国雅典",教育产业非常发达。费城和巴尔的摩则是以重工业为主,但各有侧重,费城由于地理原因,是都市圈的交通枢纽,拥有优良的港口,费城的交通运输和航空业发达。巴尔的摩则因为紧邻华盛顿,因此与政府采购的合作非常多,军工和矿冶产业很发达。纽约为其他核心城市提供资金支持,华盛顿则为其他城市提供政治支持,波士顿为其他城市培养和输送人才,剩下两座城市则以制造业为重心,为其他城市输送物资。五个核心城市产业互补、发展错位,避免了同质化竞争,最大化发挥比较优势,大大提高了纽约都市圈在世界都市圈中的竞争力。

**"一体化"交通网络系统管理体制**。纽约都市圈作为世界四大都市圈之一,以发达完善的交通网络闻名。区域间的交通网络是都市圈发展的一个重要载体,它将城市联系起来。纽约都市圈的交通网络可以分为公路和铁路两大网络。作为世界汽车拥有量最多的国家,人们出行一般选择汽车,其公路纵横交错,非常发达,是纽约城市的主要通道,亦是将纽约与其他城市联系起来的主要通道。铁路网络则主要指地铁、火车、城际铁路等轨道交通系统,纽约都市圈的铁路网络非常发达,各类轨道交通不仅丰富了人们出行的选择,并且大大缩短了出行时间,将城市的距离拉近,促进圈中产业结构的合理分布,加快都市圈的发展。

## 四、 巴黎大都市圈

巴黎大都市圈是以法国巴黎为中心,沿塞纳河、莱茵河延伸,覆盖了法国巴黎、荷兰阿姆斯特丹、鹿特丹、比利时安特卫普、布鲁塞尔和德国的科隆等西北欧的广大地区,包含了 4 个国家的 40 个 10 万人口以上的城市,总面积 14.5 万平方公里,总人口 4 600 万。巴黎大都市圈是世界上最大的跨国都市圈,它包括了法国的巴黎—鲁昂—阿费尔城市圈、德国的莱茵—鲁尔城市圈、荷兰的兰斯塔德城市圈,以及比利时的安特卫普城市圈。巴黎大都市圈在空间上可分为三个圈层,第一圈层是巴黎市,包括巴黎市辖 20 个区,总面积达 105 平方公里,在 2000 年这集聚了巴黎大都市区 19% 的人口和 36% 的 GDP;第二圈层是巴黎大都市区,可简称巴黎大区,其包括巴黎市区、近郊 3 个省以及远郊 4 个省,辖区总面积 12 012 平方公里,总人口 1 113 万人,在 2005 年其 GDP 已经达到 4 808 亿欧元,占当时法国总 GDP 的28.6%,是欧洲集聚度最高和最有竞争力的地区;第三圈层是巴黎大都市圈,即上述以巴黎为核心、跨越 4 国、涵盖三大城市圈的巨型城市化区域,巴黎处于核心,是因为其地处欧洲南北轴线的中间位置。

巴黎大都市圈的发展历史悠久,经历多次发展改革。首先是 1934 年的 PROST 规划。该规划将巴黎地区规定在以巴黎圣母院为中心、方圆 35 公里的范围之内,对区域道路结构、绿色空间保护和城市建设范围三个方面作出了详细的规定。其次是 1956 年的 PARP 规划,PARP 规划沿承了 PROST 规划以限制为重点的规划思想,在否认巴黎地区人口规模增长的前提下,继续主张通过划定城市建设区范围来限制巴黎地区城市空间的扩展,同时提出降低巴黎中心区密度、提高郊区密度、促进区域发展的新观点。之后是 1960 年的 PADOG 规划,提出了《巴黎地区国土开发与空间组织总体计划》,建议在郊区划定四个近郊城市级核,建成"多中心巴黎",重新整合无序蔓延的城市化空间。1965 年和 1976 年,又提出《巴黎地区城市发展与管理总体规划》,在空间布局上主张沿交通干线开发 8 座新城,新城若干发展轴线,总体上体现轴线—多中心空间结构布局。继而在 1994 年,提出 SDRIF 规划,编制了《法兰西之岛地区发展指导纲要(1990—2015)》,制定了 21 世纪巴黎地区发展总体目标和战略,该规划由于处于世纪之交的过渡时期,被赋予了特殊的历史意义。再之后,巴黎大都市圈进行了多次调整与合作,最终形成今天的大都市圈。

**以区域规划解决发展问题**。纵观 20 世纪巴黎地区的历次区域规划,针对的问题从世纪初控制郊区蔓延,到 50 年代区域均衡发展,再到 90 年代建设所有人的城市以及欧洲中心和世界城市,其实质都是要保持巴黎的持久繁荣。区域规划的出现是解决巴黎城市发展中的实际需求,是通过区域城市化缓解单一中心过度城市化造成区域不平衡发展的尝试。区域视野从最初的城市聚集区逐步扩大到巴黎地区、巴黎盆地,扩大了城市发展的空间储备,增加了解决城市问题的途径,确保了区域城市发展的灵活性和持久性。

**以上下一致的共同认识协调规划。** 从某种意义上说,20 世纪末巴黎乃至巴黎地区的复兴和繁荣,其根本动因来自国家、地区和城市三个层面对城市发展的逐渐形成共识和相互配合。这得益于有法律体系保障的多层次规划编制约束和地区政府的协调配合。地区政府通过区域规划发布城市发展的总体目标,并以此为依据编制详细的土地利用规划。总体计划与城市规划合理分工,确保了城市发展目标的一致性、持久性和可实施性。

**以重点建设地区为中心,促进区域均衡发展。** 自从 1956 年的 PARP 规划提出多中心的布局结构以来,作为新的发展极核的城市中心始终是巴黎地区城市建设的重点。即使在 1965 年 SDAURP 规划扩大了城市化地区范围,新城和近郊发展核心亦一直是优先发展的重点对象。由于法国是中央集权制国家,国家投资在巴黎城市建设投资中占有相当大的比重。通过合理确定区域发展极核,集中力量有选择地重点建设地区中心,不仅使得有限资金得到最有效利用,而且有利于新中心在较短时间内形成规模,吸引相关产业和功能集聚,发挥辐射作用,带动周围产业发展。

**以区域交通基础设施建设协调地区整体发展。** 自 20 世纪 60 年代起,巴黎的规划者们即认识到主要交通线路的布局决定了城市化地区的形态发展,这在过去是一种自发现象,但在将来则完全可通过规划实现。通过先行建设区域交通基础来引导城市化发展,构建区域交通网络,调控区域空间布局。在多年的规划实践中,巴黎地区形成了四通八达的交通网络,极大方便了都市圈城市之间的交流,并极大地提高了人员物资的流动性,使得巴黎大都市圈在世界都市圈的激烈竞争中占据优势。

# 参考文献

［1］ 曾凡.重大国际贸易投资规则变化与上海自贸试验区建设联动机制研究［J］.
科学发展,2015(03)：76－84.

［2］ 丁一文.国外首都圈发展规律及其对我国"首都经济圈"建设的启示［J］.河南
大学学报(社会科学版),2013,53(04)：63－73.

［3］ 段进军.长江经济带联动发展的战略思考［J］.地域研究与开发,2005(01)：
27－31.

［4］ 方创琳,周成虎,王振波.长江经济带城市群可持续发展战略问题与分级梯度
发展重点［J］.地理科学进展,2015,34(11)：1398－1408.

［5］ 郭爱军.推进长三角经济圈与大陆桥经济带的联动发展［J］.大陆桥视野,2008
(07)：28－30.

［6］ 何建华.长三角国家战略与文化融合发展"同心圆"［J］.上海文化,2018(12)：
83－90+126.

［7］ 侯立军.长江经济带建设与产业布局优化研究［J］.南京财经大学学报,2016
(01)：35－40.

［8］ 姬兆亮.区域政府协同治理研究［D］.上海交通大学,2012.

［9］ 姜乾之,戴跃华,李鲁.全球城市群演化视角下长三角港口群协同发展战略
［J］.科学发展,2019(05)：55－63.

［10］ 刘健.巴黎地区区域规划研究［J］.北京规划建设,2002(01)：67－71.

［11］ 刘乃全,吴伟平,刘莎.长三角城市群人口空间分布的时空演变及影响因素研
究［J］.城市观察,2017(05)：5－18.

［12］ 谈佳洁,刘士林.长江经济带三大城市群经济产业比较研究［J］.山东大学学
报(哲学社会科学版),2018(01)：138－146.

［13］ 唐亚林,于迎.大都市圈协同治理视角下长三角地方政府事权划分的顶层设

计与上海的选择[J].学术界,2018(02):57-68+284-285.

[14]    王娟娟.京津冀协同区、长江经济带和一带一路互联互通研究[J].中国流通经济,2015,29(10):64-70.

[15]    王振,周海旺,周冯琦,薛艳杰,王晓娟.长江经济带经济社会的发展(2011—2015)[J].上海经济,2016(06):5-25.

[16]    王祖强,杨红新.长三角城市群发展的总体定位与路径构想[J].中共浙江省委党校学报,2013,29(01):96-101.

[17]    薛艳杰.上海如何当好长江经济带"龙头"[N].解放日报,2015-04-15(011).

[18]    张强.全球五大都市圈的特点、做法及经验[J].城市观察,2009(01):26-40.

[19]    张旭亮,宁越敏.长三角城市群城市经济联系及国际化空间发展战略[J].经济地理,2011,31(03):353-359.

[20]    赵峰,姜德波.长三角区域合作机制的经验借鉴与进一步发展思路[J].中国行政管理,2011(02):81-84.